应急演练实战指南

湖北省应急管理厅 编著

危险化学品企业生产安全事故演练

高层建筑物火灾应急演练

地震和其他地质灾害应急救援演练

低温雨雪冰冻灾害应急演练

防汛抢险救援综合演练

WUHAN UNIVERSITY PRESS
武汉大学出版社

图书在版编目(CIP)数据

应急演练实战指南／湖北省应急管理厅编著. -- 武汉 : 武汉大学出版社,2025.8. -- ISBN 978-7-307-25155-7

Ⅰ. D63-62

中国国家版本馆 CIP 数据核字第 2025GZ0830 号

责任编辑:王　荣　　　责任校对:汪欣怡　　　版式设计:马　佳

出版发行:**武汉大学出版社**　(430072　武昌　珞珈山)

(电子邮箱:cbs22@ whu.edu.cn 网址:www.wdp.com.cn)

印刷:武汉中科兴业印务有限公司

开本:787×1092　1/16　印张:14.25　字数:251 千字　插页:1

版次:2025 年 8 月第 1 版　2025 年 8 月第 1 次印刷

ISBN 978-7-307-25155-7　定价:65. 00 元

《应急演练实战指南》编撰委员会

主　　编：吴龙海

执行主编：昝　军　刘　毅

委　　员：程　镇　王　飞　吴　杰　朱文慧　罗绍锋　詹晓玲
李潇晗　张　昊　赵冰化　雷　刚　周　怡　陈宝安
吕晓明　洪　涛　郭峰华　孟庆祥　李　鑫　贺　森
江　维　刘梦琪　向飞宇

前 言

应急管理是国家治理体系和治理能力的重要组成部分，承担着防范化解重大安全风险、及时应对处置各类灾害事故的重要职责，担负保护人民群众生命财产安全和维护社会稳定的重要使命。近年来，随着全球气候变化加剧、社会经济发展加速，重大风险挑战不断增加，各类突发事件呈现出频发、多发、并发的趋势，统筹发展和安全的任务艰巨繁重，做好应急管理工作，面临的考验和挑战不断加大。党的十八大以来，以习近平同志为核心的党中央坚持底线思维，强化忧患意识，亲自擘画应急管理体制改革，亲自部署推进应急管理体系和能力现代化建设。党的二十届三中全会《中共中央关于进一步全面深化改革 推进中国式现代化的决定》进一步强调，健全重大突发公共事件处置保障体系，完善大安全大应急框架下应急指挥机制。在此背景下，应急演练作为检验应急预案、加强指挥协调、完善应急准备、锻炼应急队伍、提升应急能力的关键环节，其科学化、规范化、实战化水平直接关系到应急管理体系的整体效能。随着新修订的《中华人民共和国突发事件应对法》《国家突发事件总体应急预案》等政策法规相继出台，编写一本兼具理论深度和实践指导意义的应急演练指南，既是应急管理事业发展的需要，也是推动应急能力提升的必然要求。

编写《应急演练实战指南》，力求权威准确，贴近实际，既重视理论基础，又突出实战应用，旨在为各级应急管理部门和相关政府部门、企事业单位，以及各类应急人员提供一套系统化、可操作的应急演练指导方案，帮助相关人员围绕复杂多变的应急场景，更好地练指挥、练决策、练流程、练协同、练行动、练队伍，进而健全应急预案体系，落实各环节责任和措施。尽管应急演练的重要性日益凸显，但相关书籍多侧重理论阐述，缺乏对实战环节的深入指导。本书的出版，填补了当前应急演练领域系统性指导材料的空白。本书通过理论梳理、流程详解、实操指导和案例分析，为读者提供了从策划实施到总结评估的全流程操作指南，具有较强的实用性和科学性。

本书共分为六章，内容涵盖应急演练的理论基础、实战流程和案例分析，力求为读者提供全面、系统的参考。第一章阐述了应急演练的基础知识体系、历史演进与当前发展趋势，简要回顾了我国应急管理和演练工作的历程与成就。第二章至第五章逐一介绍了应急演练的重要环节，包括形式与内容、策划与设计、组织与实施、评估与总结等内容，为体系化开展应急演练活动提供较为详尽的指导。第六章立足实战实用，总结了多个实战案例分析，以帮助读者在实际场景中应用理论知识，开展综合研判和决策制定，提升应急响应能力和效果。最后本书附录提供了常用形式对照表、应急演练各步骤模板等辅助材料，帮助读者深入理解和有效运用书中所述内容。

《应急演练实战指南》的编写得到了众多单位和专家的大力支持。在此，我们向参与本书编写的各单位和个人表示衷心感谢！特别感谢清华大学、武汉大学等高校的专家学者为本书提供了坚实的理论支撑和学术指导。感谢参与编写的各位应急领域的专家、实践工作者，为本书的科学性、实战性和可操作性提供了有力保障。

衷心期待《应急演练实战指南》为提升我国应急管理能力贡献一份力量，也期待广大读者提出宝贵意见，共同推动应急管理事业的进步与发展。

编撰委员会

2025 年 5 月

目录

第一章

应急演练概论

第一节　应急演练概述

古有大禹治水，披九山、通九泽、决九河、定九州，以疏导之策化解滔天洪灾，为华夏先民开辟安居之所；今有应急演练，集预案、聚力量、磨技能、强意识，借实战模拟构筑安全屏障，守护当代人民生命财产安全。

应急演练是应急管理工作的关键环节，能够有效检验应急预案的可行性，提高各参与主体的应急反应能力、协作能力和实战能力。同时，通过开展应急演练，可以增强公众的安全防范意识，帮助公众提高自我防护能力，为保障人民群众生命财产安全、维护社会稳定提供有力的支撑。

一、应急管理的发展历史

我国应急管理的发展历程经历了从单灾种应急管理制度形成时期、作为整体的应急管理体系建立时期及当前正在推进的中国特色应急管理制度体系构建时期三个阶段。每个阶段都面临着特定的现实挑战，呈现出鲜明的时代特征，如图 1-1 所示。

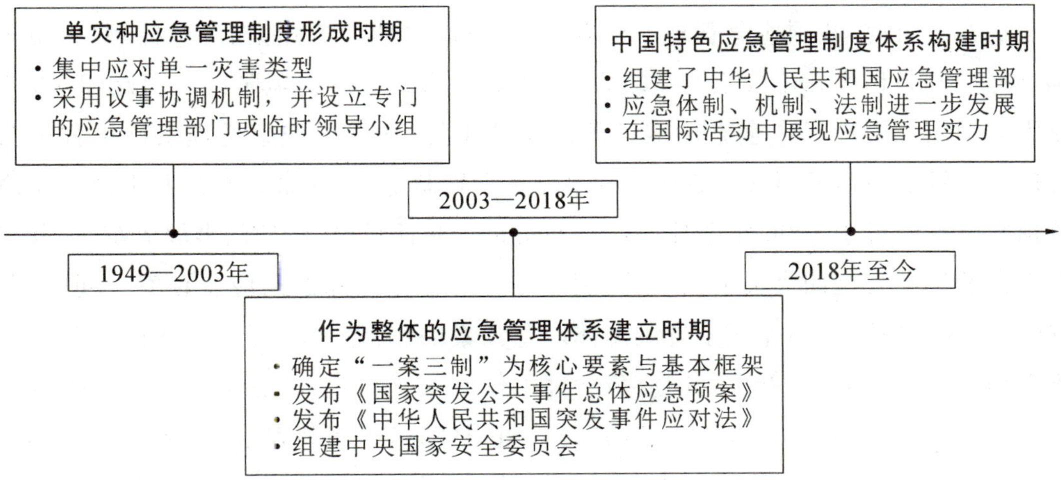

图 1-1　我国应急管理的三个发展阶段

（一）单灾种应急管理制度形成时期(1949—2003 年)

自中华人民共和国成立直至 2003 年，我国遭遇的灾害主要包括地震、洪水等自然灾害及公共卫生领域的疫情灾害。1950 年，中央救灾委员会正式成立。随后在 1957 年，中央政府颁布了《中央救灾委员会组织简则》，明确指出救灾的日常事务应由内务部（即现在的民政部）负责。在这一时期，我国的应急管理工作主要采取单灾种应对模式，主要依赖议事协调机制，突发事件产生后设立专门的应急管理机构（或临时领导小组），确保应急响应工作有序、高效。

（二）作为整体的应急管理体系建立时期(2003—2018 年)

2003 年 4 月，我国面临“传染性非典型肺炎”疫情带来的严峻考验。这次公共卫生事件对国家应急管理体系提出了重大挑战。同年 7 月 28 日，国务院首次将应急管理工作纳入政府的会议议程，并明确指出我国在突发事件应急机制建设和危机处理能力方面存在明显的不足。国务院强调，在常规管理的基础上，必须加强对应急管理工作的重视，并提出了在约三年的时间内，建立和完善突发公共卫生事件应急机制的目标。

2003 年，中国共产党第十六届中央委员会第三次全体会议再次明确了应建立和完善预警及应急机制，以强化政府应对突发事件的效能和水平。2003 年下半年，国务院针对应急管理工作的重点，实施了以下四项关键措施：其一，成立国务院办公厅应急预案工作小组，编制国家突发公共事件总体应急预案；其二，组织专家座谈会，深入研讨构建具有中国特色的应急管理体系；其三，探索在国家及地方政府层面建立应对突发公共事件的体制机制；其四，加速推进突发公共事件相关的国家立法进程。自此，我国应急管理工作以“一案三制”（即应急预案、应急体制、应急机制、应急法制）作为核心要素与基本框架，正式开启了建设的新阶段。因此，2003 年成为我国应急管理工作全方位推进的标志性年份，在我国应急管理发展历程中具有极为关键的奠基性意义。2005 年，国务院主导制定了《国家突发公共事件总体应急预案》（该预案于 2006 年 1 月正式对外发布），并针对自然灾害、事故灾难、公共卫生事件及社会安全四大类突发事件，制定了 105 个专项和部门应急预案。同时，各省（自治区、直辖市）亦完成了省级总体应急预案的编制工作，标志着我国应急预案体系初步形成。同年，首次全国应急管理工作会议举行，会议着重提出要加强全国应急体系建设，提升应急管理水平，并完善组织体系、运行机制和保障制度。此后，在历次全国应急管理工作会议中，体制机制完善问题被持续强调，以提升应急管理体系的有效性和持续性。

2006年，为进一步推动《国家突发公共事件总体应急预案》的实施，国务院颁布了《关于全面加强应急管理工作的意见》，该意见明确提出了建立"统一指挥、反应灵敏、协调有序、运转高效"的应急管理机制的目标。根据中央机构编制委员会办公室发布的《关于增设国务院办公厅国务院应急管理办公室的批复》及《国务院办公厅关于设置国务院应急管理办公室（国务院总值班室）的通知》的规定，国务院办公厅成立了国务院应急管理办公室（国务院总值班室），负责执行国务院应急管理的日常工作及总值班任务，承担应急值守、信息汇总、综合协调等职责，发挥其在应急管理体系中的枢纽作用。同年，中国共产党第十六届中央委员会第六次全体会议通过了《中共中央关于构建社会主义和谐社会若干重大问题的决定》，正式确立了我国应急管理体系建设遵循"一案三制"的总体要求。

2007年，我国正式颁布并实施了《中华人民共和国突发事件应对法》，确立了我国应急管理体制建设的基本原则，即统一领导、综合协调、分类管理、分级负责、属地管理为主。作为一部全面性的法律，它为我国政府全面履行职责、依法行政提供了基础性的法律依据。在此之后，针对不同类型的突发公共事件，我国逐步出台了一系列法律法规及条例文件。各地也纷纷出台相应的实施细则，根据法律规定加强应急管理体制、机制及法制的建设，强化应急救援队伍建设及应急物资储备工作，从而大大提高了突发事件处置能力。作为我国应急管理法治体系的核心，《中华人民共和国突发事件应对法》的系统化建设全面展开，为推进应急管理工作的规范化、法治化提供了坚实的法律保障。

2008年，我国先后经历了罕见雪灾、汶川地震、奥运会及残奥会等多项重大事件。在此过程中，"一案三制"建设及国家应急管理能力历经重重考验，维护了国民安全与社会稳定。在第十一届全国人民代表大会第一次会议上，时任国务院总理温家宝在政府工作报告中宣布，我国应急管理体系已基本建立，标志着我国应急管理体系建设步入新的历史阶段。

2013年，中国共产党第十八届中央委员会第三次全体会议提出了完善公共安全体系的指导意见，并建议成立国家安全委员会，构建一个集中统一、高效权威的国家安全体制，以加强对国家安全工作的领导。2014年，我国正式组建了中央国家安全委员会，由国家主席习近平担任主席一职。2015年5月29日，中共中央政治局进行了第二十三次集体学习，主题为健全公共安全体系。在此次学习会议上，习近平总书记着重指出，公共安全直接关系到人民群众的生命财产安全，是保障改革发展稳定大局的关键因素①。这一系列措施表明，我国已经将安全问题提升到新的战略层次。

（三）中国特色应急管理制度体系构建时期（2018 年至今）

2018 年，中共中央正式出台《深化党和国家机构改革方案》。该方案着重指出，要针对国家应急管理体系展开全方位的优化与整合工作。据此，将原国家安全生产监督管理总局的职责、国务院办公厅的应急管理职责、公安部的消防管理职责、民政部的救灾职责、国土资源部的地质灾害防治职责、水利部的水旱灾害防治职责、农业部的草原防火职责、国家林业局的森林防火职责、中国地震局的震灾应急救援职责，以及国家防汛抗旱总指挥部、国家减灾委员会、国务院抗震救灾指挥部、国家森林防火指挥部的职责等进行整合，组建了应急管理部，成为国务院的组成部门之一。

公安消防部队和武警森林部队转制后，与安全生产等应急救援力量合并，共同构成了国家的综合性常备应急骨干力量，由应急管理部进行系统化管理。鉴于中国地震局和国家煤矿安全监察局在灾害应急中承担的重要工作，它们也被划归于应急管理部管理。应急管理部的成立作为我国应急管理发展的一个关键节点，对于完善公共安全体系，统筹改善应急保障，加速形成具有统一指挥、专常兼备、反应灵敏、上下联动、平战结合的中国特色应急管理体制具有划时代意义。在国家的统筹部署下，各省的应急管理相关机构和队伍也相继启动了应急管理体制的改革，并确立了“三定”（定职能、定机构、定编制）方案。截至 2018 年底，全国已有 31 个省、自治区、直辖市的应急管理厅（局）完成组建并正式挂牌，标志着我国应急管理体系和能力建设步入新的阶段。

2021 年，国务院印发了《“十四五”国家应急体系规划》。该规划的发布是我国应急管理体系构建的关键节点，它为我国未来五年的应急管理工作提供了明确的指导和方向，强调了坚持党的领导、以人为本、预防为主、依法治理、精准治理、社会共治的原则，旨在全面提升国家的应急管理能力和水平。

2022 年，应急管理部发布了《“十四五”应急管理标准化发展计划》，旨在通过标准化手段，提高应急管理的科学性、有效性，为应急管理提供更加坚实的标准化技术保障支撑，促进应急管理体系建立健全。

---

① 习近平：牢固树立切实落实安全发展理念 确保广大人民群众生命财产安全. 中国政府网，https://www.gov.cn/xinwen/2015-05/30/Content_2870846.htm.

2024 年 11 月 1 日，新修订的《中华人民共和国突发事件应对法》开始施行，标志着我国应急管理迈入新发展时期，具有多方面重要意义。它不仅强化了对突发事件的应急管理规定，也体现了国家安全观的根本转变，聚焦人民的生命与财产安全，建立起更加严密和高效的应急响应机制，是深入贯彻习近平法治思想的生动实践，也是在法治轨道上推进改革、完善中国特色社会主义法治体系的内在要求。

我国在国际舞台上积极展现应急管理实力，参与全球防灾减灾合作及应急救援行动。这包括参与《2015—2030 年仙台减轻灾害风险框架》和《2030 年可持续发展议程》等国际减灾战略文件的磋商与制定、加强与周边国家在救灾应急演练方面的合作。此外，我国通过提供救援物资、派遣专业救援队伍等途径，对多国灾害事件开展了人道主义救援。

综上，我国突发事件应急管理体系建设可分为三个主要阶段。第一阶段，自新中国成立至 2003 年"传染性非典型肺炎"疫情暴发，该阶段应急管理体系建设处于初步探索与起步阶段。第二阶段，自 2003 年"传染性非典型肺炎"疫情至 2018 年应急管理部成立，此阶段我国应急管理体系建设迅速发展，涌现出大量研究成果，国家已制定了多项针对突发事件应对的法律与法规，学术界将其称为应急管理的"丛林"时期。第三阶段，自 2018 年至今，我国应急管理体系建设逐步实现规范化和体制化，并在国际舞台上积极展现应急管理实力。

二、应急演练的发展历史

应急演练的起源可追溯至古代军事演习，最初用于战争模拟和战术训练。随着社会需求的变化，应急演练逐渐扩展至灾害应急领域，并成为应急管理的重要组成部分。随着国际间联系加强及应急管理技术的进步，演练范围从单一地区扩展至跨区域乃至跨国层面，形成了多层次、多领域的演练模式。

在演练形式上，桌面演练与实战演练都属于传统的演练方式，起源于古代军事演习。随着现代科技的进步，这两种演练形式已深度融合了多媒体技术、计算机仿真平台及智能化应急装备等创新手段，显著提升了演练的真实性、多样性。

桌面演练主要模拟突发事件处置流程、指挥部职责和应急决策方法，因其灵活、成本低、能使用多种决策方法模拟和分析的特点，逐渐成为目前应急演练的主要方式，如图 1-2 所示。实战演练通常需要多方协作，并在实地模拟真实场景展开，主要用来检验应急救援队伍的快速响应能力，然而由于其成本较高，不适合频繁开展，如图 1-3 所示。随着计算机仿真、电子信息、三维模拟、虚拟现实等技术的发展，虚拟与现实结合的模拟演练成为平衡"真实"和"成本"的新方法，如图 1-4 所示。

图 1-2　桌面演练——防汛防风桌面模拟演练

图 1-3　实战演练——森林草原防火应急演练

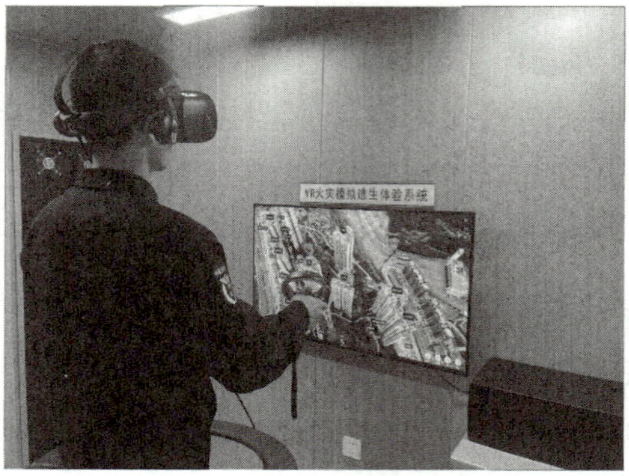

图 1-4　模拟演练——依托虚拟现实交互技术的模拟演练

目前模拟演练是应急演练领域的研究热点，虚拟与现实结合的交互式仿真技术为应急演练提供支持。相比桌面演练，模拟演练利用声光和多媒体技术可以营造更真实紧张的场景，让参演人员获得近乎实战的沉浸式体验，有效提升演练效果。与实战演练相比，模拟演练依托计算机网络进行多角色、大范围演练，减少对装备和空间的依赖，更适合组织跨省、跨部门的联合演练，特别适用于重大突发事件的应急演练。

美国应急演练模拟中心(National Exercise Simulation Center)已开发出适用于空气污染、疾病蔓延等的多人模拟演练，并将其虚拟网络与国土安全部数据系统连接，实现联网演练，大幅提高了建模准确性和情境真实性。同时，学术界不断开发针对火灾、地震、洪水等突发事件的计算机模型，并将其应用于应急演练和实际救援。

在演练规模方面，应急演练正从单区域单项演练逐步向综合性大规模演练发展。早期演练多侧重提升特定应急响应能力，随着部门协作机制完善和领导重视程度提升，综合应急演练逐渐得到推广。综合应急演练能够系统评估应急工作的全流程和多职能表现，尤其注重检验跨机构协同应对与信息共享机制的有效性。同时，各区域、各国之间合作深化，以及协同会商、应急“一张图”、应急平台等支撑技术的推广应用，使得应急演练的规模不断扩大，从跨省、跨区域到跨国层面，为全球范围内快速、精准应对大规模突发事件提供了重要保障。

2013 年 5 月 12 日，我国作为太平洋海啸预警系统成员国，第四次参与联合国教科文组织“政府间海洋学委员会（Intergovernmental Oceanographic Commission）”发起的泛太平洋区域大规模跨国海啸演习。本次演习由国家海洋局统一组织，沿海各省（区、市）海洋部门、国家海洋局各分局、国家海洋环境预报中心共同参与，如图 1-5 所示。演习全程通过全国海洋预报远程视频会商系统开展，涵盖海啸预警信息模拟与发出及海啸应急响应决策与处置等环节。演习主要内容为模拟菲律宾西海发生 9.0 级海底地震引发海啸，国家海洋预报台迅速发布警报，各级海洋部门启动应急响应，重点保障沿海核电、港口等设施，在海啸结束后发布解除通报。

图 1-5 我国参与泛太平洋区域大规模跨国海啸演习

2023 年 10 月 10 日至 12 日，应急管理部在北京举办“一带一路”国家应急救援联合演练（图 1-6），作为“一带一路”自然灾害防治国际合作论坛的配套活动。演练以地震灾害为背景，采用全英文桌面推演形式，邀请了来自印度尼西亚、马来西亚、蒙古国、巴基斯坦等 13 支国内外救援队伍，旨在增强国际城市综合应急管理能力，为各国提供实战经验交流平台。

此外，近年来，许多应急管理机构开始尝试开展“无脚本”演练、“双盲”演练（即不预先通知参演者、不预先告知演练地点和科目）等创新的演练模式，以期更真实地检验参演机构的应急准备情况和参演人员的应急知识、技能储备、实战指挥和应

图 1-6 “一带一路”国家应急救援联合演练开幕式合影

急反应等。

三、应急演练的意义

实践证明，常态化开展应急演练能够有效提升全员应对突发事件的风险防范意识，检验应急预案的可行性与实用性，优化突发事件综合应对机制，降低突发事件带来的损失(图 1-7)。

具体可将开展应急演练的意义总结为以下 3 个方面。

1. 检验预案并提高应急能力的内在要求

应急预案需在实际行动中检验，通过演练发现预案中的漏洞，为其修正和完善提供依据。应急演练能暴露应急管理体制、机制、法制及应急能力支撑体系的短板。通过不定期抽查和随机启动演练，各级政府及其部门、基层组织、企事业单位和社会组织等可提前发现并整改隐患，检查应急预案和运行机制的缺陷，真实评估应急准备水平。

2. 成功应对各类突发事件的有效保障

应急演练是对突发事件或紧急情况处置过程的模拟性训练活动。有计划、有目的地组织应急演练，模拟各种险情，保持一定频率的实战训练，能够有效提高应急人员的处置熟练程度，使其积累应对各类突发事件的实战经验，掌握关键应急技能，从而增强实战信心，克服应急处置中的畏惧心理。应急演练不仅可以检查应急装备和物资准备情况，还可以增强指挥体系的协调性，明确岗位职责，强化跨部门的配合协作，提升突发事件的应对能力。

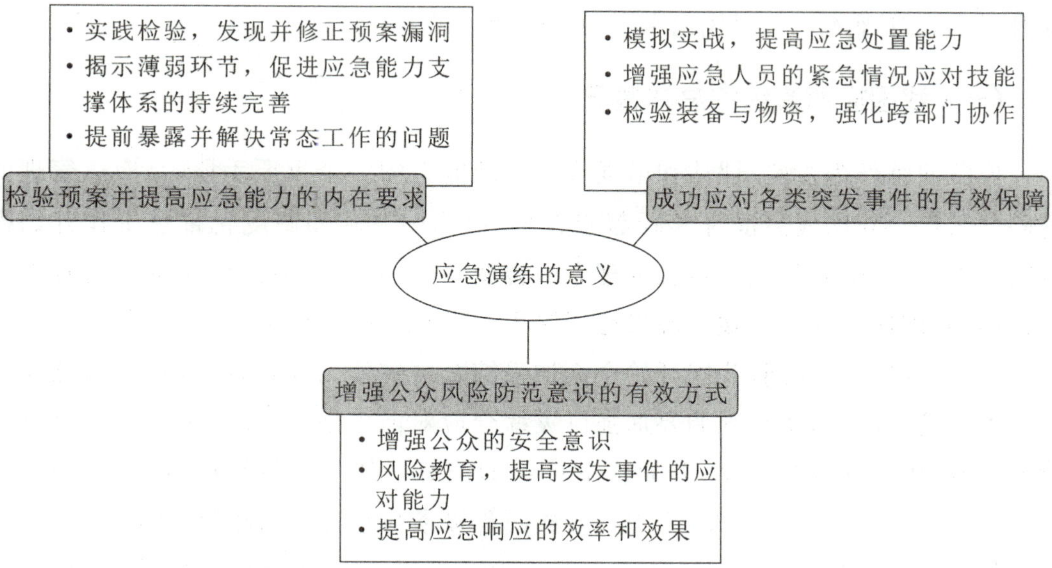

图 1-7　应急演练的意义

3. 增强公众风险防范意识的有效方式

应急演练以一种直观且易于公众参与的方式开展，可以在演练中向公众呈现可能发生的突发事件，如交通堵塞、城市火灾、建筑物倒塌等。参与多种类型的应急演练，能帮助公众熟悉各类突发情况的应对措施，进而促使公众在日常生活中主动了解和学习相关安全知识与技能，从个人层面培养良好的风险防范意识和自我保护意识，从而全面提升社会整体的风险防范能力。

第二节　应急演练现状与趋势

自“十一五”规划到“十四五”规划实施以来，我国应急演练实践持续深化并日趋规范、完善，并在情景构建、信息化应用、演练规模拓展和通信保障等方面不断提升。通过借鉴美国、日本、英国等发达国家的应急演练经验，我国不断加强演练制度标准化建设与演练保障体系完善，切实提升演练实效。这一发展路径将推动形成具有中国特色的应急演练体系，提升应对各类突发事件的能力。

一、我国应急演练的进展与趋势

应急演练是我国应急管理体系的核心组成部分，其发展态势持续向好。目前，应急演练已经覆盖各个行业领域，正朝着科学化、规范化、系统化的方向发展，显著提升了应急管理体系的现代化水平和实战能力。

（一）我国应急演练的总体情况

应急演练作为检验、评估和增强应急管理能力的一个重要手段，是应急管理的基础性工作。我国应急演练实践起步较早，但明确要求和制度化推进工作开始得较晚。近年来，随着我国应急管理理念的转变，各级政府对应急演练的重视程度不断提高，我国应急演练实践呈现出逐层深入、逐步规范、逐渐完善的特征。

“十一五”规划期间，我国开始全面加强综合减灾能力建设，提高应对自然灾害的能力。这一时期，重点强调要加强巨灾综合应对能力建设，建立健全应对巨灾风险的体制、机制和政策措施，开展应对巨灾的演练。加强城乡社区减灾能力建设，完善城乡社区灾害应急预案，组织社区居民积极参与减灾活动和预案演练。

“十二五”规划期间，政府高度重视安全生产及应急救援体系的建设与发展。规划强调完善应急救援体系，提高事故救援和应急处置能力；完善应急救援基础条件，强化应急救援实训演练。在应急救援体系建设工程中明确提出建设实训演练基地。

“十三五”期间，我国在应急演练方面进行了全面规划。一方面，注重公众应急技能的培养，创建群众性应急救护培训标准化基地，加强以自救互救为核心的应急技能培训，推动各场所开展疏散逃生、应急避险等群众性应急演练。另一方面，大力建设各类应急演练基地，依托现有设施打造公共安全教育基地和企业安全体验馆，建成公共安全应急体验基地，为演练提供场地支持。同时，着力构建应急管理标准体系，加强应急演练相关标准研制，完善应急预案演练机制，鼓励多样、高效的应急演练并强化演练后评估，还要求国家级专项应急预案至少开展一次综合应急演练，以全面提升应急演练水平和应急管理能力。

“十四五”期间，我国应急演练工作规划全面且深入。首先，强化区域协同应急演练，在自然灾害高风险地区及重点城市群、流域健全协调联动机制，统一流程标准，联合开展风险隐患普查与应急预案编制，组织综合演练并强化互助调配。其次，针对社会应急力量，出台建设意见以规范其参与方式等，开展技能培训与联合演练，鼓励其深入基层参与应急处置，推动其参与纳入政府购买服务和保险范围。再次，加强预案演练评估，制定相关管理办法和标准，依据预案检查评估并修订完善。同时，深化应急管理理论研究，发挥英雄模范引领作用，推动安全素质教育普及。此外，建成国家应急指挥总部及区域应急救援中心，完善配套设施，建设综合应急实训演练基地，全方位提升应急演练水平与应急管理能力。

目前，应急演练工作已基本实现从国家到基层的行业领域全覆盖。应急演练制度的完善使得应急演练工作越来越规范。近年来，国家、地方相继发布系列标准、指南等文件，进一步细化和规范了应急演练工作的开展，增强应急演练的针对性和实效性，如表 1-1 所示。其中，《突发事件应急演练指南》为各类应急演练规范提供了基础架构和指导原则，深化并扩展了特定行业和区域的演练标准，增强了对突发事件应急演练工作的指导，确保了演练能够按照既定规范，安全、经济、有序地开展，进而提高了应急处置能力和应急预案的可操作性。

表 1-1 国家、地方发布的应急演练相关标准、指南等文件

序号	文件名称
1	《突发事件应急演练指南》(国务院应急管理办公室应急办函〔2009〕62 号)
2	《生产安全事故应急演练评估规范》(AQ/T 9009—2015)
3	《公共安全　演练指南》(GB/T 38209—2019)
4	《生产安全事故应急演练基本规范》(AQ/T 9007—2019)
5	《信息安全技术　网络安全事件应急演练指南》(GB/T 38645—2020)
6	《电力安全事故应急演练导则》(国能综通安全〔2022〕124 号)
7	《突发事件应急预案管理办法》(国办发〔2024〕5 号)
8	《北京市突发事件应急演练实施指南》(2011 年 9 月 21 日发布)
9	《江西省灾害事故应急演练实施指南》(2022 年 9 月 11 日发布)
10	《2023 年度市级应急演练计划》(上海市应急管理局)

各级应急平台的建设为综合性应急演练和桌面、模拟、实战相结合的混合演练提供了保障，现代信息技术如物联网(IoT)、大数据、人工智能(AI)、第五代移动通信(5G)和地理信息系统(GIS)的应用，优化了指挥、通信和记录方式。例如，2021 年江苏省的军地联合防汛抗灾演练中，中国移动通信集团有限公司展示了包括 5G 基站车、宽带短波通信车等多种通信保障车辆；中煤科工集团重庆研究院研发的 VR 演练系统在矿山救援技术竞赛中应用，模拟灾害事故进行救护小队协同训练。

在各级政府的有力保障和政策支持下，我国应急演练工作正向着更科学、更高效的方向稳步推进(图 1-8)。比如，重特大事故应急演练情景库的构建为应急演练方案设计提供了可靠素材；国家、省、市、区级应急救援培训演练基地的建设和完善，为应急救援队伍的专项演练提供了良好的条件；开展面向公众的培训和模拟演练及建立自救互救体验馆，进一步提高了公众参与培训演练的成效等。

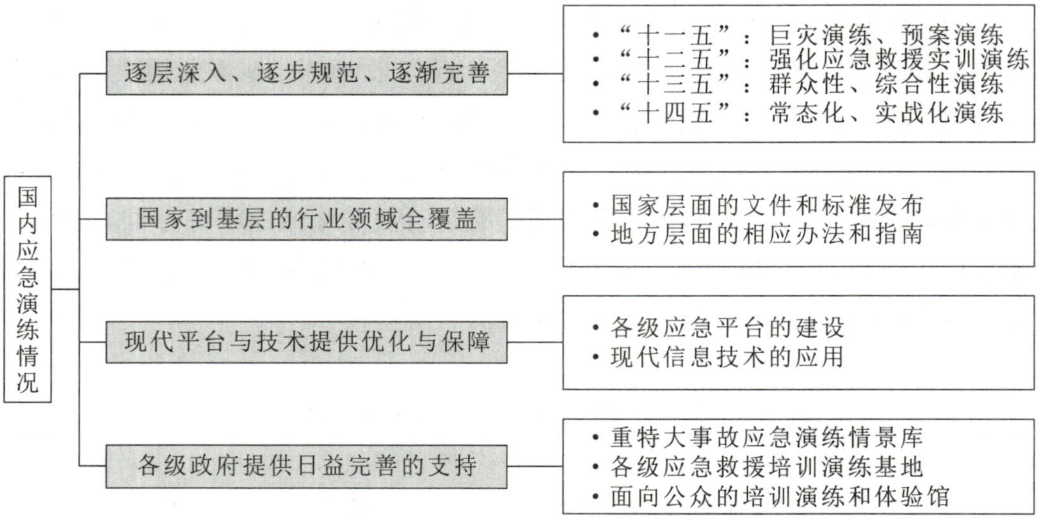

图 1-8　国内应急演练的总体情况

（二）我国应急演练的重要成效

在应急管理体系建设的探索和完善过程中，我国的应急演练实现了从“体现成效的展示性导向”到“发现问题的检验性导向”的转变，在演练实践上取得了突出的成绩，主要体现在四个方面，如图 1-9 所示。

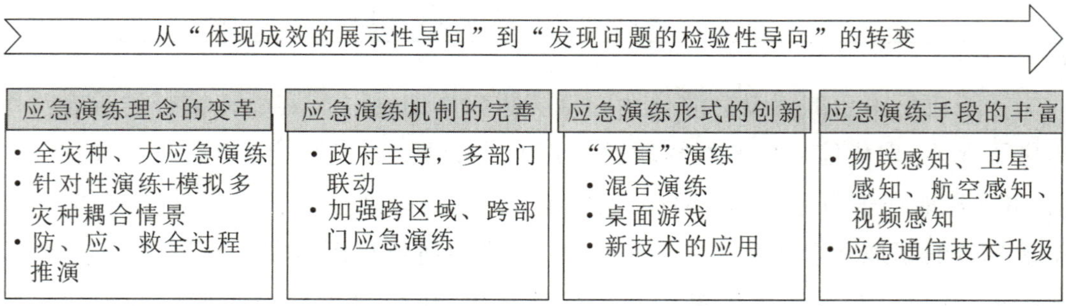

图 1-9　应急演练的重要成效

一是应急演练的理念正在发生变革。一方面，演练策略更加注重全灾种、大应急，既针对不同灾害进行针对性演练，也在构建情景时考虑多种灾害的耦合场景；另一方面，正逐步转变以往演练就是练救援的传统观念，转而实施涵盖预防、应对和救援全过程的推演。

二是应急演练机制正在不断完善。利用应急管理部门的综合能力和其他相关部门的专业能力，促进了跨领域、跨层级、跨地区的应急协作机制的发展。一方面，由各级政府组织的综合应急演练越来越频繁，提升了应急处置的实战技能；另一方面，跨区域、跨部门的重大突发事件应急演练得到了加强（图 1-10），部门间、地区间、行业间及军地间的协调和联动能力得到提升。

三是应急演练形式持续创新。新演练形式的出现、多种演练方式的结合、新技术的应用，使得应急演练更加高效、真实和科学。“双盲”演练、混合演练、情景复盘、桌面游戏等创新形式丰富了应急演练方式并实现优势互补。例如，清华大学研发了一套森林草原火灾场景的应急演练桌面游戏，该游戏将应急演练过程中的重要元素抽象提炼，结合卡牌、地图等工具，采取团队配合的回合制模式实现特定突发事件的推演，让参与人员在体验游戏乐趣的同时提升专业能力（图 1-11）。此外，人工智能、虚拟现实等信息技术不断发展、创新，也为演练形式的创新提供了坚实的技术基础。

图 1-10　川甘青跨区域联合演练

（拍摄者:李鑫）

图 1-11　森林消防队员正在使用森林草原火灾桌面游戏推演

四是应急演练手段不断丰富。科技发展、理论研究和实践经验推动了应急演练手段的创新发展。一方面，应急指挥“一张图”（图 1-12）、协同指挥“一体化”等系统已在多地演练中取得显著应用成效，多种感知途径拓展了现场信息获取范围，智慧协同平台提高了演练效率并为大型演练提供技术支撑。另一方面，应急通信技术的突破也进一步强化了前后方指挥间的信息互通与指令传递保障。

（三）我国应急演练的发展趋势

我国应急演练的发展呈现出多方面的显著趋势，主要可总结为情景构建理念

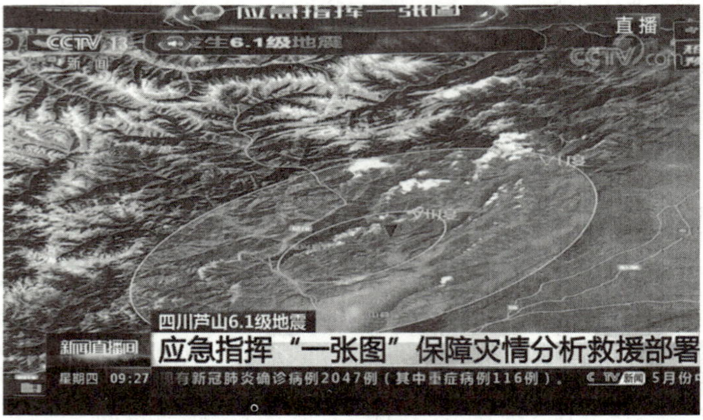

图 1-12 应急指挥“一张图”

不断深入、信息化与通信保障水平不断提升、演练规模进一步扩大的同时，强调协同能力及法治化逐步推动应急演练规范化发展，如图 1-13 所示。

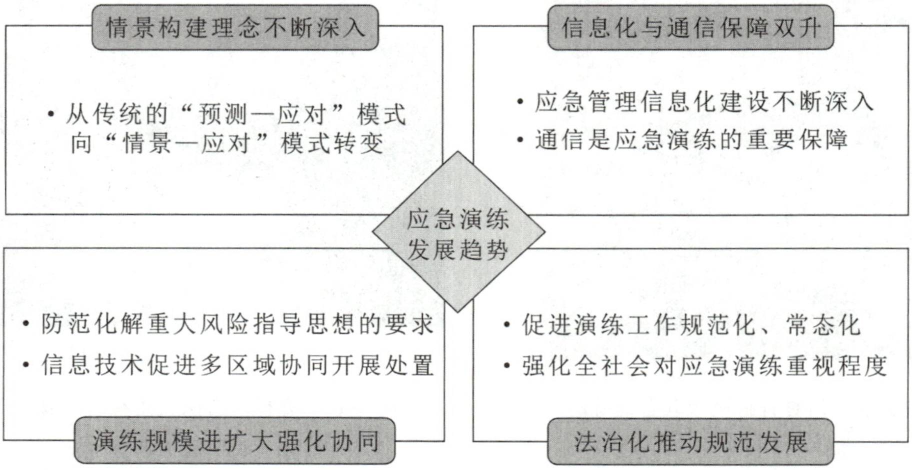

图 1-13 我国应急演练的发展趋势

1. 情景构建理念不断深入

情景构建理念已广泛应用于应急管理领域，以灾害情景构建为主线的应急预案管理流程，使得风险评估、预案编制、应急演练等环节的目标更加明确。我国应急管理逐渐从传统的“预测—应对”模式向“情景—应对”模式转变。

2015 年，国家安监总局将“重大事故情景构建及应急演练关键技术”作为年度科技攻关计划，开始对重大事故情景构建、应急演练与评估技术开展研究；《重特大生产安全事故情景构建技术导则》《安全生产应急准备评估指南》《重大活动安全风险评估情景构建》等指导性文件陆续出台，为情景构建的应用提供了规范和参考。随着政府与学术界的技术攻关和深入研究，情景构建在我国各级应急演练中的应用将进一步成熟，为应急演练的情景构建提供支撑。

近年来，在实战化要求不断提高的背景下，情景构建更加注重模拟真实事件的情景、实景、实兵、实装，以提高应急演练的真实性和有效性。如 2025 年 1 月 5 日，深圳市福田区组织开展的高层楼宇、地下空间、汽车火灾实战拉练，便是通过模拟真实火灾环境，让应急队伍在接近实战的场景中进行演练，有效提升了实战能力。随着政府与学术界在技术攻关和研究上的不断深入，情景构建在我国各级应急演练中的应用将越发成熟，为应急演练提供更坚实的支撑。

2. 信息化与通信保障双升

现代信息技术迅速发展，"互联网＋"和"智慧＋"等理念逐渐被广泛应用于应急管理。2024 年 3 月 15 日召开的全国应急管理科技和信息化会议提出，2024 年科技信息化重点任务包括健全科技体系、提升灾害防治能力、完善信息化和数字化体系。随着应急管理信息化建设的深入推进，应急演练体系的信息化水平同步提升。这一进程体现在两个维度：一方面，应急演练内容将重点检验应急管理信息系统可靠性；另一方面，信息技术的发展也将赋能演练情景设计、演练评估、演练开展形式等多个关键环节，从而全面提升应急演练的实效性。

同时，通信是应急实战和应急演练中的重要保障。一方面，通信系统作为现场信息获取和应急指令下达的媒介，是每一场应急演练的必检项目。我国对应急能力的要求不断提高，极端条件下的应急演练和大规模应急演练逐步成为演练重点，这对应急演练参演人员、导调控制人员、协调人员、评估人员等应急演练组织间的通信保障的多样性和可靠性提出了更高的要求。另一方面，应急演练过程记录正朝着全过程、全方位、影像化的方向发展，这一趋势也对信息传输、演练记录的先进装备及通信保障提出了新需求。

3. 演练规模扩大强化协同

应急演练规模主要体现在事件类型等级、演练区域范围、演练功能范围、演练人员数量等方面。

一方面，在防范化解重大风险的指导思想下，我国对重大突发事件进行情景构建的种类越来越丰富。例如：自然灾害领域的地震、特大洪涝、暴雪等；事故灾难领域的化工园区火灾爆炸、长输油气管线泄漏、大面积停电、民航空难等；公共卫生领域的不明原因传染病疫情、输入性突发急性传染病疫情等；社会安全领域的大规模网络信息安全、大规模群体性事件等。

另一方面，信息技术的发展使得跨区域、多部门、多线条综合演练成为现实，通过开展重大突发事件应急处置模拟演练，模拟多部门联合应对复杂突发事件的场景，可以有效检验各部门之间的协同能力和各部门的职责明确度。以深圳市应急委办在宝安区开展2024年第十一次“双盲”应急拉动演练为例，此次演练共有28个单位319人参与，调用应急指挥车、吸污车等专业车辆共39辆，拉动市应急救援队伍8支共49人，通过不预先通知演练时间、地点和演练内容的“双盲”形式，全面检验各部门之间的信息沟通传递效率与职责明确程度，有力提升了多部门联合应对复杂突发事件的协同作战能力。

4. 法治化推动规范发展

将应急演练纳入法治轨道是提升应急管理水平的重要举措。通过对应急演练的频次、内容、要求作出明确规定，并设立相应的监督和问责机制，能够确保应急演练的质量和效果，促进应急演练工作规范化、常态化开展。法治化建设旨在强化全社会对应急演练的重视程度，推动各部门、各单位严格落实应急演练要求，全面提升全社会应急管理能力和水平，为保障人民生命财产安全和社会稳定奠定坚实基础。如《中华人民共和国突发事件应对法》第二十九条规定：县级以上人民政府应当将突发事件应对工作纳入国民经济和社会发展规划。县级以上人民政府有关部门应当制定突发事件应急体系建设规划。又如《中华人民共和国安全生产法》第七十八条明确规定，生产经营单位应当制定本单位生产安全事故应急救援预案，与所在地县级以上地方人民政府组织制定的生产安全事故应急救援预案相衔接，并定期组织演练。此外，《生产安全事故应急预案管理办法》对演练的频次提出了明确要求，如第三十三条规定，生产经营单位应当制订本单位的应急预案演练计划，根据本单位的事故风险特点，每年至少组织一次综合应急预案演练或专项应急预案演练，每半年至少组织一次现场处置方案演练。

（四）我国应急演练实践存在的突出问题

应急演练本身的价值不言而喻，但在认知、理念、业务能力和经济水平的综合影响下，应急演练的成效难以保证。虽然我国在应急演练理念、机制、形式和手段等方面取得了一系列突出成就，但仍有不少问题亟待解决（图1-14）。

1. 演练过程不够规范

根据PDCA循环法，完整的演练项目包括“策划（Plan）、实施（Do）、检查（Check）和改进（Act）”四个大阶段（图1-15），且每个阶段都至关重要。然而，我国

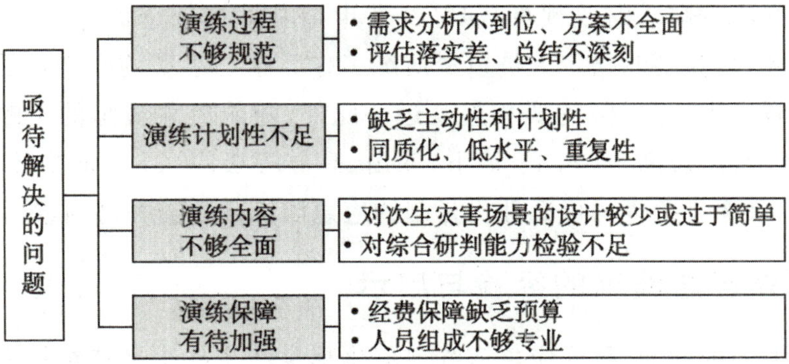

图 1-14 应急演练实践中的突出问题

目前的应急演练仍存在需求分析不到位、演练方案不全面、评估落实差和总结不深刻等问题。多数演练依赖观摩演示型的“演”，缺乏应急能力提升的实质性改进。虽然提出了演练评估机制，但由于缺乏具体标准和方法，执行效果有限，现有的领导讲评和专家点评方式难以有效识别能力不足并提出对应的改进建议。

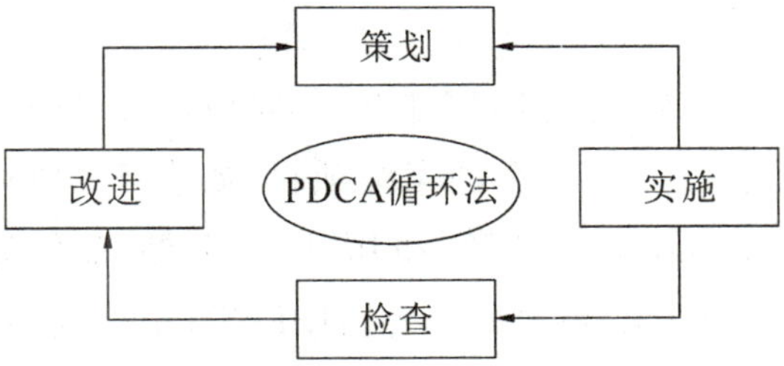

图 1- 15 PDCA 循环法

2. 演练计划性不足

许多部门和组织未能提前制订应急演练计划，通常是在形势发展需要、临时性安全问题或上级要求下才组织演练，缺乏主动性和计划性。演练意识不强、策划不严谨、组织不力，导致演练问题多、缺乏真实性和有效性，普遍存在形式主义，演练内容重复且质量低。

3. 演练内容不够全面

在演练情景设定上，多针对单一突发事件类型，对次生灾害场景的设计较少或过于简单。在演练需求定位上，立足突发事件应对全方位、全过程应急能力检验的综合演练较少，演练遵循预先编制的脚本照本宣科，对综合研判、决策指挥能力的检验不足。

4. 演练保障有待加强

在经费保障上缺乏财政预算，演练经费申请和筹措较仓促。在人员组成上缺乏专业的人才，多为临时指定人员负责演练工作。越是小型的生产经营单位，保障不足的情况越突出，与实际需要相差甚远。此外，随着应急演练的不断深入，应急演练场景中经常出现高空、水下、地下、深山、高温等极端条件，而在极端条件下通信设备设施、录像设备等的可靠性仍是制约应急演练成效的关键因素。

二、国外应急演练的经验与启示

在国家大力推动下，我国应急演练规范化程度和实战水平持续提高，但仍需在若干关键环节加以改进。国外的应急演练在制度规范、设施建设和实效提升方面的多样举措，为我国应急演练的完善提供了有益参考。在借鉴国外经验的同时，需要结合我国实际，构建具有中国特色的应急演练体系，以进一步提升应急管理机制，提高突发事件的应对能力。本节对美国、日本、英国的应急演练现状、经验和启示进行了总结。

（一）国外应急演练经验

1. 美国

美国联邦政府应急演练由美国国土安全部（U. S. Department of Homeland Security，DHS）领导，主要设有10个国家级项目，如表1-2所列。其中，国家演练项目（National Exercise Program，NEP）和国土安全演练与评估项目（Homeland Security Exercise and Evaluation Program，HSEEP）是美国国土安全部应急演练的两大核心项目。

表1-2　美国联邦政府应急演练国家级项目

国家级项目名称	介绍
国家演练项目 （National Exercise Program）	为联邦政府编制符合国情和战略部署的应急演练年度计划，并关注和分析演练成果及存在问题，为提高国家应急演练水平提供可靠依据
国土安全演练与评估项目 （Homeland Security Exercise and Evaluation Program）	关注演练实施的表现和应急能力评价标准，为演练和评价提供了一套指导原则，为演练项目的管理、设计开发、执行、评价和改进规划提供了通用方法
国际交通安全演练与评价项目 （National Intermodal Transportation Security Exercise and Evaluation Program）	美国国际交通运输业应对恐怖主义的演练

续表

国家级项目名称	介绍
危险化学品储存应急演练项目 (Chemical Stockpile Emergency Preparedness Program)	通过演练，帮助全美 6 个危险化学品储存地附近的社区增强其应对化学品泄漏等事故的能力
放射性物质的应急准备演练项目 (Radiological Emergency Preparedness Program)	为各州、地方和部落政府提供切实可行且具有针对性的放射性应急准备规划、培训和演练指导，提高邻近放射源的社区应对辐射危机的自救互救能力
高级演练实践专家项目 (Master Exercise Practitioner Program)	美国应急管理学院(EMI)培养高级演练人才的教育课程
海岸警卫队应急准备与响应演练项目 (U. S. Coast Guard National Preparedness for Response Exercise Program)	侧重演练和评估政府区域应急预案和海岸工业泄漏(石油和危险物质)应急响应计划
重大石油泄漏演练项目 (Spill of National Significance Exercise Program)	防止石油或危险物质泄漏严重事件
大城市医疗救援响应系统项目 (Metropolitan Medical Response System program)	提升医疗危机下的城市医疗急救效率
战略国内储备演练 (Strategic National Stockpile Exercises)	关注药品和医疗用品的快速分配与供给

美国国土安全演练与评估项目(HSEEP)将应急演练分为讨论型演练和实操型演练，详见表 1-3。讨论型演练侧重战略与策略层面的问题，实操型演练侧重应急响应中战术层面的问题。

表 1-3 美国的应急演练分类

讨论型演练 (Discussion-Based Exercises)	小型研讨会(Seminars)
	专题讨论会(Workshops)
	桌面演练(Tabletop Exercises)
	情景模拟游戏(Games)
实操型演练 (Operations-Based Exercises)	操练(Drills)
	功能演练(Functional Exercises)
	全面演练(Full-scale Exercises)

HSEEP 为应急演练的各个阶段提供了一整套标准化的方法、信息和工具的支持，包括演练管理、设计规划、执行实施、效果评估和改进等方面，为政府的应急演练项目提供了统一的操作规范和指导原则。

HSEEP 形成了一套体系化的方法，即 HSEEP 方法。HSEEP 提出的“演练循环(Exercise Cycle)”将美国的应急演练分为设计开发、实施、评估和改进计划四个环节。HSEEP 将每个环节都列出清晰的流程化工作步骤，如图 1-16 所示。

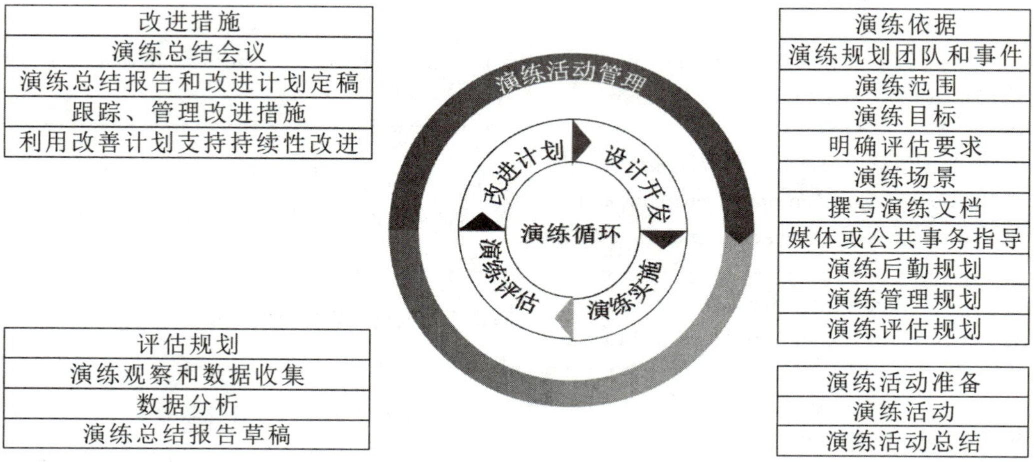

图 1-16　HSEEP 提出的“演练循环”

HSEEP 提供一系列的应用工具，用以辅助组织者或评估者开展相关工作，如“国家应急演练评估指南”，包含数十个评估模板，辅助评估者设计演练评估表。此外，HSEEP 还提供了一系列文件模板(如工作手册模板、总结报告模板)、工作模板(如会议议程模板)、多媒体资料(如针对不同突发事件的图片、场景音视频等)，以简化和规范各级政府的应急演练工作。

美国的国家演练项目是对已设立的 HSEEP 项目及其他各类演练项目的整合与升级，作为集全国演练制度、规程、方法、学习交流和政策支持于一体的国家总体演练工作安排，具有统领协调全国范围内的演练工作的职能。

经过多年的实践，国家演练项目(NEP)现已形成以两年为一个周期的演练模式。在每个 NEP 周期内，美国联邦紧急事务管理署(Federal Emergency Management Agency, FEMA)会组织一次国家级应急演练(National Level Exercise, NLE)。2018 年 5 月，NLE 演练聚集了 12000 多人，模拟飓风 Cora 登陆弗吉尼亚州，检验了各级政府、私营部门和非政府组织的应急能力。超过 45000 人参与了应急准备活动，演练涉及 5 个州和 67 个地方管辖区。演练中运用了创新技术，如动态在线工具和 GIS 产品（图 1-17、图 1-18）及综合模拟媒体环境，以提高协调和响应能力。

图 1-17　来自 FEMA 的领导和跨部门合作伙伴、州官员在 Cora 飓风登陆前商讨准备行动

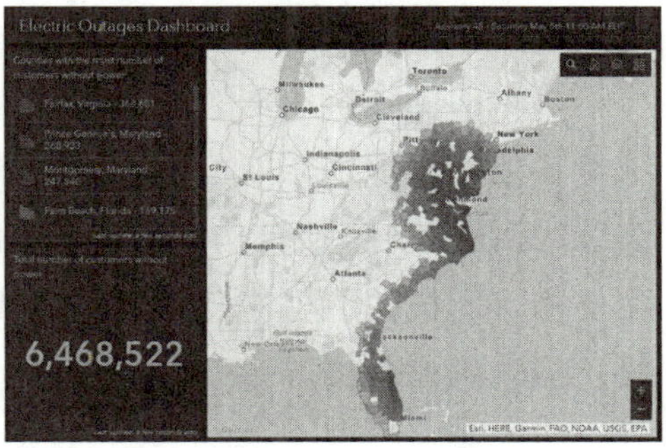

图 1-18　飓风 Cora 事件日志提供基础设施受到的影响和其他数据的实时更新

此外，FEMA 与网络安全专家合作开发了一款棋盘游戏，旨在增强社区网络安全意识（图 1-19）。游戏中，参演人员代表不同部门，需在资源有限的情况下作出网络安全投资决策，以保护关键服务。面对模拟的网络安全事件，小组成员需合作应对，学习美国国家标准与技术研究院的网络安全框架。这种互动式学习在提升参与者的专业知识和积极性的同时，增强了团队协作和应急响应能力。

图 1-19　社区网络安全棋盘游戏

2. 日本

日本位于欧亚板块与太平洋板块的交界处，处于活跃的环太平洋火山带内，经常遭受地震、台风、海啸、火山喷发及暴雨等自然灾害的影响。鉴于此，日本各级政府十分重视灾害预防、抢险救灾和应急演练。

日本大力推进应急演练和民众的应急教育，将每年的 9 月 1 日设立为“防灾日”，并将每年的 8 月 30 日到 9 月 5 日设立为“防灾训练周”。在防灾训练周期间，政府部门将组织应急演练和防灾教育培训，普及防灾知识与应急救援知识（图 1-20）。日本还将防灾应急教育内容列入国民中小学教育课程，并编撰相关教材进行教育指导。此外，各地还设有应急教育培训中心，提供体验式防灾培训。

日本的综合防灾演练以地震应急演练为主，也包括水灾应急演练、核能防灾演练等其他灾害演练。2023 年“防灾日”，日本中央政府及地方政府举行了联合防灾演练，旨在提升防灾机构与市民在面临大规模灾害时的快速反应能力。内阁成员在首相官邸模拟组建“紧急灾害对策总部”，审查灾害应对策略。演练涉及火灾扑救、搜救、医疗救援等多个方面，并由专业人士向市民传授自救技能。

图 1-20　日本 2023 年“防灾日”应急演练活动

3. 英国

英国的应急管理体系以地方政府为核心，实施属地管理。面对突发事件时，通常由当地政府组织协调当地警方、消防、医疗等机构进行应急处置，其他政府部门及非政府组织则提供协助和支持。中央政府负责处理全国性的重大突发公共事件，并在地方政府请求援助时提供跨区域、跨部门的协调和支持。基于这种体制设置，英国的各项应急演练活动主要以地方政府或企业为单位举行。

在应急演练方面，《民事紧急状态法》规定“第一类应急响应机构（应急职能较强的机构）必须将应急演练和培训计划列入各自的年度计划”。在国家层面，针对应急演练设立了专门的“政府应急演练计划”，针对破坏性突发事件开展跨层级、跨区域、跨领域的多次综合性协同演练；在地方层面，地方政府和应急管理服务机构制订本层级的应急演练计划。同时，英国政府在双边或多边关系（西方八国集团、北约、欧盟）的基础上积极参加国际性的大型应急演练。

2016 年 2 月，经过一年多的筹备，英国伦敦消防部门耗资 77 万英镑在一个废弃的发电站进行了一场大规模的地铁事故应急演练，以锻炼各方人员在面临恐怖袭击等重大灾难事件时的应急救援技能。

据英国广播公司描述，演练场景为恐怖分子策划了一场袭击，炸毁了伦敦一个地铁站附近的一栋大楼。如图 1-21 所示，大楼倒塌后压在地铁站上，站内多列火车出轨，超过 1000 人死亡，2000 人受伤，很多乘客被困车厢，救援人员四处搜索被困人员。

为模拟恐怖袭击现场，发电站里面放置了七节车厢及上千吨的砖石废渣。本次演练持续 4 天，动员了包括伦敦的警察部门、消防局、救护中心、运输部门和来自其他郡县的共计 70 个英国组织，以及来自欧洲及其他国家的救援人员共计 2000 多人，一起参与了这场在当时号称“欧洲有史以来最大规模的灾难救援演练”。

图 1-21　英国 2016 年伦敦地铁事故应急演练（来源于中新网）

这次演练过程极为逼真，1000 多名志愿者充当“受害者”，英国当地艺术工作者给他们精心化妆，“受害者”有的满身是血，有的失去腿脚，多处场景还放置“假人”以模拟死去的市民。现场各种声音震耳欲聋，叫喊声、撞击声和哭泣声此起彼伏，向首批到达的消防人员和警察求救。此次演练为各部门合作提供了难得的机会，包括联合救援、尸体辨认等，甚至法医专家都到现场参与联合演练。

（二）国外应急演练启示

以美国、日本、英国为代表的发达国家在长期探索、实践、改进应急演练工作的过程中，形成了相对先进且具有本国特色的应急演练体系，这为我国应急演练的开展提供了参考借鉴，如图 1-22 所示。

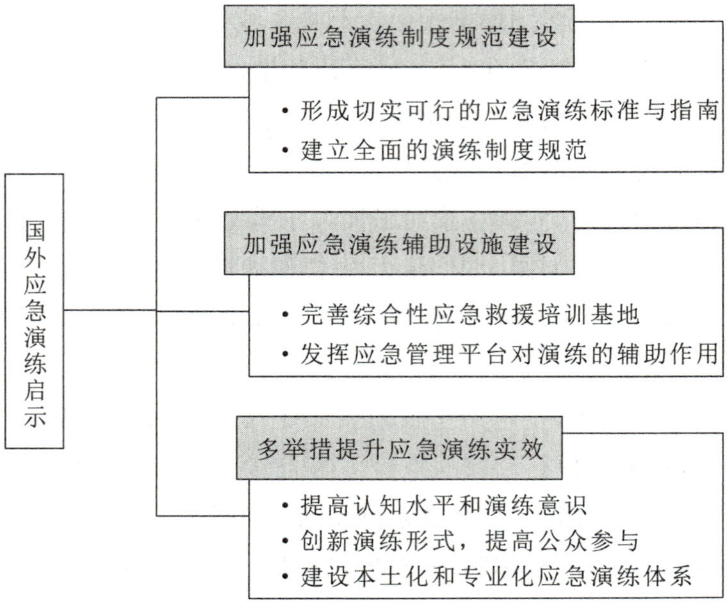

图 1-22　国外应急演练启示

1. 加强应急演练制度规范建设

国外应急演练经验显示，加强应急演练制度规范建设是提升应急管理效能的关键路径。首先，国外在大量应急演练实践的基础上已经形成了标准、规范和指南，涵盖需求分析、策划设计、组织实施、评估总结等方面，确保各方在演练中各司其职、明确目标。与上述各国相比，我国在应急演练制度规范方面还有待提高，应通过演练建立健全各级政府及其部门、基层组织、企事业单位和社会组织等的标准操作流程、应急处置规范及工作范式，甚至细化到工段、班组和岗位层面，形成具体操作指南或操作手册，并逐步推动完善，形成可复制的管理模式、工作指南和规范标准。

2. 加强应急演练辅助设施建设

国外经验表明，完善的公共安全教育体系和沉浸式培训设施的普及，能显著增强公众的防灾意识和应急处置能力。借鉴此类做法，一方面，我国应进一步完善综合性应急救援培训基地，建设多灾种、多部门联动的应急演练平台，特别是针对危化品事故救援、建筑施工坑道救援、建筑物坍塌救援、高层建筑火灾事故救援等专业应急救援处置训练。另一方面，应有效发挥应急管理信息化平台对应急演练的辅助作用，通过三维仿真与多媒体技术重现突发事件，支持人员部署、物资调度等多角色协同，使参训人员在虚拟场景中开展实战模拟和演练评估，提高其应急处置的技能和协作效率，从而在整体上提升应急体系的实战能力。

3. 多举措提升应急演练实效

国外应急演练实践表明，创新性、多样化的演练形式有助于提升应急处置的实效性。借鉴这一经验，我国应进一步加强各级政府及其部门、基层组织、企事业单位和社会组织等的业务知识培训，提升认知水平和演练意识。同时继续推广、深化"双盲"演练等创新形式，在演练情景设计上合理地注入随机信息，既确保组织有序、安全风险可控，又避免重"演"轻"练"。此外，针对自然灾害、事故灾难等公共突发事件，应着力提升公众在演练中的参与度，强化社会应急意识。还应注意的是，应急演练应立足我国国情，不可简单照搬国外模式，而是要因地制宜地将国外经验进行本土化改造和专业性转化，逐步形成体系完善、可持续发展的中国特色应急演练体系。

第二章

应急演练的分类与内容

应急演练的形式与类别多样，可以按组织主体、组织形式、演练内容、目的与作用划分成不同类型。不同类型的演练既有共性聚焦，又各有侧重，可以相互组合成丰富的体系。

本章首先依据应急演练的实践经验，阐述应急演练的分类方法；接着，对应急演练的内容以及不同参与主体在实施应急演练时的侧重点进行深入分析。

第一节　应急演练分类

应急演练的分类按组织主体可划分为政府及其部门应急演练、单位和基层组织应急演练；按组织形式可划分为桌面演练和实战演练；按演练内容可划分为单项演练和综合演练；按目的与作用可划分为检验性演练、示范性演练和研究性演练，如图 2-1 所示。

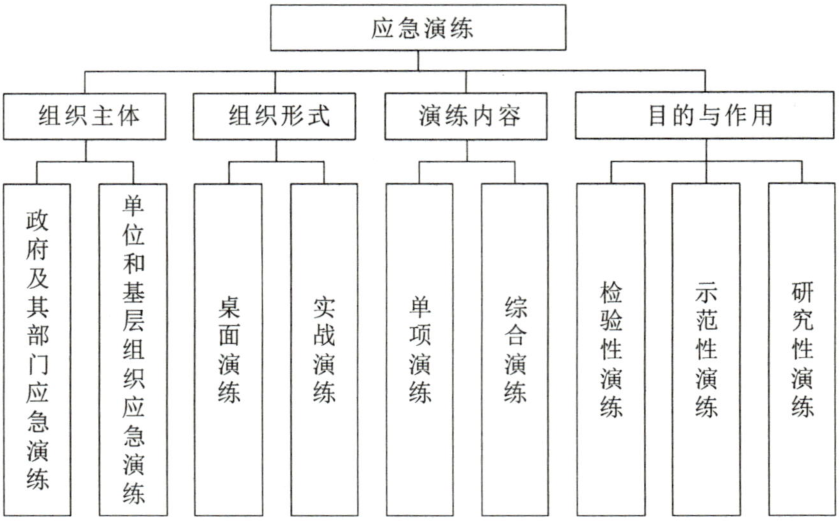

图 2-1　应急演练的分类

不同类型的演练相互组合，可以形成单项桌面演练、综合桌面演练、单项实战演练、综合实战演练、示范性单项演练、示范性综合演练等。其他国家也有不同的应急演练分类方法，如美国国土安全部（DHS）将应急演练分为讨论型演练（Discussion-Based Exercises）和实操型演练（Operations-Based Exercises）两大类，讨论型演练又分为小型研讨（Seminars）、专题研讨（Workshops）、桌面推演（Tabletop Exercises，TTX）和情景模拟游戏（Game）四类，实操型演练又分为操练（Drills）、功能演练（Functional Exercises）和全面演练（Full-scale Exercises）三类。学术界对应急演练也提出了其他的分类方法和分类标准，但均能视为上述某种演练的别称，或者某几种演练的组合，在此不予赘述。

一、按组织主体划分

实施以应急预案为核心的应急演练活动，不仅能够评估应急职能部门及其人员的应急准备状态和综合应对能力，还能使应急预案在接近实战的环境中接受检验，从而为后续应急预案的修订与优化提供有力依据。2024 年 2 月 7 日，国务院办公厅印发了《突发事件应急预案管理办法》（国办发〔2024〕5 号）（以下简称《办法》），文件在“第二章 分类与内容”部分明确规定了应急预案的分类与内容。参考《办法》对应急预案的分类方式，应急演练按组织主体可划分为“政府及其部门应急演练”和“单位和基层组织应急演练”两种。其中，政府及其部门应急演练在实际开展时包括总体应急演练，专项和部门应急演练，重大活动保障应急演练，区域性、流域性突发事件联合应急演练和巨灾应急演练。单位和基层组织应急演练包括基层组织应急演练和单位应急演练。如图 2-2 所示。

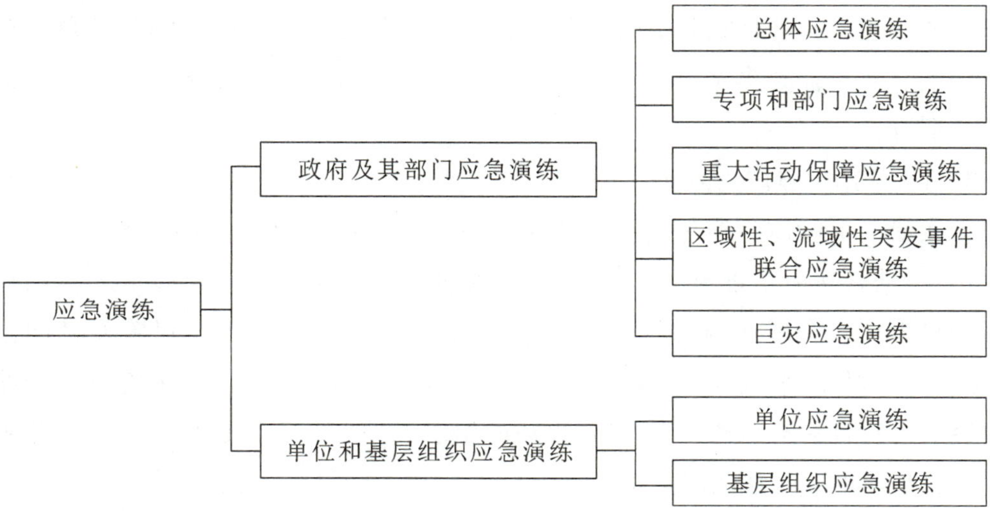

图 2-2 按组织主体划分的应急演练

（一）政府及其部门应急演练

1. 总体应急演练

总体应急演练是指基于总体应急预案，政府及其部门针对本地区、本部门可能发生的突发事件，以及可能对社会造成重大影响的其他突发事件，围绕突发事件事前、事中、事后全过程，针对突发事件应对工作的总体要求、事件分类分级、预案体系构成、组织指挥体系与职责，以及风险防控、监测预警、处置救援、应急保障、恢复重建、预案管理等内容开展的总体应急演练。

总体应急演练主要是为了检验各部门、各单位的应急预案是否完备、合理，是否符合实际情况；检验各部门、各单位之间应急救援力量的协同作战能力；检验各部门、各单位对可能发生的突发事件是否已经具备了及时、有效应对的能力；检验应急指挥机构、救援队伍等能否按照预案中的职责分工及应急响应流程有序进行；检验应急指挥机构与职能部门之间能否协调配合等。

2. 专项和部门应急演练

专项和部门应急演练是指基于专项和部门应急预案，政府及其部门为检验应急预案的有效性，针对特定应急处置工作或应急处置保障工作而进行的演练。例如，针对台风、洪水、森林火灾、危险化学品泄漏、矿山事故、环境污染及消防火灾等各类灾害事故的应急演练，或是为突发事件应对工作提供通信联络、交通运输服务、医疗救护、物资装备调配等保障功能的专项应急演练。

在组织专项和部门应急演练时，组织单位应依据既定演练计划及实际情况，选择涉及相关应急预案的单位进行演练。对于各种突发事件的应对措施，涉及的相关部门或单位必须严格执行分工合作，确保每个环节的职责划分清晰，并落实到具体责任人。对于需要多个部门联合参与的突发事件演练，牵头部门应承担组织和实施的职责。

3. 重大活动保障应急演练

重大活动保障应急演练是指重大活动的主办或承办单位，依据重大活动保障应急预案，结合实际情况开展的一系列演练活动。其目的在于检验重大活动保障预案的科学性与合理性，确保组织指挥体系、主要任务、潜在安全风险及其防范措施、应急联动机制、监测预警、信息报告、应急处置方案、人员疏散撤离组织和路线等内容的可行性和有效性。当重大活动的组织、开展过程中出现突发事件并可能造成严重后果时，能够及时启动应急响应，高效地开展应急处置工作。

重大活动保障应急演练需要根据重大活动保障的实际需要，设置针对性的突发事件情景来进行应急演练。在重大活动保障单位组织应急演练时，应当成立模拟现场指挥部；并与其他单位或组织进行有效的衔接和沟通，以确保各个环节能够紧密连接，顺畅运作。

例如，在一场大型体育赛事的应急保障演练中，承办单位须事先制定详细的应急预案，涵盖比赛现场可能遭遇的人员踩踏事故、恶劣天气影响等突发状况的应对策略。演练时，模拟成立现场指挥部，协调医疗、消防、交通等各部门的联动响应，确保在真正发生紧急情况时，能够迅速而有序地采取行动，保障赛事的平稳进行和人员的安全。

4. 区域性、流域性突发事件联合应急演练

区域性、流域性突发事件联合应急演练是指基于应对区域性、流域性突发事件的联合应急预案，由相邻或相关地方人民政府及其有关部门所组织开展的应急演练活动，侧重于明确或检验相邻或相关地方人民政府及其部门间信息通报、组织指挥体系对接、处置措施衔接、应急资源保障等内容。

在实际工作中，许多区域性、流域性突发事件是由河流、湖泊或水库等水生态系统遭到破坏所引发的。因此，在开展此类联合应急演练时，应当紧密结合实际状况，因时、因地制宜地挑选适宜的演练项目，防止同一区域内不同地方开展演练时出现“撞车”效应。

区域性、流域性突发事件的联合应急演练，其主要形式为现场演练，亦可灵活融入远程桌面、在线会议等多元化手段，以增强演练的效果与广泛性。参与此类区域应急演练的单位，务必基于区域实际情况，精心规划并制定参与区域内联合应急演练的详细方案。在演练实施过程中，应充分考量不同区域特性、灾害特性及应急救援对象的差异性，据此科学、合理地制定并适时动态调整应对策略，以确保演练的针对性和实效性。

例如，在某一河流流域经常面临洪水威胁的区域，联合应急演练方案会重点模拟洪水来临时的人员疏散和救援行动；而在以水污染为主要风险的区域，联合应急演练则更侧重污染源头的控制和水体净化等方面。

5. 巨灾应急演练

巨灾应急演练是指基于巨灾应急预案，针对巨灾场景开展的应急演练活动，模拟灾害发生后，当地政府根据应急预案的要求，迅速启动相应级别的应急响应，采取紧急举措开展救灾工作。

在巨灾应急演练中，除了要求各参演单位和部门分工清晰明确、反应敏捷迅速、协调有条不紊，还需强化对应急救援力量的整合与联动。在巨灾演练时，组织协调应当科学合理、重点突出，依据不同的灾害类型制定相应的应急响应方案。通过演练，政府部门应急处置的能力和应急救援队伍的实战水平可以得到提升和检验。

例如，在一次地震救灾演练中，医疗救援、消防救援、交通疏导等各演练小组分工明确，高效协作。对地震可能引发的火灾、山体滑坡等次生灾害造成的影响进行充分评估，制定针对性的应对方案，有效提高应对实际地震灾害的综合能力。

（二）单位和基层组织应急演练

1. 单位应急演练

单位应急演练是指依照本单位的突发事件应急预案所开展的应急演练，包含大型集团企业单位组织开展的应急演练和安全风险单一、危险性小的生产经营单位组织开展的应急演练。

大型集团企业单位开展应急演练主要是依据自身的应急预案体系，全面检验集团内部各层级、各部门之间的协调配合能力，以及在面对重大突发事件时的整体应急响应能力而组织的具有规模性、系统性和复杂性的应急演练活动。例如，一家大型化工企业开展涉及多个生产单位和部门的火灾应急演练，模拟火灾发生后信息上报、人员疏散、火灾扑救等环节，检验各生产单位和部门之间的协同作战能力，发现应急预案中的不足，加以改进和完善。

安全风险单一、危险性小的生产经营单位开展应急演练主要是根据应急预案，组织针对性强、注重实效的应急演练活动，以此让员工熟悉应急处置流程，在遇到突发事件时能够迅速作出反应，降低损失。

2. 基层组织应急演练

基层组织应急演练是指基于基层组织应急预案，为了检验应急预案的有效性、熟悉应急程序及提高应对突发事件的能力，由基层组织开展的应急演练活动。基层组织可以根据自身的实际状况，以应对本单位可能出现的突发事件为主要目标来开展应急演练，参与人员为本单位相关人员，也可以邀请外部的专业力量和专家参与。基层组织应急演练包括乡镇（街道）应急演练和村居（社区）应急演练。

乡镇（街道）应急演练重点在于规范乡镇（街道）层面应对行动，侧重明确突发事件的预警信息传播、任务分工、处置措施、信息收集和报告、现场管理、人员疏散与安置等内容。

村居（社区）应急演练侧重明确风险点位、应急响应责任人、预警信息传播与响应、人员转移避险、应急处置措施、应急资源调用等内容。

乡镇(街道)和村居(社区)开展应急演练的目的在于通过模拟突发事件场景,检验和完善应急预案的可行性和有效性,提高基层组织和居民应对突发事件的能力,减少灾害损失,保障人民生命财产安全。

例如,在某个容易遭受台风袭击的乡镇,开展台风应急演练。演练中模拟台风来临前的预警发布、人员转移安置、信息收集和报告等环节,检验乡镇各部门之间的沟通协调、资源调配能力及居民的配合程度。经过这样的演练,预案中存在的问题得以被发现并加以改进,乡镇应对台风灾害的实战能力也得到提升。又如某个山村,开展泥石流灾害应急演练时须明确村民在灾害预警响起后的疏散路线和避险地点,确保在真正遭遇泥石流灾害时能够迅速、有序地转移,保障村民生命安全。

二、按组织形式划分

依据组织形式的差异,应急演练可被划分为桌面演练与实战演练两大类别,如图 2-3 所示。

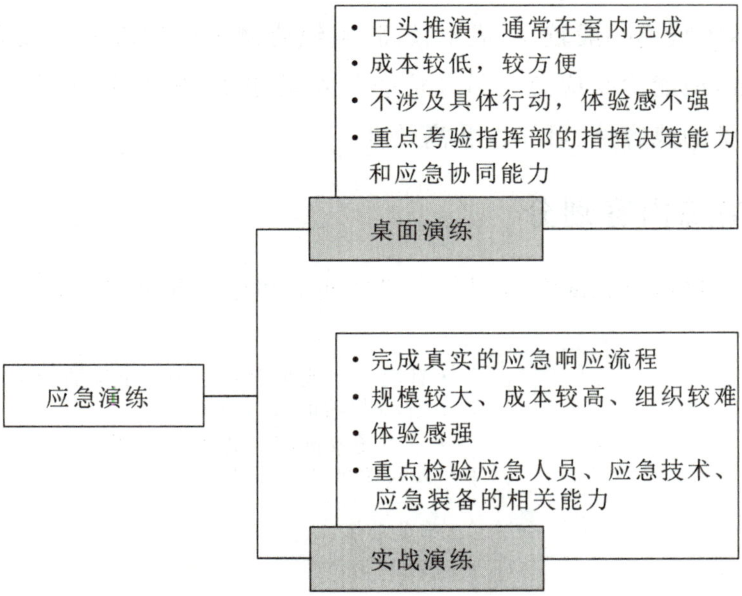

图 2-3 按组织形式划分的应急演练

1. 桌面演练

桌面演练是指参演人员利用地图、沙盘、流程图、计算机模拟、视频会议等多种辅助手段,围绕设定的演练情景,开展讨论与推演应急决策及现场处置的过程,从而帮助相关人员掌握应急预案中所规定的职责和程序,提高其指挥决策能力和应急协同效率。桌面演练的主要特点在于其通过口头形式对演练情景进行模拟推演，通常在室内环境完成，参演人员主要是来自应急相关部门的代表和关键人员。桌面演练重点考验指挥部的指挥决策能力和应急协同能力，让指挥部通过应急演练熟悉应急场景、明确应急保障角色组成、明确应急处置基本流程等。演练结束后，一般采取口头反馈的形式收集参演人员的意见与建议，最终汇总成书面报告，总结并评估演练活动。桌面演练的成本较低，操作和实施较方便。缺点是桌面演练不涉及具体应急行动，体验感不强。

2. 实战演练

实战演练是指参演人员利用应急处置所需的设备和物资，针对预先设定的突发事件情景及其后续演变情景，通过实际决策、行动和操作，完成真实的应急响应流程，从而检验和提高相关人员的临场组织指挥、队伍调度、应急处置技能和后勤保障等应急能力。实战演练需要调动真实的应急人员和应急装备、资源等，以应急指挥中心为中心节点，延伸至各下级应急指挥机构、救援队伍、应急保障机构、公众等参演队伍和人员开展现场演练。这个过程涉及应急管理的决策层、管理层、执行层、实施层，演练规模一般较大，成本较高，组织协调工作的难度也较大。但实战演练体验感最强，最能检验应急人员及应急体系的组织、响应和协同能力，以及应急技术、应急装备的兼容性、可靠性和高效性。

三、按演练内容划分

按照演练内容，应急演练可划分为单项演练和综合演练，如图 2-4 所示。

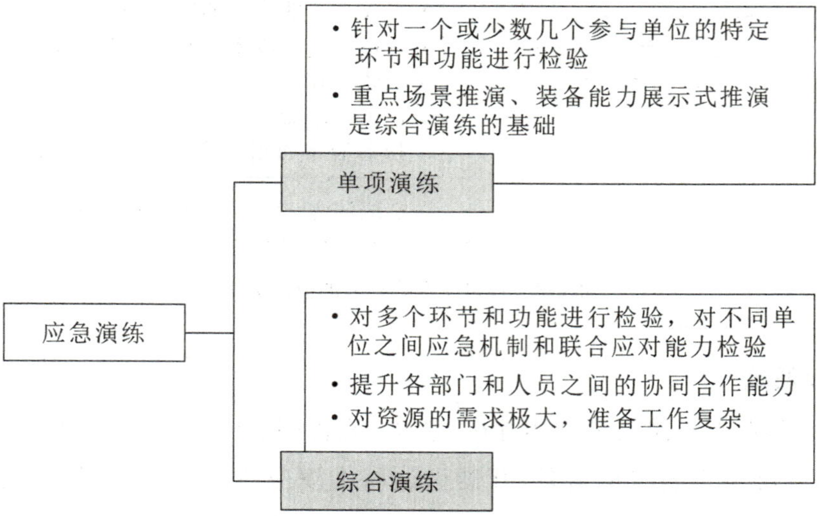

图 2-4　按演练内容划分的应急演练

（一）单项演练

单项演练是指只涉及应急预案中特定应急响应功能或现场处置方案中一系列应急响应功能的演练活动，或是注重针对一个或少数几个参与单位（岗位）的特定环节和功能进行检验。例如对新流程程序的测试，对新型装备或特定技能的训练等。单项演练是综合演练的基础，通过验证每一个功能和系统是否能够良好运转，为综合演练做好准备工作。

常见的单项演练通常包括重点场景推演和应急能力展示式推演。

1. 重点场景推演

重点场景推演是选取应急事件中的关键片段或典型场景进行单独且深入演练的方法。其特点是：聚焦性强，只针对特定的重要环节；针对性突出，旨在解决关键场景下的具体问题；灵活性较高，可根据实际需求灵活选择场景。适用场景包括：在突发事件应对中常见但关键的处置场景，如学校发生火灾后疏散人员时的楼梯口拥堵处理；或者在周期性发生的应急情况中某一棘手环节，如季节性洪灾中的特定区域人员救援。

这种方式的优点是能集中资源和精力解决重点问题，提高特定场景下的应对效率和能力，准备工作相对简单快捷。其缺点是缺乏对整个应急事件的全面考量，可能导致在其他环节出现疏漏，而且单独的场景演练可能与整体应急流程衔接得不够紧密。

2. 应急能力展示式推演

应急能力展示式演练主要侧重展示和演练各类应急能力，包括但不限于应急装备能力、人员应急技能、应急流程执行、部门协同配合及应急资源调配等方面的实际应用效果。例如：新装备引入时的推广和熟悉工作，如新型消防器材的应用；特定装备的专项训练，如大型救援机械的操作培训；新应急技能或流程引入时的推广和熟悉工作，如新型应急处置技术的应用推广；特定应急能力的专项训练，如多部门联合应急指挥协调能力的培训；向公众展示应急体系综合能力，如在应急科普宣传活动中呈现应急响应全流程。

这种方式的优点是能够有效提升参与人员对特定应急装备和流程的熟悉程度，增强各部门之间的协同配合，强化参与人员对应急体系的整体认知与信心。同时，通过向公众展示，可吸引社会关注，提升公众对应急工作的理解和应急意识。其缺点是相对单一，若过度侧重能力展示，可能在一定程度上忽视对应急装备实际操作细节的深入演练，或导致参与人员过度依赖单一能力，而忽略应急体系中装备、人员、流程等多要素的系统性整合与平衡。

（二）综合演练

综合演练是指覆盖应急预案中多项乃至全部应急响应功能的演练活动。其强调对多个工作流程与功能的综合检验，尤其侧重对不同单位间应急机制的协同性及联合应对能力的全面考察。综合演练一般会尽可能地模拟真实事件情景，形成一种“压力环境”，激活预案中涉及的大部分应急行动部门和应急资源。

这种方式的优点是能够全面、深入检验和优化整个应急体系，大幅提升各部门和人员之间的协同合作能力，让参与者提前熟悉复杂紧急状况。然而，其缺点也很明显：对资源的需求极大，组织协调工作极为复杂烦琐，准备周期漫长，且由于追求全面覆盖，可能在某些关键重点环节的处理和训练上不够深入精细。

四、按目的与作用划分

应急演练按目的与作用划分，包括检验性演练、示范性演练和研究性演练，如图 2-5所示。

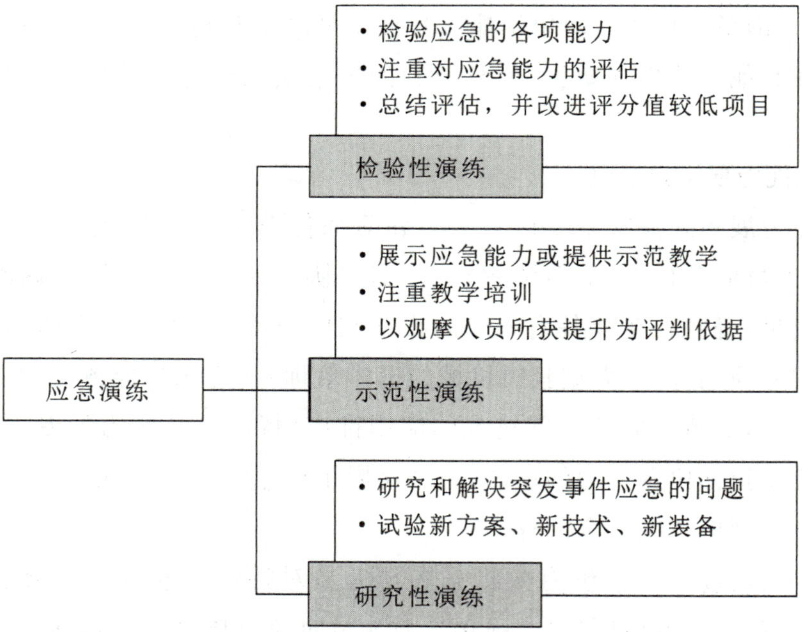

图 2-5　按目的与作用划分的应急演练

1. 检验性演练

检验性演练是指为检验应急预案的可行性、应急准备的充分性、应急机制的协调性及相关人员的应急处置能力而组织的演练。检验性演练注重对应急能力的评估，无论是桌面演练形式还是实战演练形式，都需要制定相应的检验细则，形成评估表单，以确保检验的可操作性。总结评估并对评分值较低的项目进行整改跟踪，是检验性演练的重要步骤。

2. 示范性演练

示范性演练实质上是一种表演性质的演练，主要是向观摩学习人员展示应急能力或提供示范教学，通过此类演练展现应急响应的流程与技巧。示范性演练注重教学培训，需要根据观摩学习人员的类别、水平、特点等进行演练设计和实施。演练可分为若干个阶段，在阶段中间可中断演练进程，并进行更细致的分析和讲解。示范性演练以观摩学习人员的学习收获程度和能力提升程度为评判依据。

3. 研究性演练

研究性演练是为深入研究和解决突发事件应急处置中的重难点问题，测试新方案、新技术及新装备的有效性而特别组织的演练活动。

第二节　应急演练的内容与侧重点

以应急预案为核心开展应急演练，可以全面考察应急职能部门及其人员的应急准备情况和综合应急能力。同时，应急演练也可以为应急预案提供接近于实战的检验，为预案的进一步修订和完善提供科学的依据。因此，应急预案内容的侧重点亦是开展应急演练时必须着重训练的环节。

本节首先针对应急演练的重要内容，从阶段目标、关键环节和表现形式三个方面展开阐述。接着，依据《突发事件应急预案管理办法》(国办发〔2024〕5 号)，分析不同主体在制定应急预案时各自的侧重点，并据此梳理这些主体在应急演练过程中所应侧重的方向。

一、应急演练的内容

应急预案详细规定了突发事件发生后各阶段的应急处置措施，如监测预警、应急指挥、恢复重建等，这些内容构成了应急预案的核心内容，在应对突发事件的过程中不可或缺，同时也是开展突发事件应急演练的基础内容。应急演练的实施，旨在遵循应急预案的规定，完成应急预案中的部分或全部环节内容，具体包括：应急准备、信息报告、风险防控、事态监测与评估、预警发布、会商研判、应急响应、应急指挥、通信保障、处置措施、疏散安置、医疗保障、交通管制、舆情管控、恢复重建等方面,如图2-6所示。本部分内容将通过对上述各环节的阶段目标、关键环节、表现形式的梳理,对演练的内容展开详述。

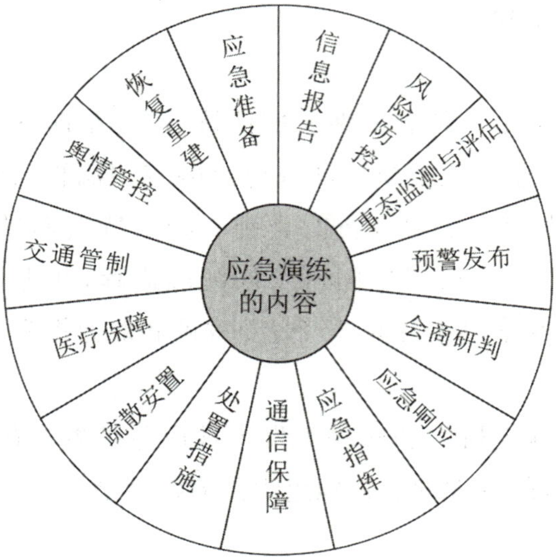

图 2-6 应急演练的内容

(一) 应急准备

应急准备是灾前预防突发事件发生、控制突发事件后果的关键环节(图2-7),聚焦三方面建设。一是应急体制机制建设,明确各主体权责,构建高效联动架构与流程,保障应急响应高效运转。二是应急制度体系建设,健全应急预案、物资管理、信息报告等制度,确保应急处置规范有序。三是应急能力体系建设,强化人员培训、物资储备调配、设施设备维护,提升综合应对能力。应急准备虽不直接属于应急救援工作,但为其奠定基础,是突发事件应对的核心支撑。

1. 阶段目标

应急准备各环节旨在检验参与单位或个人针对突发事件的灾前准备情况,包括应急体制机制、应急制度体系和应急能力体系建设的合理性、完整性。通过本环节的演练,确保在真实应急情况下,所有相关人员能够迅速响应、高效行动,最大限度地降低损失、减少负面影响。

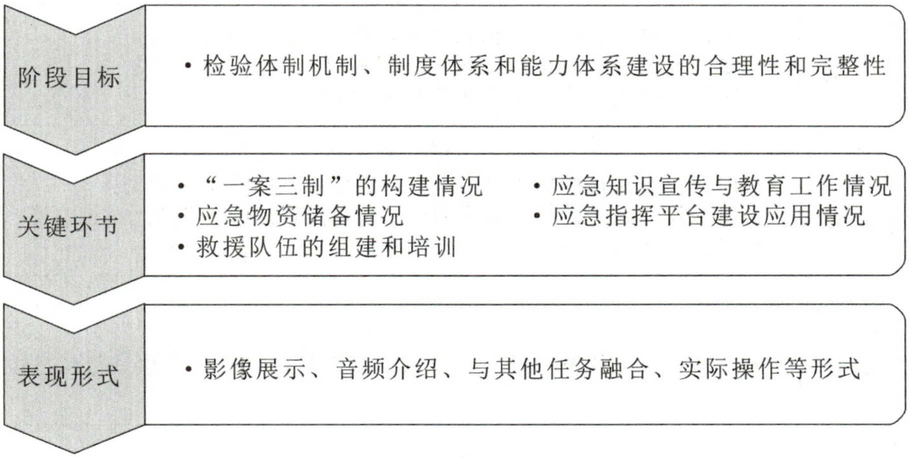

图 2-7 应急准备的主要内容

2. 关键环节

(1) 应急预案、应急体制、应急机制、应急法制的构建情况。

(2) 应急物资储备检查,核实各类应急物资的种类、数量、质量和保质期,确保储备充足且可用。

(3) 应急救援队伍的组建与培训,确定应急救援队伍组建情况及开展专业技能培训和体能训练情况。

(4) 应急知识宣传与教育工作开展的情况。

(5) 应急指挥平台建设应用情况。

3. 表现形式

应急准备能力的检验一般以影像展示、音频介绍、与其他任务融合、实际操作等形式在应急演练中体现。

(二) 信息报告

信息报告是在突发事件发生后,按照规定的程序和要求,将事件的基本情况、发展态势、影响范围等信息及时、准确地向上级部门、相关机构及社会公众进行传递的行为,是突发事件应急响应的重要环节,为后续的决策制定、资源调配和救援行动提供关键依据(图 2-8)。

1. 阶段目标

信息报告环节旨在检验参与单位或个人在突发事件发生后的信息收集、整理和传递能力。具体包括:确认信息报告渠道的畅通性和准确性,参与人员对信息报

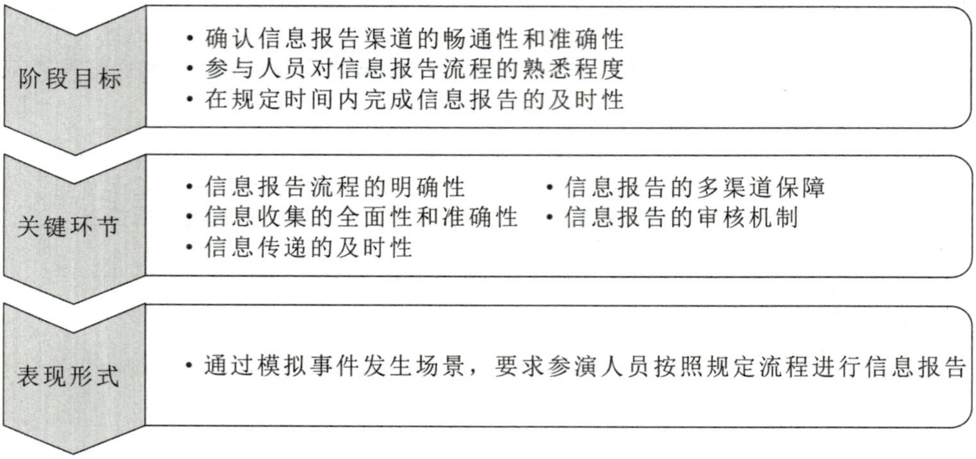

图 2-8　信息报告的主要内容

告流程的熟悉程度，以及在规定时间内完成信息报告的及时性。做好这些工作，确保在真实应急情况下，能够快速、准确地将事件信息传递给相关各方，为应急决策和救援行动争取宝贵时间。

2. 关键环节

（1）信息报告流程的明确性，包括确定信息收集来源、报告对象、报告内容和报告方式等。

（2）信息收集的全面性和准确性，涵盖事件发生时间、地点、性质、伤亡情况、影响范围等关键信息。

（3）信息传递的及时性，考核从事件发生到信息报告至相关部门所用的时间是否符合规定要求。

（4）信息报告的多渠道保障，如电话、短信、网络平台等多种报告渠道的可用性。

（5）信息报告的审核机制，确保报告信息的真实性和可靠性。

3. 表现形式

信息报告能力的检验可以通过模拟事件发生场景，要求参演人员按照规定流程进行信息报告来实现。可以采用桌面演练形式，通过情景设定和讨论，检验参演人员对信息报告流程的掌握程度；也可以在实战演练中，设置信息报告任务，观察参演人员在实际操作中的表现。同时，可以结合现代信息技术，如模拟信息报送平台、通信设备等，增强演练的真实性和有效性。

（三）风险防控

风险防控是指在突发事件发生前，通过对潜在风险的识别、评估和管理，采取一系列预防措施以降低突发事件发生的可能性和减轻其可能造成的后果，包括对各类风险源的监测、分析及制定和实施相应的风险管控策略（图 2-9）。

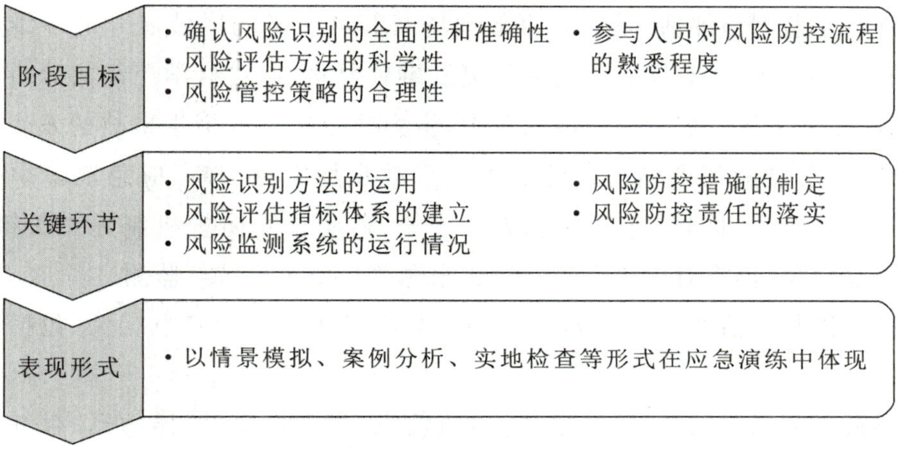

图 2-9　风险防控的主要内容

1. 阶段目标

风险防控环节的阶段目标是检验参与单位或个人识别和评估潜在风险的能力，同时验证所实施的风险管控措施的可行性和有效性。该环节具体涵盖以下内容：确保风险识别的全面性和精确性，评估风险时采用方法的科学性，检验风险管控策略的制定合理性，以及参与人员对风险防控流程的熟悉程度。做好这些工作，确保在真实应急情况下，能够提前发现潜在风险，采取有效措施进行防控，最大限度地降低突发事件的发生概率和影响程度。

2. 关键环节

（1）风险识别方法的运用，包括对自然风险、技术风险、人为风险等各类风险源的识别和分类。

（2）风险评估指标体系的建立，选定风险发生的可能性、影响程度等评估指标。

（3）风险监测系统的运行情况，确保能够及时发现风险变化。

（4）风险防控措施的制定，明确在风险转化为突发事件时的应对措施。

（5）风险防控责任的落实，确定各部门和人员在风险防控中的职责。

3. 表现形式

风险防控能力的检验可以以情景模拟、案例分析、实地检查等形式在应急演练中体现。既可以采用桌面演练形式，讨论不同风险情景下的应对策略；也可以在实战演练中，设置风险防控任务，观察参演人员的实际操作。

(四) 事态监测与评估

事件事态监测与评估，是针对事故现场及其可能影响区域展开的多维度监测行动，涵盖气象、水文、有毒有害物质等突发事件要素，通过科学严谨的分析与评估手段，精准预判事故发展趋向与波及范围，全力防范次生或衍生事故的发生。在救援过程中，事态监测与评估的结论影响着事故现场掌控策略、应急抢险举措的拟定，为界定现场作业区域、守护应急人员安全、落实公众防护机制提供关键指引。在现场恢复阶段，仍需对周边大气、土壤、水源等环境进行持续监测，以彻查隐患。

事态监测与评估的主要内容(图 2-10)与突发事件类型息息相关，包括以下四项内容。

自然灾害类主要关注：气象信息、地质信息、水文信息、海洋信息、森林火灾信息等。

安全生产类主要关注：生产设施设备运行状况、危险化学品信息、矿山安全信息、建筑施工安全信息、交通运输安全信息等。

社会安全类主要关注：社会治安信息、网络安全信息、公共秩序信息、民族宗教信息等。

公共卫生类主要关注：传染病疫情信息、食品安全信息、药品安全信息、环境卫生信息、动物疫情信息等。

1. 阶段目标

事态监测与评估的阶段目标是对演练中监测系统和监测活动有效性的检验，旨在通过应急演练检验监测系统能否准确、及时地捕捉到潜在的紧急情况，包括气象信息、环境变化、设备异常等。

2. 关键环节

(1) 监测计划制订情况。

(2) 负责监测人员对监测内容、范围及监测方式熟悉情况。

(3) 气象、水文等数据监测点位及监测数据情况。

(4) 监测数据处理与事故的发展态势及影响范围分析情况。

(5) 针对监测数据进行评估，提出建议和处置方案。

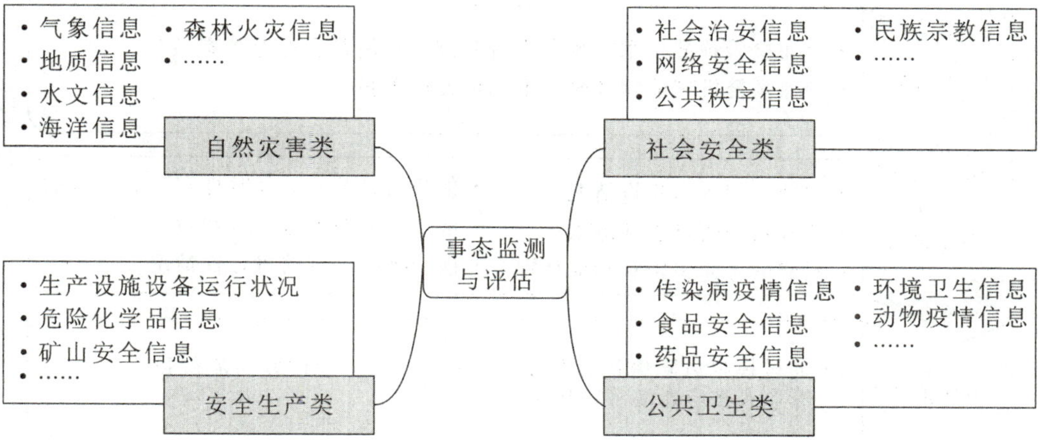

图 2-10 事态监测与评估的主要内容

3. 表现形式

事态监测与评估能力的检验可以通过模拟数据采集、案例分析、现场监测等形式在应急演练中体现。既可以采用桌面演练形式，根据给定的事件情景进行监测与评估分析讨论；也可以在实战演练中，设置监测任务和评估要求，观察参演人员的实际操作。

（五）预警发布

预警发布通常指根据监测结果判断突发事件可能发生或即将发生时，依据有关法律法规、规章和应急预案的相关规定，公开或在一定范围内发布相应级别的警报，提前做好准备，并提出相关应急建议的行动。在常态化应急管理工作中，必须建立完善的预警机制，保证在突发事件真正发生之前对可能发生的事故进行预报、预测及开展预先处理。同时，预警作为应急响应的第一步，还必须对接警要求作出明确规定，保证应急响应工作能迅速、准确、有效地开展（图 2-11）。预警工作主要包括以下内容：

（1）预先明确预警机制。明确规定监测预警的时间范围、空间范围和对象范围；设定预警级别及对应的判断标准；确定通知对象的优先次序、通知人员和通知方式；确定警报解除的标准和程序。

（2）规范接警工作。接警人员一般由总值班人员担任，接到报警时须完成以下三项工作：一是核实并记录报警人姓名、单位部门和联系电话；二是问明并记录事故发生的时间和地点、主要危害源、事故类型、危害影响的范围与程度及对救援的

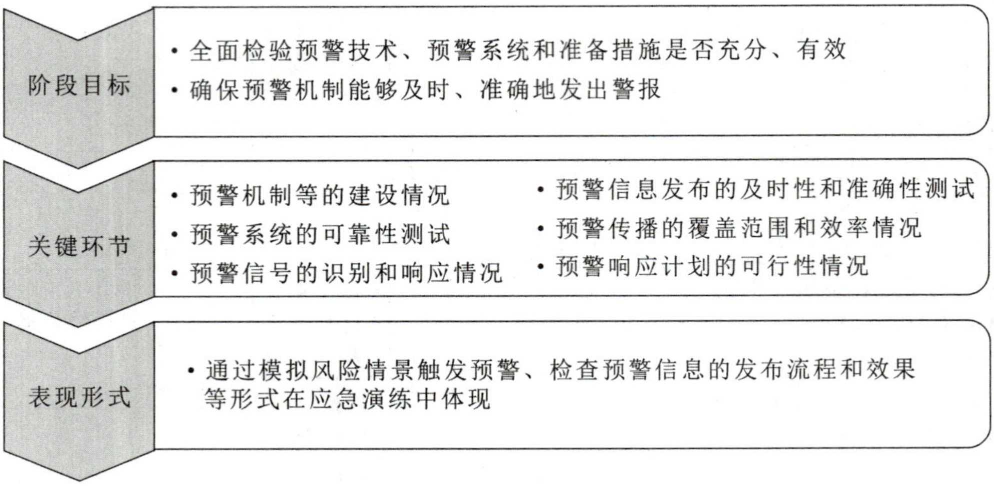

图 2-11　预警发布的主要内容

具体需求；三是按既定程序向上级人民政府及行业主管部门报告（必要时可以越级上报），通报当地驻军及可能受到危害的毗邻或者相关地区的人民政府，通知可能受波及的周边单位和社会公众。

当确定进入预警状态后，县级以上地方各级人民政府应按照相关规定，根据即将发生的突发事件的特点和可能造成的危害，有选择性地采取下列措施：

一是启动应急预案。

二是加强监测预警。责令有关部门、专业机构、监测网点和负有特定职责的人员及时收集、报告有关信息，向社会公布反映突发事件信息的渠道，加强对突发事件发生、发展情况的监测、预报和预警工作。

三是实时分析评估突发事件信息。组织有关部门和机构、专业技术人员、有关专家学者，预测发生突发事件可能性的大小、影响范围和强度及可能发生的突发事件的级别。

四是定时发布信息。定时向社会发布与公众有关的突发事件预测信息和分析评估结果，并对相关信息的报道工作进行管理；及时按照有关规定向社会发布可能受到突发事件危害的警告，宣传避免、减轻危害的常识，公布咨询电话。

五是准备应急力量与资源。应急救援队伍、负有特定职责的人员进入待命状态，并动员后备人员做好参加应急救援和处置工作的准备；调集应急救援所需物资、设备、工具，准备应急设施和避难场所，并确保其处于良好状态、随时可以投入正常使用。

六是防范与保护。加强对重点单位、重要部位和重要基础设施的安全保卫，维护社会治安秩序；关闭或者限制使用易受突发事件危害的场所，控制或者限制容易导致危害扩大的公共场所活动；确保交通、通信、供水、排水、供电、供气、供热等公共设施的安全和正常运行；转移、疏散或者撤离易受突发事件危害的人员并予以妥善安置，并转移重要财产。

1. 阶段目标

预警发布的阶段目标是对预警技术、预警系统和准备措施是否充分、有效进行全面检验，确保在真实情况下预警机制能够及时、准确地发出警报，减少潜在风险和损害。

2. 关键环节

（1）预警机制、标准、流程的建设情况。

（2）对采用的预警技术和预警系统进行可靠性测试。

（3）相关人员对预警信号的识别和响应情况。

（4）预警信息发布的及时性和准确性测试。

（5）预警传播的覆盖范围和效率情况。

（6）预警响应计划的可行性情况。

3. 表现形式

预警发布能力的检验可以通过模拟风险情景触发预警、检查预警信息的发布流程和效果等形式在应急演练中体现。可以采用桌面演练形式，讨论不同风险情景下的预警发布策略和流程；也可以在实战演练中，实际发布预警信息，观察接收方的反应和行动。

（六）会商研判

会商研判在突发事件应急演练中占据着极为关键的地位（图 2-12），贯穿应急处置的始终，主要可分为以下三种类型：

其一，突发事件事前会商研判。当突发事件呈现出即将发生的迹象时，负责事件处置的牵头部门迅速行动，召集其他相关政府部门以及在该领域具备深厚专业知识与丰富经验的专家共同参与会商研判会议。在会议中，整合各有关部门所收集并提供的翔实数据信息，同时充分吸纳专家们基于专业视角所给出的建设性建议。以此为依据，深入且全面地研判突发事件可能的发展趋势，通过多维度的分析与论证，制定出科学合理、具有针对性与可操作性的防范措施，力求在源头上降低突发事件发生的可能性及其可能带来的负面影响。

其二，突发事件事中会商研判。在突发事件已经发生且处于发展演变过程中，事件处置牵头部门组织召开会商研判会议。针对突发事件进程中不断涌现的各种复杂突发情况进行分析，运用专业的评估方法与模型对突发事件的实时状态进行评估，准确把握事件的动态变化，进而及时提出与之相适应的应对措施，以有效控制事件的发展态势，减少人员伤亡与财产损失，维护社会秩序的稳定。

其三，突发事件事后会商研判。当突发事件逐渐平息并趋于结束时，及时召开事后的会商研判会议。在会议中，严谨地判断突发事件是否真正完全结束，对人员安置工作的落实情况进行全面梳理与核查，评估恢复重建相关工作的完成进度与质量。同时，仔细审视现场状况是否切实满足结束应急响应的各项条件，包括环境安全指标的恢复情况、基础设施的功能性恢复程度等多方面因素，确保应急处置工作的完整性与有效性，为后续的总结评估与经验借鉴奠定坚实基础。

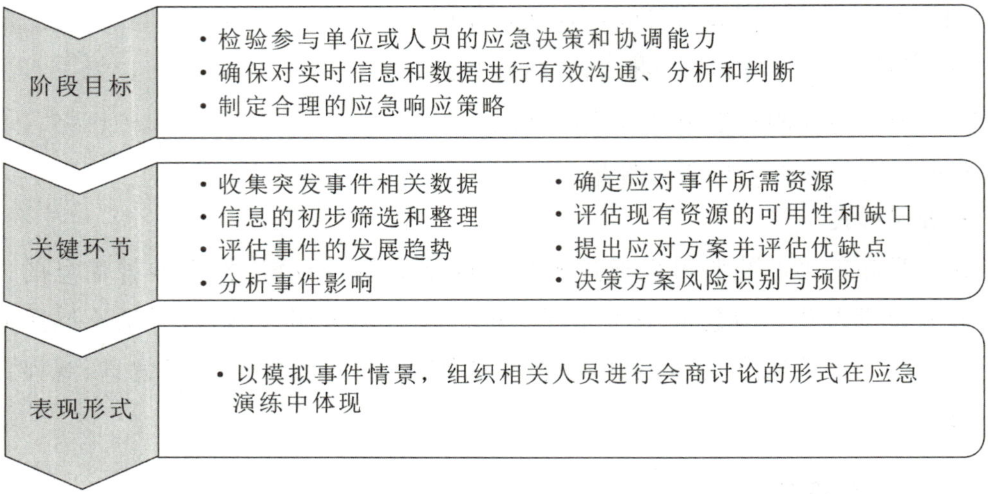

图 2-12　会商研判的主要内容

1. 阶段目标

会商研判环节的阶段目标是检验参与单位或个人在紧急情况下的决策和协调能力，确保所有相关人员能够基于实时信息和数据进行有效沟通、分析和判断，以制定合理的应急响应策略。

2. 关键环节

（1）收集突发事件的相关数据情况，如事件发生的时间、地点、规模、影响范围等。

（2）对收集到的信息进行初步筛选和整理，去除无效或重复的信息。

(3) 评估事件的发展趋势，判断是否可能进一步恶化或扩大。

(4) 分析事件对社会、经济、环境等方面造成的影响。

(5) 确定应对事件所需的人力、物力、财力等资源。

(6) 评估现有资源的可用性和缺口。

(7) 提出多种应对事件的策略和方案，并对各方案的优缺点进行分析和比较。

(8) 识别决策方案可能带来的新风险，制定风险应对措施。

3. 表现形式

会商研判能力的检验可以通过模拟事件情景、组织参演人员进行会商讨论的形式在应急演练中体现。可以采用桌面演练形式，设定特定事件场景，引导参演人员进行会商分析和决策制定；也可以在实战演练中，根据实际情况适时组织会商，观察参演人员的应对能力。

(七) 应急响应

突发事件发生后，履行统一领导职责或者组织处置突发事件的人民政府应当针对其性质、特点、危害程度和影响范围等，立即启动应急响应，组织有关部门，调动应急救援队伍和社会力量，依照法律法规、规章和应急预案的规定，采取应急处置措施，并向上级人民政府报告；必要时，可以设立现场指挥部，负责现场应急处置与救援，统一指挥进入突发事件现场的单位和个人。同时，启动应急响应，应当明确响应事项、级别、预计期限、应急处置措施等(图 2-13)。此外，履行统一领导职责或者组织处置突发事件的人民政府，应当建立协调机制，提供需求信息，引导志愿服务组织和志愿者等社会力量及时、有序地参与应急处置与救援工作。

1. 阶段目标

应急响应的阶段目标是对组织或个人在启动应急响应后迅速采取行动的能力进行检验，确保所有相关人员能够立即按照既定的应急预案行动，包括但不限于迅速集结应急队伍、分配任务、调动资源和执行救援措施。

2. 关键环节

(1) 启动相应级别和类型的预案。

(2) 展示应急预案启动的流程。

(3) 应急预案启动后对外发布的范围、发布方式。

(4) 组织营救和救治受害人员，转移、疏散、撤离并妥善安置受到威胁的人员及采取其他救助措施。

(5) 迅速控制危险源，标明危险区域，封锁危险场所，划定警戒区，实行交通管

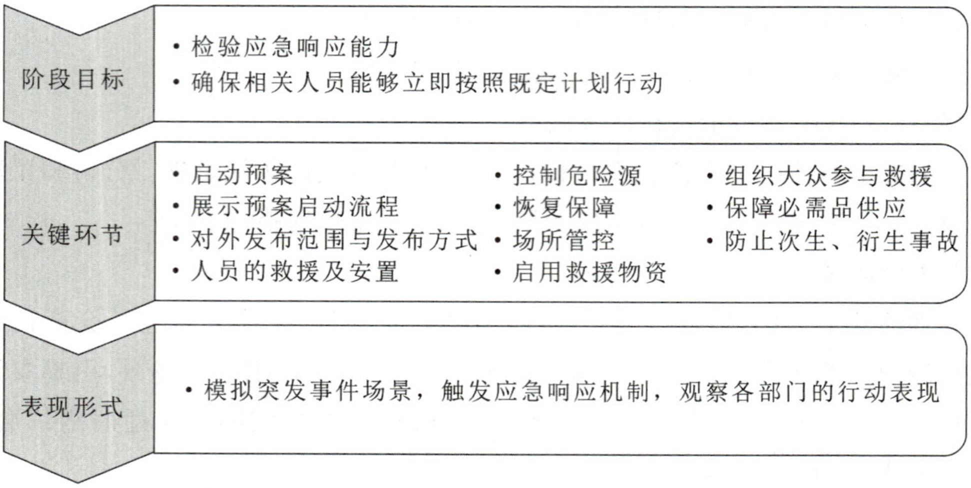

图 2-13　应急响应的主要内容

制、限制人员流动、封闭管理及其他控制措施。

（6）立即抢修被损坏的交通、通信、供水、排水、供电、供气、供热、医疗卫生、广播电视、气象等公共设施，向受到危害的人员提供避难场所和生活必需品，实施医疗救护和卫生防疫及其他保障措施。

（7）禁止或者限制使用有关设备、设施，关闭或者限制使用有关场所，中止人员密集的活动或者可能导致危害扩大的生产经营活动及采取其他保护措施。

（8）启用本级人民政府设置的财政预备费和储备的应急救援物资，必要时调用其他急需物资、设备、设施、工具。

（9）组织公民、法人和其他组织参加应急救援和处置工作，要求具有特定专长的人员提供服务。

（10）保障食品、饮用水、药品、燃料等基本生活必需品的供应。

（11）采取防止发生次生、衍生事故的必要措施。

3. 表现形式

应急响应能力的检验可以通过模拟突发事件场景，触发应急响应机制，观察各部门的行动表现。既可以采用实战演练形式，真实模拟事件现场，检验各方面的应急响应能力；也可以结合桌面演练，讨论应急响应过程中的决策和协调问题。

（八）应急指挥

应急指挥是在突发事件应对过程中，应急指挥机构为完成特定应急救援处置任务，以应急力量及资源为核心所开展的一系列活动，涵盖计划编制、组织协调、控制管理及运筹决策等方面（图 2-14）。应急救援涵盖繁杂的工作事项，而应急指挥处于核心地位，亦是应急演练的核心要点。其包含指挥者、指挥对象、指挥手段（工具）与指挥信息四大关键要素。指挥者凭借专业素养与决策能力引领指挥工作；指挥对象是应急行动的执行主体；指挥手段（工具）为指挥活动提供技术支撑；指挥信息则保障各环节信息通畅。这些要素相互关联，构成应急指挥的基础架构，对其效能的有效发挥起决定性作用。

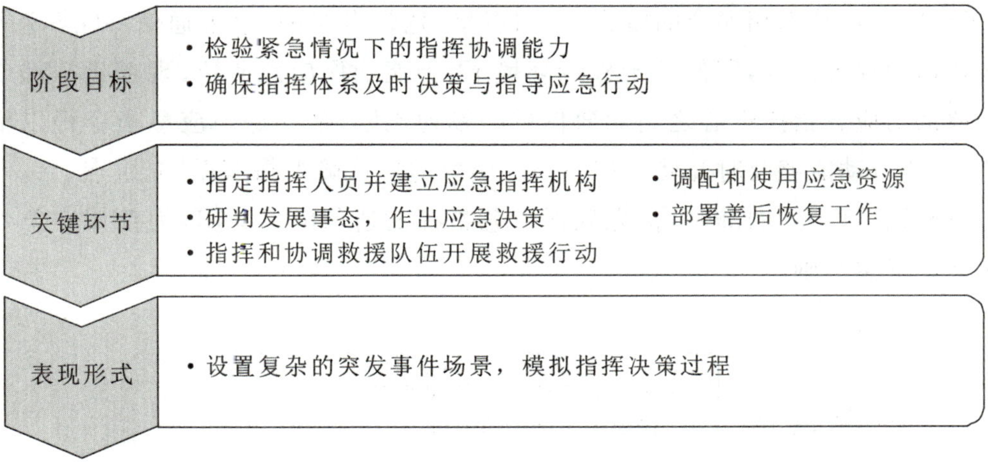

图 2-14　应急指挥的主要内容

1. 阶段目标

应急指挥环节的阶段目标是检验指挥体系在紧急情况下的协调和控制能力，确保指挥体系能够高效运转，及时作出决策并指导应急行动。

2. 关键环节

（1）根据应急预案规定的响应级别，由指定对象担任指挥人员，建立统一领导的应急指挥机构，包括：前方指挥部、后方指挥部、区域指挥部等。

（2）研判当前事故形势及未来事故发展态势，作出应急决策。

（3）指挥和协调现场各救援队伍开展救援行动。

（4）调配和使用应急资源，控制事态发展。

（5）在救援处置结束后，综合研判险情状态，作出险情解除决策，部署善后恢复工作。

3. 表现形式

应急指挥能力的检验可以通过设置复杂的突发事件场景，模拟指挥决策过程来实现。既可以采用实战演练形式，让指挥人员在真实环境中进行指挥调度，也可以结合桌面演练，讨论指挥策略和决策过程。

（九）通信保障

在突发事件应急处理期间，应急通信构成应急指挥与救援行动的关键支撑。应急通信保障体系主要涵盖两大层面：一方面，需建立起贯穿省市县各级的应急通信网络保障架构，以此保障指挥调度的扁平化与高效性，实现信息的快速传递与指令的精准下达；另一方面，构建稳固的现场通信保障体系，借助通信保障队伍与先进、可靠的通信技术相融合的模式，运用卫星、宽带自组网、窄带通信、4G/5G 等技术构建通信保障系统，即使处于极端环境下，仍能确保应急队伍、现场指挥部或前方指挥部与应急指挥中心之间的通信链路畅通无阻，从而保障应急指令得以精准传达、救援行动能够及时开展（图 2-15）。应急通信保障严格遵循“先重点、后一般”及“先抢通、后恢复”的准则，优先确保应急指挥的通信顺畅无阻，为整体应急处置工作奠定坚实基础。

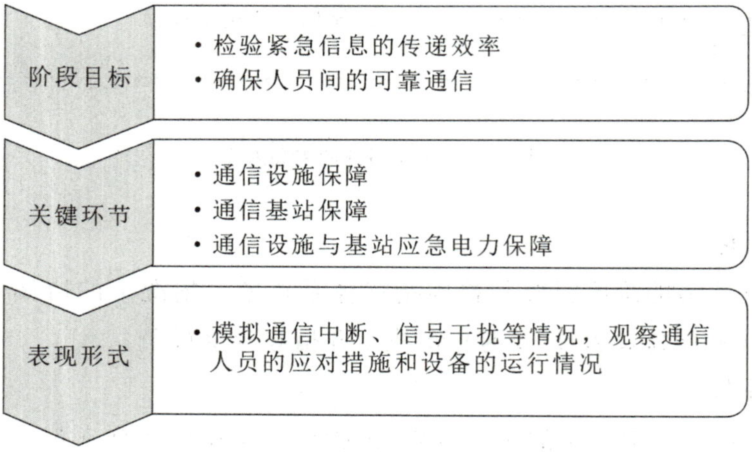

图 2-15 通信保障的主要内容

1. 阶段目标

通信保障环节的阶段目标是检验应急情况下信息传递系统的有效性，确保在紧急情况下，所有相关人员能够通过可靠和高效的通信手段进行信息交换。

2. 关键环节

（1）通信设施保障：基础电信运营企业组织由运行维护、工程建设及应急机动等人员构成的通信保障队伍前往现场开展应急通信保障，及时抢修损坏电力设施，利用卫星通信、集群通信、车载移动通信等装备搭建空、天、地立体应急通信系统，为应急指挥机构和队伍提供临时通信手段。

(2) 通信基站保障：铁塔企业为通信基站提供配套服务，包括无线设备及传输设备供电、天线应急调高等。

(3) 通信设施与基站应急电力保障：当出现计划外的断电情况时，电力企业保障通信设施、基站无线设备及传输设备的应急供电。

3. 表现形式

通信保障能力的检验可以模拟通信中断、信号干扰等情况，观察通信人员的应对措施和设备的运行情况来实现。既可以采用实战演练形式，真实检验通信设备在复杂环境下的性能；也可以结合桌面演练，讨论通信保障方案和应急处置策略。

(十) 处置措施

处置措施即在突发事件应急救援进程中，依据应急预案的规范及相关行业技术准则而施行的有效技术举措与安全防护手段(图 2-16)。当事故发生后，所开展的工作乃是在预先筹备工作的基础之上，结合事故自身的属性、特征及危害的范围与深度，迅速组织相关职能部门，统筹调配各类应急资源，进而实施应急处置行动。此过程旨在全力维护人员的生命安全与身体健康，最大程度地削减事故对财产所造成的损失。严谨、有序地执行处置措施，能促使应急救援工作高效、精准地推进，在复杂多变的突发状况下，保障社会秩序的相对稳定和公众利益的基本维护。

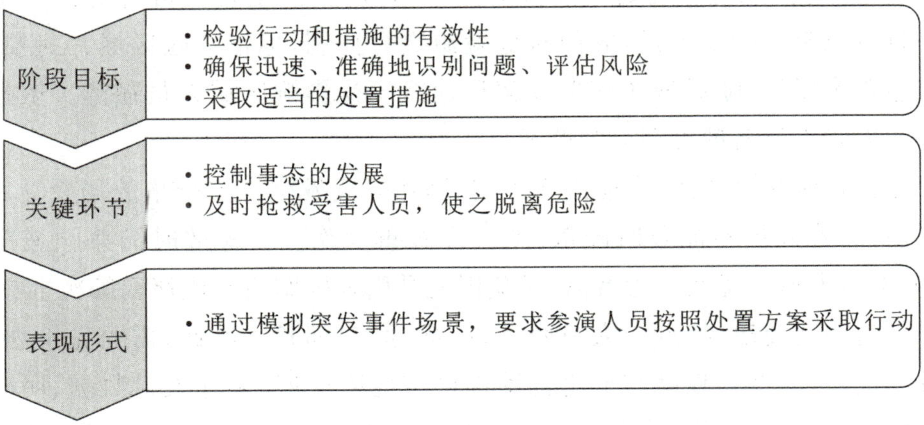

图 2-16　处置措施的主要内容

1. 阶段目标

处置措施环节的阶段目标是检验现场处置人员在实际或模拟现场中采取的行动和措施的有效性，确保现场处置人员能够迅速、准确地识别问题、评估风险，并采取适当的处置措施。

2. 关键环节

现场处置科目需按演练场景进行有针对性的设计，处置措施的基本内容主要有以下两个方面：

（1）控制事态的发展。及时、有效地控制事故的蔓延，防止危害进一步扩大。在演练过程中，需严格按照实战程序来操控模拟事件的进展，以确保控制措施有效实施。

（2）及时抢救受害人员，使之脱离危险。在应急处置行动中，迅速、准确、高效且科学地开展现场救援，并将受害人员安全转移，对于稳定伤情、减少伤亡、避免更大范围的人员伤害等具有重要意义。

3. 表现形式

处置措施能力的检验可以通过模拟突发事件场景，要求参演人员按照处置方案采取行动来实现。既可以采用实战演练形式，真实模拟事件现场，检验处置措施的实际效果；也可以结合桌面演练，讨论处置方案的可行性和优化措施。

（十一）疏散安置

疏散安置是将危险区域人员转移至安全区域的应急避难策略（图 2-17）。基于对事故周边环境的勘察，规划出疏散的路径与方向，制定切实可行的人员疏散预案。一旦紧急疏散指令下达，立即对危险源进行控制，标记危险区域并封锁现场，启用应急避难场所，随后依照疏散预案迅速组织受影响区域人员撤离。依据时间与距离等因素人员疏散可划分为两类：

一是为临时紧急疏散，多应用于火灾、爆炸等突发生产安全事故场景。其特点为紧迫性强，若人员不能及时疏散，就会导致重大伤亡。疏散时需兼顾速度与秩序，充分考量人员心理及行为特点，避免因混乱引发踩踏与车流堵塞等次生灾害。

二是远距离疏散，特点为人员众多、距离远、时间长。因此，需预先策划，分析危险源性质、事故严重程度与危害范围以确定危险区域，统计人口数据、明确疏散人数，综合考虑人员结构、分布、可用时间、疏散力量、交通及环境等因素来制定科学的人员疏散预案。

1. 阶段目标

疏散安置环节的阶段目标是检验人员疏散和安置流程的效率和安全性，确保

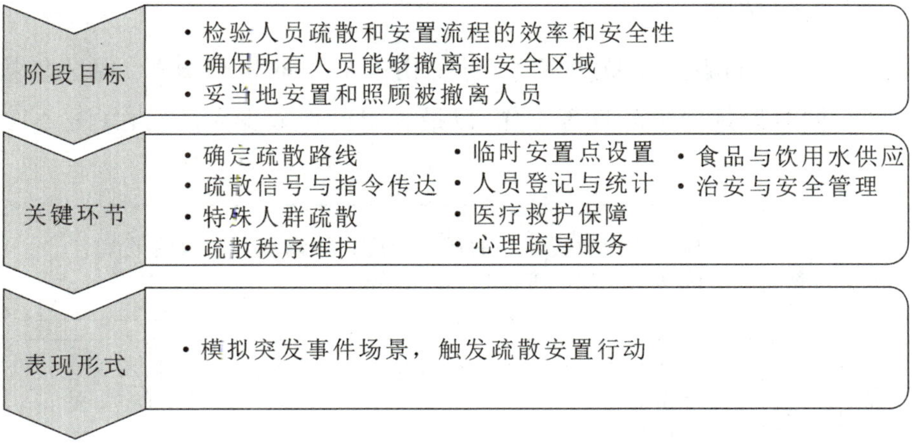

图 2-17 疏散安置的主要内容

在紧急情况下，所有人员能够迅速、有序地撤离到安全区域，并得到妥善的安置和照顾。

2. 关键环节

(1) 确定多条安全的疏散路线，并让人员熟悉其位置和走向。

(2) 疏散信号与指令传达：明确不同情况下的疏散信号，如警报声、广播通知等，以及指令的准确传达方式。

(3) 特殊人群疏散：包括老弱病残孕等特殊人群的疏散安排和协助措施。

(4) 疏散秩序维护：明确演练中如何防止拥挤、踩踏等情况，确保疏散过程有序。

(5) 临时安置点设置：确定合适的临时安置点位置，配备必要的生活物资和设施。

(6) 人员登记与统计：在安置点对疏散人员进行准确登记和人数统计。

(7) 医疗救护保障：提供现场和安置点的基本医疗救护服务。

(8) 心理疏导服务：为疏散人员提供心理支持和疏导，缓解紧张情绪。

(9) 食品与饮用水供应：确保安置点有充足的食品和干净的饮用水供应。

(10) 治安与安全管理：维持安置点的治安秩序，保障人员和财产安全。

3. 表现形式

疏散安置能力的检验可以通过模拟突发事件场景，触发疏散安置行动。可以采用实战演练形式，真实模拟人员疏散和安置过程，检验各方面的协调配合能力；也可以通过桌面演练，讨论疏散安置方案的优化和改进措施。

（十二）医疗保障

医疗保障是指调集医疗救护资源，对受伤人员采取检伤分类、现场急救、转移救助等措施，同时做好卫生防疫等工作，以最大限度地减少人员伤亡（图 2-18）。

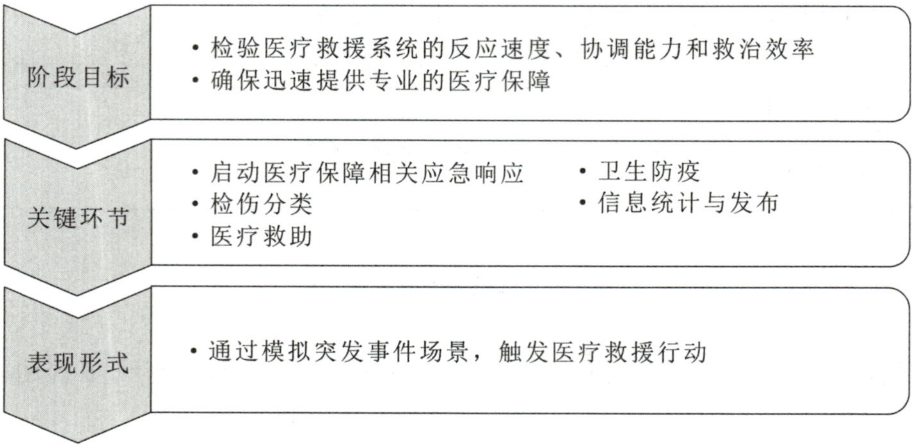

图 2-18　医疗保障的主要内容

1. 阶段目标

医疗保障环节的阶段目标是检验突发事件应急处置过程中医疗救援系统的反应速度、协调能力和救治效率，确保在紧急情况下，能够迅速提供专业的医疗保障，包括但不限于现场急救、伤员转运及后续治疗。

2. 关键环节

（1）启动医疗保障相关应急响应，对现场伤亡情况和事态发展作出快速、准确评估，及时制定医疗卫生救援方案，指挥调度现场及辖区内各医疗救护力量，启动医疗救助保障工作。

（2）检伤分类，按照“先救命后治伤，先救重后救轻”的原则开展工作，根据国际统一的标准对伤病员进行检伤分类，分别用绿色、黄色、红色、黑色标示轻伤、重伤、危重伤病员和死亡人员。

（3）医疗救助，依据伤员分类，实施相应的现场紧急抢救或伤病人员转移救助。

（4）卫生防疫，根据疾病防控工作的需要，组织包括疾病预防控制、卫生监督等在内的相关专业机构和人员，开展流行病学、卫生学调查研究和评价、采样、卫生执法监督及相关信息收集、统计等工作，进行科学总结和深入研究，实施有效预防控制措施，防止各类突发事件可能引发的次生或衍生突发公共卫生事件，避免在重大灾害之后暴发大规模疫情。

(5) 信息统计与发布，收集汇总并上报医疗卫生救援情况和伤病人员救助信息，组织起草和发布医疗卫生救援情况简报。

3. 表现形式

医疗保障能力的检验可以通过模拟突发事件场景，触发医疗救援行动。既可以采用实战演练的形式，真实模拟伤病员的救治过程，检验医疗救援队伍的实战能力；也可以结合桌面演练，检验医疗保障方案的合理性。

(十三) 交通管制

在事故发生后，为确保事故现场应急救援作业能够有序推进，须在事故现场周边划定警戒区域并开展交通管制工作(图 2-19)。通过设置明显标识与路障等方式，明确警戒范围，严禁无关人员擅自闯入事故现场，以此维护现场的治安秩序，为救援行动营造安全且无干扰的环境。同时，着重保障救援队伍能够迅速抵达事故核心区域、救援物资顺畅运输及受影响人员安全有序地疏散撤离，维持相关道路的交通流畅性，防止因交通拥堵或混乱导致救援延误或引发其他意外事件，有效规避不必要的人员伤亡与财产损失，使得整个应急救援工作在规范、高效、安全的框架下得以顺利实施，最大限度地降低事故所带来的负面影响与危害后果。

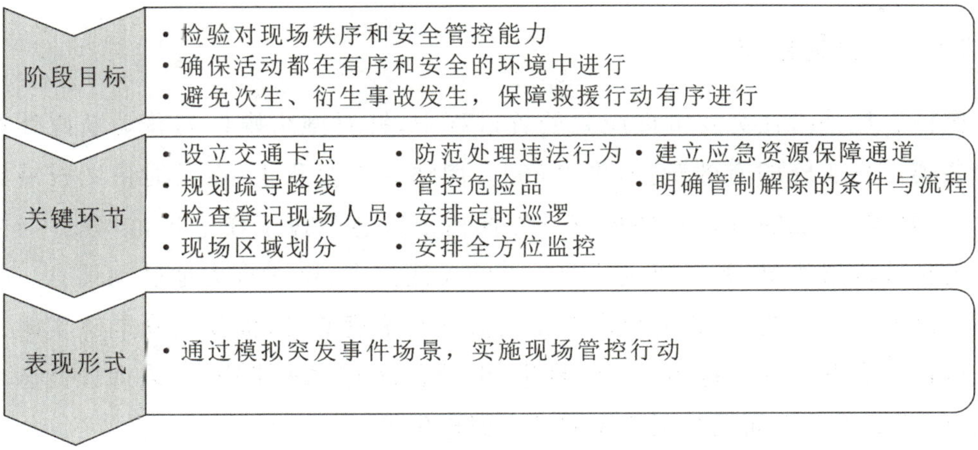

图 2-19　交通管制的主要内容

1. 阶段目标

交通管制环节的阶段目标是检验相关单位或人员对现场秩序和安全管控能力，确保现场的所有活动都在有序和安全的环境中进行，避免次生、衍生事故的发生,并保障救援行动有序进行。

2. 关键环节

(1) 设立交通卡点,控制车辆进出。

(2) 规划交通疏导路线,确保救援车辆通行顺畅。

(3) 对现场人员的进入和离开进行严格检查和登记,识别并阻止无关人员进入危险区域。

(4) 明确划分核心管制区、缓冲区和安全区,设立清晰的标志和警示标识。

(5) 防范和处理现场的违法犯罪行为,维持现场秩序,防止冲突和混乱。

(6) 管控现场的危险化学品、易燃易爆物品等,防止危险物品泄漏、扩散或被盗。

(7) 安排人员进行定时巡逻,及时发现异常情况。

(8) 利用监控设备对现场进行全方位监控。

(9) 建立应急资源保障通道,确保应急物资、设备和人员的运输通道畅通无阻。

(10) 明确解除管制的标准和审批流程。

3. 表现形式

交通管制能力的检验可以模拟突发事件场景,实施现场交通管制行动。既可以采用实战演练形式,真实模拟事件现场的交通管制过程,检验各方面的协调配合能力;也可以结合桌面演练,根据模拟场景检验现场交通管制方案的合理性。

(十四) 舆情管控

舆情管控是指在突发事件应急处置进程中,针对网络媒体与移动新媒体所传播的各类信息实施的有效管控(图 2-20)。舆情管控过程中,需及时借助权威媒体平台,以客观、精准的方式对外披露事件详情及应急救援工作进展,构建起与社会公众的良性沟通桥梁,积极回应社会各界的关注焦点,迅速有力地破除谣言、误导,消解公众的恐慌情绪,防止公众产生无端猜疑与不满心理,促使公众能够实时洞悉应急救援动态并主动支持相关行动推进,引导公众遵循法律法规、秉持理性态度发表见解,营造积极正面且健康有序的社会舆论生态。

舆情管控包含四个核心环节。其一,严谨细致地采集、梳理、剖析并查证事件及其应急救援关联信息,力保信息的客观性、精确性与完整性,为后续工作筑牢信息基础。其二,依据实际情形精准判定信息发布的核心内容、侧重点及最佳时机,对于涉及政府机密、生产经营单位商业秘密与个人隐私的信息,需运用恰当技术手段予以妥善处理,在保障公众知情权的同时严守相关秘密。其三,审慎确定信息发布的渠道途径，主要涵盖政府官方媒体、新闻发布会、电视广播等多元化平台，以实现信息传播的广覆盖与快触达。其四，基于信息发布后公众与救援人员的反馈信息，适时开展后续或补充性信息发布工作，持续优化信息传播成效，增强公众对突发事件应急处置的理解与信任，维护社会稳定与和谐发展。

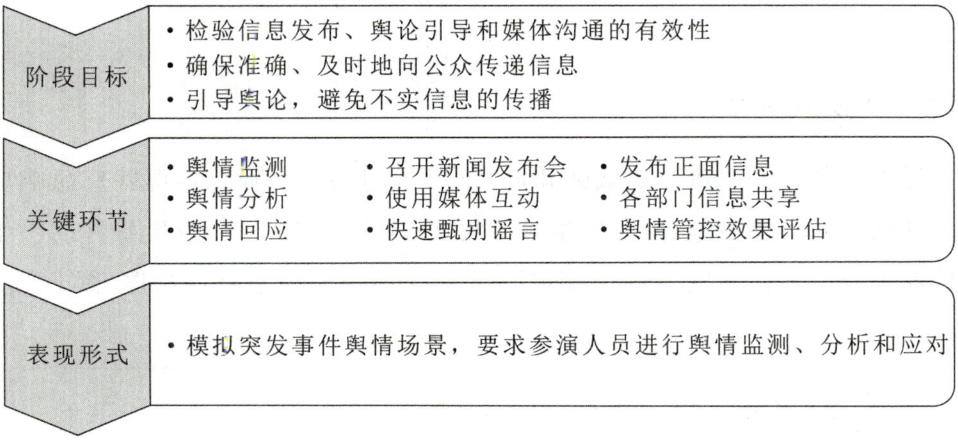

图 2-20　舆情管控的主要内容

1. 阶段目标

检验应急处置过程中信息发布、舆论引导和媒体沟通的有效性，确保在紧急情况下，能够准确、及时地向公众传递信息，引导舆论，避免不实信息的传播，维护社会稳定。

2. 关键环节

（1）运用多种手段，如网络监测工具、社交媒体平台监测等，及时发现与突发事件相关的舆情信息。

（2）对收集到的舆情进行分类、热度评估和趋势预测，判断其对事件处置的影响程度。

（3）确定针对不同类型舆情的回应方式，如正面回应、澄清谣言、解释说明等。

（4）模拟召开新闻发布会，确定发布人、发布内容和发布流程。

（5）通过官方社交媒体账号与公众进行互动，解答疑问，引导舆论。

（6）快速甄别谣言，制定辟谣方案并及时发布辟谣信息。

（7）主动发布正面信息，引导公众关注积极方面，营造良好的舆论氛围。

（8）确保应急处置各部门之间在舆情管控方面的信息共享和协同工作。

（9）演练结束后，对舆情管控的效果进行评估，总结经验教训，改进应对措施。

3. 表现形式

舆情管控能力的检验可以模拟突发事件舆情场景，要求参演人员进行舆情监测、分析和应对。既可以采用桌面演练形式，通过案例分析和讨论，检验参演人员对舆情管控流程的掌握程度；也可以在实战演练中，结合实际舆情情况，观察参演人员的应对能力。

（十五）恢复重建

恢复重建是在突发事件的威胁和危害得到控制或者消除后，解除应急响应，采取或者继续实施必要措施，防止发生自然灾害、事故灾难、公共卫生事件的次生、衍生事件或重新引发社会安全事件，组织受影响地区尽快恢复社会秩序（图 2-21）。

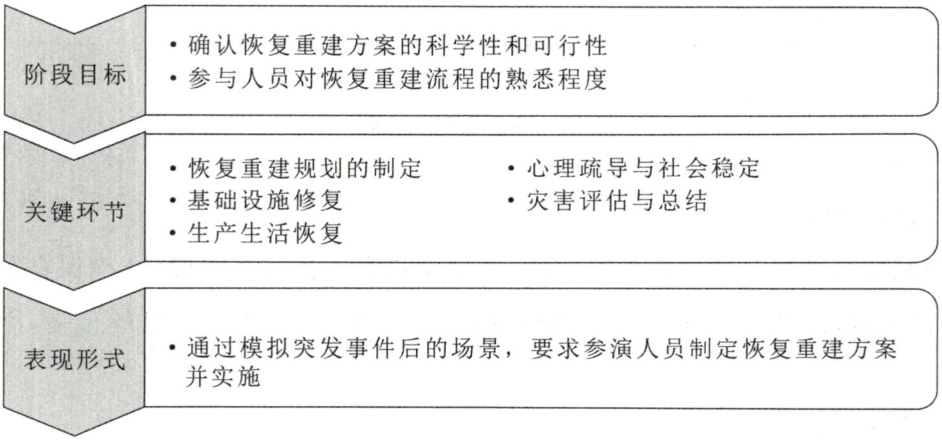

图 2-21　恢复重建的主要内容

1. 阶段目标

恢复重建环节旨在检验参与单位或个人在突发事件后组织恢复重建的能力和效率。具体包括：确认恢复重建方案的科学性和可行性，参与人员对恢复重建流程的熟悉程度。确保在真实应急情况下，能够迅速、有序地开展恢复重建工作，使受灾地区尽快恢复正常状态。

2. 关键环节

（1）恢复重建规划的制定：明确恢复重建的目标、任务、步骤和责任分工。

（2）基础设施修复：包括交通、通信、水电等基础设施的抢修和恢复。

（3）生产生活恢复：帮助受灾企业和群众尽快恢复生产经营和正常生活秩序。

（4）心理疏导与维护社会稳定：对受灾群众进行心理疏导，维护社会稳定。

（5）灾害评估与总结：对突发事件造成的损失进行评估，总结经验教训，为今后的应急管理工作提供参考。

3. 表现形式

恢复重建能力的检验可以模拟突发事件后的场景，要求参演人员制定恢复重建方案并实施。既可以采用桌面演练形式，讨论恢复重建方案的制定和优化；也可以结合实战演练，模拟部分恢复重建工作的实际操作。

二、应急演练的侧重点

《突发事件应急预案管理办法》（国办发〔2024〕5 号）对不同主体制定应急预案时的侧重点作了明确的要求。主要内容如下：

（1）国家层面专项和部门应急预案侧重明确突发事件的应对原则、组织指挥机制、预警分级和事件分级标准、响应分级、信息报告要求、应急保障措施等，重点规范国家层面应对行动，同时体现政策性和指导性。

（2）省级专项和部门应急预案侧重明确突发事件的组织指挥机制、监测预警、分级响应及响应行动、队伍物资保障及市县级人民政府职责等，重点规范省级层面应对行动，同时体现指导性和实用性。

（3）市县级专项和部门应急预案侧重明确突发事件的组织指挥机制、风险管控、监测预警、信息报告、组织自救互救、应急处置措施、现场管控、队伍物资保障等内容，重点规范市（地）级和县级层面应对行动，落实相关任务，细化工作流程，体现应急处置的主体职责和针对性、可操作性。

（4）乡镇（街道）应急预案重点规范乡镇（街道）层面应对行动，侧重明确突发事件的预警信息传播、任务分工、处置措施、信息收集报告、现场管理、人员疏散与安置等内容。

（5）村（社区）应急预案侧重明确风险点位、应急响应责任人、预警信息传播与响应、人员转移避险、应急处置措施、应急资源调用等内容。

（6）单位应急预案侧重明确应急响应责任人、风险隐患监测、主要任务、信息报告、预警和应急响应、应急处置措施、人员疏散转移、应急资源调用等内容。

对上述内容进行分类整理后做出表 2-1。

表 2-1　不同主体制定应急预案的侧重点

侧重点	主　　体					
	国家	省级	市县级	乡镇（街道）级	村（社区）级	单位
组织指挥体系与职责	组织指挥机制	组织指挥机制	组织指挥机制	任务分工	应急响应责任人	应急响应责任人
风险防控	—	—	风险管控	—	明确风险点位	风险隐患监测
主要任务	—	—	—	—	—	主要任务
事件分类分级	预警分级和事件分级标准	—	—	—	—	—
监测预警	—	监测预警	监测预警	预警信息传播	预警信息传播与响应	预警和应急响应
信息报告	信息报告要求	—	信息报告	信息收集报告	—	信息报告
疏散安置	—	—	—	人员疏散与安置	人员转移避险	人员疏散转移
应急响应	响应分级	分级响应及响应行动	—	—	—	—
处置措施	—	—	应急处置措施	处置措施	应急处置措施	应急处置措施
应急保障	应急保障措施	队伍物资保障	队伍物资保障	—	应急资源调用	应急资源调用
现场管控	—	—	现场管控	现场管理	—	—
组织自救互救	—	—	组织自救互救	—	—	—
其他	重点规范国家层面应对行动，同时体现政策性和指导性	重点规范省级层面应对行动，同时体现指导性和实用性	重点规范市（地）级和县级层面应对行动，落实相关任务，细化工作流程，体现应急处置的主体职责和针对性、可操作性	—	—	—

如表 2-1 所示，不同主体在制定应急预案时，其侧重点既有共同之处，也存在差异。这些共同与差异之处，亦是执行应急演练时需细致考量的要点。

1. 不同主体开展应急演练的共同之处

在应急演练中，不同主体有着共同的关键聚焦点。

（1）组织指挥体系与职责被高度重视。从国家层面的宏观统筹到基层单位的具体行动，高效的指挥体系始终是确保应急行动有序开展的核心要素。通过演练，明确各层级、各部门的职责，避免出现指挥混乱，为应对突发事件奠定坚实的基础。

（2）信息报告至关重要。无论是国家对重大事件的全面把控，还是基层单位的内部信息反馈，都强调信息的准确、及时报告、传递与收集。这有助于在应急过程中准确判断事态发展，进而制定科学、合理的决策。

（3）处置措施是核心内容。各主体在演练中均致力于检验和提升应对突发事件的处置能力，以控制事态、消除危害为目标，全力保障人员生命和财产安全。

（4）应急保障备受关注。各主体通过演练，检验应急资源的准备、调配和使用情况，确保在危急时刻能够有充足的人力、物力投入应急行动。

2. 不同主体开展应急演练的差异点

（1）国家层面：国家在应急演练中着重检验宏观把控能力。一方面，对突发事件应对原则、分级标准等进行科学、有效的检验，为全国应急工作提供统一的理念和尺度。另一方面，注重跨区域、跨部门协调能力的提升，确保在重大突发事件发生时能够高效调动全国资源。同时，验证政策性和指导性内容在实际应急中的作用，为全国应急行动指引正确方向，提供坚实的政策后盾。

（2）省级层面：省级政府在演练中发挥承上启下的重要作用。既要检验对国家政策和标准的落实情况，确保省内应急工作与国家要求保持一致，又要检验市县级政府职责划分的合理性，着重提升监测预警能力及省内应急队伍、物资保障的协同性；体现出指导性与实用性相结合，为全省应急工作的顺利开展提供有力支持。

（3）市县级层面：市县级政府在应急演练中聚焦具体执行。重点检验本地风险管控能力和监测预警网络的有效性，确保能够及时发现潜在危机。同时，对应急处置措施和现场管控的操作流程进行严格检验，落实主体责任，提升应急工作的针对性和可操作性。通过演练不断细化工作流程，使各部门和人员在实际应急工作中能够高效执行任务。

（4）乡镇（街道）层面：乡镇（街道）在演练中侧重基层操作。重点检验预警信息传播的及时性和准确性，确保辖区内居民能够及时获取预警信息，增强防范意识。检验基层工作人员的任务分工合理，以确保各项应急工作有序开展。加强对现场管理和人员疏散安置能力的检验，直接面向群众，保障基层社区在突发事件中的稳定性和安全性。

（5）村（社区）层面：村（社区）在演练中侧重微观层面。主要检验风险点位的排查准确性，确保对可能引发突发事件的地点心中有数。明确应急响应责任人的履职能力，在危急时刻确保责任落实到人。检验预警信息传播与响应的有效性，使居民能够及时作出反应。加强对人员转移避险和应急资源调用的检验，结合村（社区）特点，全力保障本区域居民的生命安全。

（6）单位层面：单位在演练中侧重内部管理。主要检验单位内部风险隐患监测能力，提前发现潜在危机。明确应急响应责任人在单位内的职责，确保在事件发生时能够迅速启动应急程序。紧密围绕单位自身的特点和人员情况，制定合理的应急演练情景，对单位的主要任务、信息报告机制、预警和应急响应流程进行检验。在应急处置措施方面，侧重保障单位内部人员的疏散转移安全和单位财产安全，合理调用单位内部应急资源，减少突发事件造成的损失。

第三章

应急演练准备

应急演练准备是应急演练实施的关键环节，指在应急演练实施之前，对演练的各项工作进行计划和部署，以确保顺利、有效地进行演练。应急演练准备主要包括：制订演练计划、设计演练方案、演练动员与培训、应急演练保障等工作。

第一节　制订演练计划

制订演练计划是在设计应急演练方案之前制订整体计划，由文案组负责编制，提交至策划部进行详细审查，最后报演练领导小组批准，主要是对演练目的、需求、范围、日程计划、经费预算、人员等内容进行确定，如图 3-1 所示。

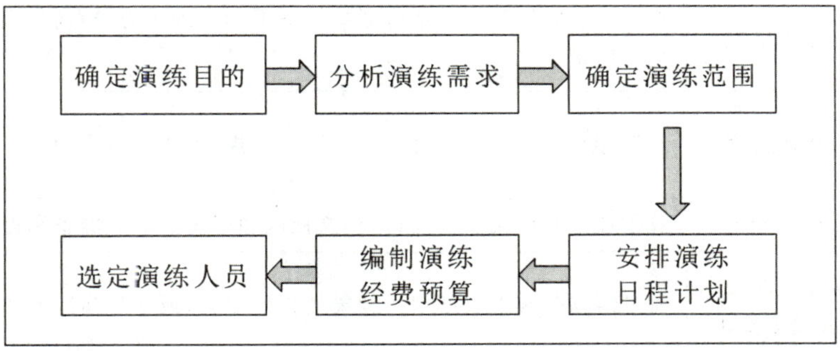

图 3-1　制订演练计划

一、确定演练目的

明确的演练目的能够使演练方向清晰、演练重点突出，使参演人员能够更好地把握行动内容，确保演练成功举行。确定应急演练目的可以从以下几个方面考虑，如表 3-1 所示。

表 3-1 演练目的要点

序号	类别	要点	说明
1	能力验证	检验预案	查找应急预案中存在的问题，进而完善应急预案，提高应急预案的适用性和可操作性
2		完善准备工作	检查应对突发事件所需应急队伍、物资、装备、技术等方面的准备情况，发现不足应及时予以调整补充，做好应急准备工作
3	技术提升	锻炼队伍	增强参与队伍和人员对应急预案的熟悉程度，提高其应急处置能力
4		磨合机制	进一步明确相关单位和人员的职责任务，理顺工作关系，磨合应急机制
5		科普宣教	普及应急知识，增强公众风险防范意识和自救互救等灾害应对能力
6	能力验证	发现问题	在演练过程中发现潜在的问题和不足，如资源配置、信息上报、决策流程等方面的问题
7	技术提升	培训人员	培训应急队伍和人员，使其通过实际操作来熟悉应急程序和操作流程，增强对突发事件的应急处置能力
8		协调联动	加强不同部门、单位、人员之间的协调和联动，确保在紧急情况下能够形成有效的联合应对
9		心理适应	帮助应急队伍和人员适应紧急情况下的心理压力，提高其心理承受能力和决策质量
10	能力验证	法律遵守	确保参与人员熟悉并遵守相关法律法规，强化法律意识
11	技术提升	社区参与	鼓励社区和居民参与演练，提高社区和居民的应急准备和处置水平
12		落实上级指示或政策要求	通过演练落实上级部门或领导的指示要求，或通过演练落实相关政策要求
13		其他	找出其他需要解决的问题

二、分析演练需求

针对存在的主要风险和工作不足，梳理举办应急演练的需求，包括能力验证需求，即达到演练目的；场景覆盖需求，如地震演练中可能覆盖的场景包括地震监测、人员转移、道路抢通等；资源保障需求，如人力与物资保障需求、设备与技术保障需求等；协同联动需求，如指挥体系的联动、处置流程的衔接等；评估改进需求，如通过演练对预案进行动态更新等。应急演练主要的主体性要素是组织单位和参演单位，所以在梳理演练需求时可以先从它们入手，如图 3-2 所示。

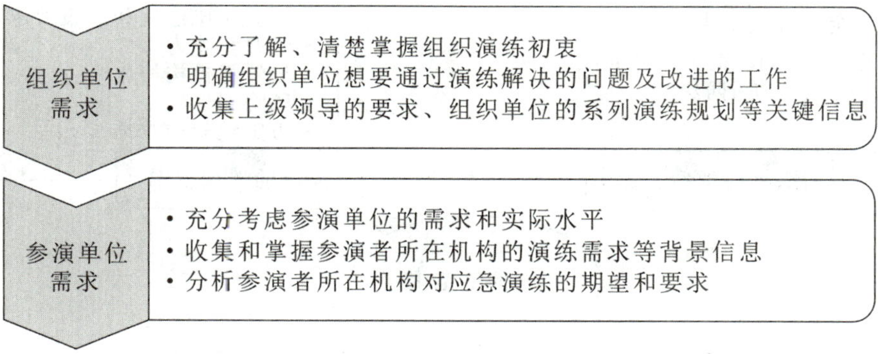

图 3-2　分析演练需求

应急演练的组织单位可能是各级人民政府及其部门、基层组织、企事业单位和社会组织等，分析组织单位需求就是充分了解、清楚掌握其组织演练的初衷，明确该组织者想要通过演练解决哪些问题，提高哪些应急能力，改进哪些工作。在分析过程中，要收集的关键信息：上级领导的要求，组织单位的系列演练规划，以往突发事件处置或演练的总结报告和改进计划，区域风险评估报告，相关应急预案和程序，需锻炼的技能，需检验的设备，需完善的应急处置流程，需进一步明确的职责，有关的资助协议或合作协议要求等。

应急演练的参演单位是演练所期望的提升应急能力的主体，因此必须充分考虑参演单位的需求和实际水平。收集和掌握参演者所属机构的演练需求、参演单位接受过的应急培训和参演人员已有的应急处置经历等背景信息，分析其对应急演练的期望和要求。

综合分析上述调研情况，可以明确应急演练的具体需求，编制出符合区域特点、目标明确、操作性强的演练计划，以提高区域应急管理的整体水平和应对突发事件的能力。需求调研可以以问卷的形式开展调研，模板参见附录 A 中表 A.1 应急演练需求调研表（示例）。

三、确定演练范围

演练范围的确定受限于演练的需求、经费预算、日程计划等多重因素，主要内容包括确定演练事件类型、等级、地域、参演机构及人数、演练方式等（图 3-3）。演练的范围通常与演练的需求紧密相连，二者相互制约、相互影响。

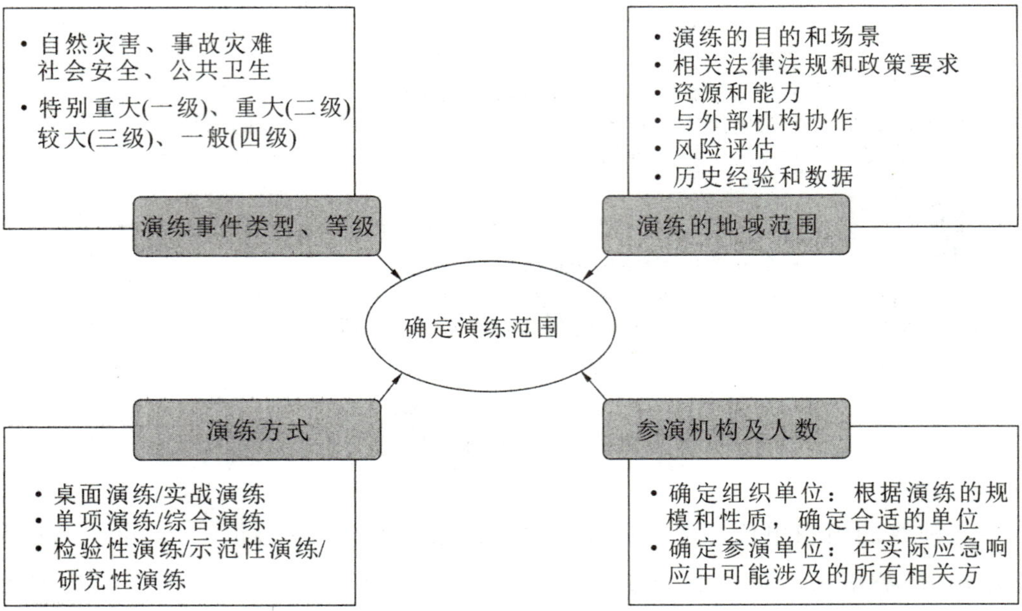

图 3-3　确定演练范围

1. 演练事件类型、等级

演练事件的类型包括自然灾害类、事故灾难类、社会安全类和公共卫生事件类，每大类可以分成若干小类，详细分类可以参见《突发事件分类与编码》(GB/T 35561—2017)；事件等级按照社会危害程度、影响范围等因素分为特别重大（一级）、重大（二级）、较大（三级）和一般（四级）四个等级。

2. 演练的地域范围

应急演练的地域范围是指为了达到演练目的，根据演练场景和任务设定，所确定的演练活动所涉及的地理区域或场所。在策划演练的空间范围时，可以从以下角度综合考虑后确定。

（1）演练的目的和场景：根据演练的目的和预设的场景，确定可能发生事件的区域范围。例如，如果进行地震应急演练，可能需要考虑建筑物、道路、公共场所等可能受到影响的区域；如果进行火灾应急演练，可能需要关注建筑物内部的房间、走廊、楼梯等。

（2）相关法律法规和政策要求：某些演练可能受到法律法规或政策的限制，需要在规定的范围内进行。例如，对于涉及危险品泄漏的演练，可能需要遵守相关的安全距离和区域规定。

（3）资源和能力：考虑参与演练的资源和能力，包括人力、物力、救援设备等。

确保在确定的空间范围内，能够有效地组织和实施演练，并且能够及时地响应和处理可能发生的情况。

（4）与外部机构的协作：如果演练需要与外部机构进行协作，需要考虑它们的响应范围和到达时间，以确定合适的地域范围。

（5）风险评估：通过风险评估确定在不同地域范围内开展演练可能发生的风险和后果。选择一个既能满足演练需求，又能将风险控制在可接受范围内的空间范围。例如：在进行森林火灾实战演练时，必须审慎评估点火区域所涉及的风险，确保不会引发真正的森林火灾。

（6）历史经验和数据：参考以往类似事件的发生地点和影响范围，以及相关的历史经验和数据，来确定合理的演练地域范围。

3. 演练方式

确定开展桌面演练或者实战演练；进行单项演练或者综合演练；开展检验性演练、示范性演练，或研究性演练。详细内容可参见本书第二章。

4. 参演机构及人数

主要参与方包括演练组织单位和演练参演单位。

（1）确定演练组织单位：根据演练的规模和性质，确定合适的组织单位。一般来说，组织单位应具有较强的组织协调能力和资源调配能力，能够有效地组织和实施演练。在政府及其部门层面，通常由应急管理部门或相关主管部门担任组织单位；在单位和基层组织层面，可能由安全管理部门或相关职能部门担任。

（2）确定演练参演单位：演练参演单位应包括在实际应急响应中可能涉及的所有相关方，以确保演练的全面性和真实性，包括政府及其部门、基层组织、企事业单位、社会组织及社区居民等。

四、安排演练准备与实施的日程计划

日程计划包括应急演练从开始到结束所涵盖的时间段，包括：各种演练文件编写与审定的期限、物资器材准备的期限、演练实施的日期等阶段的日程安排。在安排演练日程计划时，可以从如下几个角度综合考虑后确定。

（1）突发事件的特点：考虑所模拟的突发事件的发生规律和发展速度。例如，某些自然灾害可能具有季节性或周期性，那么演练时间可以选择在相应的季节或时间段进行。

（2）组织的实际情况：考虑组织的工作安排、人员可用性和资源调配情况。选择一个不会对正常工作造成过大干扰的时间，确保参演人员能够全身心地参与演练。

(3) 演练的目的：根据演练的目的来确定时间范围。如果为了检验应急预案的有效性，可能需要选择一个较长的时间范围来模拟事件的全过程；如果为了提高特定技能或应对能力，可以选择一个较短但集中的时间范围进行有针对性的训练。

(4) 相关法律法规和政策要求：某些行业或领域可能已有相关的法律法规和政策要求，规定了演练的频率或时间范围，需要遵守这些规定。

(5) 与其他演练或活动的协调：避免与其他重要的演练、培训或活动冲突，确保资源的合理利用和效果的最大化。

(6) 历史数据和经验：参考过去类似事件的发生时间和处理经验，以及以往演练的时间安排，来确定合适的演练时间范围。

(7) 季节和天气条件：对于一些与季节或天气条件相关的突发事件，如洪水、台风等，选择在相应的季节进行演练可以更真实地模拟实际情况。

(8) 预演和调整：可以先进行预演，根据预演的结果和反馈，对演练时间范围进行调整和优化。

五、编制演练经费预算

编制演练经费预算时，应综合考虑人员、物资、服务、场地等各项费用，确保预算全面覆盖演练活动的所有开支。经费预算应详细列出各项费用的具体数额，并预留一定的应急资金以应对不可预见的情况。

在演练经费筹措渠道方面，可以通过政府专项拨款、企业赞助、单位自筹资金及社会捐助等多种方式来筹集。这些渠道应根据实际情况灵活运用，确保演练经费及时到位，为演练活动的顺利进行提供有力保障。

六、选定演练人员

演练活动应在相关预案所明确的应急领导或指挥机构的指导下有序开展。演练组织单位要成立由相关单位领导构成的演练领导小组，一般下设策划部、保障部及评估组等，负责演练的组织、计划、协调等工作。针对演练的不同类型和规模，其组织结构和具体职责可以灵活调整，以适应实际需求。演练参演单位主要指参演队伍和人员，根据演练的特定需求，可以设立演练总指挥、演练现场指挥、演练分指挥、参演实施组等，如图 3-4 所示。

对于规模较小、过程简明的应急演练，演练组织单位和演练参演单位可根据实际需要缩减一些演练人员，或是一个部门担任多种职务。对于大规模的综合演练，

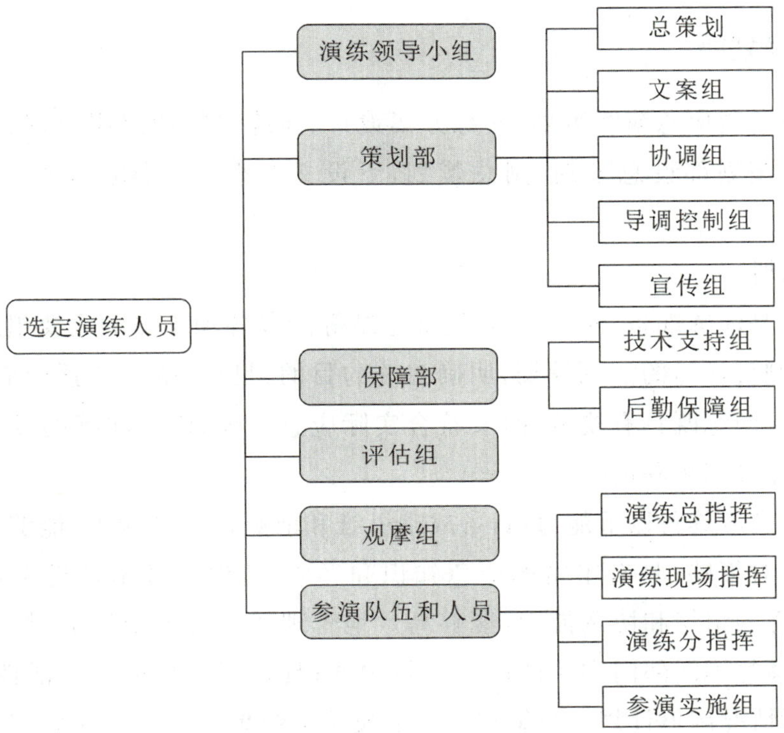

图 3-4 选定演练人员

演练组织单位有必要组织成立现场指挥部，以便高质量完成演练任务。选定演练人员过程可以使用表格的方式进行填写，模板参见附录 A 中的表 A.2 应急演练人员设计表。

（一）演练领导小组

演练领导小组承担应急演练活动全过程的组织领导工作，负责统筹、指挥、协调演练全过程中的各项工作，包括审定演练方案、审定演练重大事项、审批或备案下级组织单位应急演练目的、确定演练范围、安排演练日程计划、演练经费预算、确定演练人员、下发应急演练要求等，在必要情况下，宣布应急演练开始、结束或中止。

演练领导小组组长一般由演练组织单位或其上级单位的负责人担任；副组长一般由演练组织单位或主要协办单位负责人担任；小组其他成员一般由各演练参与相关单位负责人或业务负责人担任。在演练实施阶段，领导小组组长、副组长可以兼任演练总指挥、副总指挥，负责统一组织、指挥和协调演练涉及的应急决策、人员物资调度等工作。

（二）策划部

策划部负责应急演练策划、演练方案设计、演练实施的组织协调、演练评估总结等工作。策划部设总策划、副总策划，下设文案组、协调组、导调控制组、宣传组等。

1. 总策划

总策划是演练准备、演练实施、演练总结等阶段各项工作的主要组织者。主要任务包括：制订详尽的演练计划，明确演练的目的、目标、范围和预期成果；设计演练情景，确保演练既具有挑战性，又符合实际应急情况；确定演练的日程计划和资源分配，确保演练顺利进行。

策划人员应具备以下能力：具备战略思维和前瞻性策划能力，能够预见潜在问题并制定应对策略；具有丰富的应急知识和经验，能够设计出贴近实际的演练方案；具备优秀的组织和协调能力，能够高效地管理演练的各个环节；拥有良好的沟通技巧，能够与不同部门和团队成员有效沟通；具备创新精神和灵活性，能够根据演练的实际情况调整计划。总策划一般由演练组织单位中具有应急演练组织经验和突发事件应急处置经验的人员担任；副总策划协助总策划开展工作，一般由演练组织单位或参与单位的有关人员担任。

2. 文案组

文案组负责整个演练过程中所有文档的编写、管理和更新工作。主要职责包括：制定和撰写演练工作方案、演练人员手册和应急演练脚本，确保演练内容的准确性和完整性；记录演练过程中的关键信息和数据，为后续的评估和总结提供翔实的资料；编写演练前的准备材料和演练后的总结报告，为演练的顺利开展和改进提供支持；维护演练相关的文档档案，确保所有文件的可追溯性和保密性；在演练过程中，及时更新和发布演练进展和变更信息，确保所有参与人员都能获得最新信息。

文案组人员应具备以下能力：出色的写作能力和语言表达能力，能够清晰、准确地传达信息；细致的观察力和分析能力，能够准确捕捉演练中的关键细节；良好的组织和时间管理能力，能够在紧张的演练环境中高效地完成任务；对应急演练的流程和要求有深入的了解，能够确保文案的专业性；具备一定的法律和保密意识，能够妥善处理敏感信息。文案组由演练组织单位的人员或具有相关业务知识的专业人员组成。

3. 协调组

协调组承担着确保演练各环节顺畅衔接和高效运作的关键职责。其主要任务包括：负责传达上级部门或领导小组的要求，确保演练方案顺利实施及与各参与部门之间顺畅沟通、协调，处理演练过程中出现的任何协调问题；与总策划、导调控制组密切合作，及时传达指令和反馈，确保演练按计划进行；监督演练资源的分配和使用，确保各参与单位和个人能够获得必要的支持；在演练过程中，快速响应突发事件，协调各方力量进行有效应对；演练结束后，参与评估和总结工作，提出改进建议。

协调组人员应具备以下能力：良好的组织和沟通能力，能够与不同部门和人员有效协作；应急反应能力，能够在压力下迅速作出决策；对应急预案和相关流程有深入理解，确保演练的合法性和有效性。协调组的成员一般为演练组织单位及参与单位的行政、外事等部门人员。

4. 导调控制组

导调控制组负责向演练参与人员送递各类控制消息，并引导应急演练进程按计划进行。其职责主要包括：把控演练方案文件，确保演练内容的科学性和实用性；演练实施过程中组织和导调演练各环节，保证演练顺利进行；监控演练过程，下发导调指令，及时调整演练计划以应对突发情况。

导调控制组人员需要具备以下能力：良好的组织协调能力，能够高效地管理演练活动；应急处置和问题解决的能力，能够在紧急情况下迅速作出反应；熟悉相关法律法规和应急预案，确保演练合法合规；较强的沟通能力，能够与演练参与者和其他相关部门有效沟通；具备一定的专业知识，能够理解和指导演练中的专业操作。导调控制组的成员最好有一定的演练经验，可以由总策划或副总策划兼任，也可以从文案组和协调组抽调。

5. 宣传组

宣传组负责提高演练的知名度和影响力，确保演练的目的和重要性得到广泛传播和理解。其主要职责包括：主持讲解演练内容；策划、编写和执行演练宣传方案，通过各种渠道（如内部通讯、社交媒体、海报、新闻稿等）向参与者和公众传达演练信息；设计和制作宣传材料，以增强演练的教育和培训效果；在演练过程中进行现场报道，记录重要时刻和成果，为后续的宣传和总结提供素材；与媒体建立良好的合作关系，确保演练的正面形象和信息的准确传播；演练结束后，总结宣传效果，收集反馈，为未来的演练宣传工作提供改进建议。

宣传组人员应具备以下能力：当需要进行主持讲解演练内容时，主持讲解演练内容，把控演练节奏；有出色的沟通和表达能力，能够清晰、流畅地传达信息；有创意思维和策划能力，能够设计有吸引力的宣传方案和材料；对媒体运作和公共关系有深入理解，能够有效地与媒体合作；具备一定的写作和编辑能力，能够制作高质量的宣传内容；良好的组织和协调能力，能够在紧张的演练环境中高效地完成宣传任务。宣传组一般由演练单位的宣传部门人员负责组建并开展工作。

（三）保障部

保障部负责技术支撑保障和后勤保障工作，包括：多媒体展示、设备系统调试、调集演练所需物资装备，购置和制作演练模型、道具、场景，准备演练场地，维持演练现场秩序，保障运输车辆，保障人员生活和安全保卫等。保障部包括技术支持组和后勤保障组。

1. 技术支持组

技术支持组负责整个演练过程中的所有技术支持保障工作。其主要职责包括：设计和搭建演练所需的技术平台和系统，确保其稳定运行；维护和管理演练中使用的各类技术设备，如音响、灯光、特效设备等，保证设备正常工作；为演练中的多媒体展示、虚拟场景模拟等提供技术支持，增强演练的效果和真实感；解决演练过程中出现的技术故障和问题，保障演练顺利进行；制定技术应急预案，应对可能出现的突发技术状况；负责技术设备和系统的调试和测试工作，提前发现并排除潜在隐患；收集和整理演练中的技术数据和信息，为后续评估和改进提供依据；在演练过程中，根据实际情况实时调整技术参数和配置，满足演练需求。

技术支持组人员应具备以下能力：具备扎实的专业技术知识和丰富的实践经验，能够熟练操作和维护相关设备；有较强的问题解决能力和应变能力，能够迅速应对各种技术突发状况；有良好的团队协作精神，能够与其他小组密切配合，共同完成演练任务；有严谨的工作态度和责任心，确保技术工作的准确性和可靠性；对新技术和新设备有较强的学习和适应能力，不断提升技术支持水平；具备一定的创新能力，能够根据演练需求提供新颖、有效的技术解决方案。技术支持组由具备相关技术专长的人员或技术服务提供商的专业人员组成。

2. 后勤保障组

后勤保障组人员承担着确保演练顺利进行的后勤支持职责。其主要任务包括：确保演练所需的物资、设备和场地得到及时准备和布置；协调演练所需的交通、住宿和餐饮服务；处理演练中的安全和医疗保障问题，确保人员安全；管理演练的财务预算，确保资金合理使用；在演练结束后，负责物资的回收、设备维护和场地恢复等工作。

后勤保障组人员应具备以下能力：具备良好的组织协调能力，能够高效地管理演练的后勤事务；熟悉物资管理和设备维护知识，确保演练物资的充足和设备的正常运作；具有应急处置能力，能够迅速应对演练中的突发状况；拥有一定的财务知识，能够合理策划和管理演练预算；具有高度的责任心和敬业精神，确保演练顺利进行和参与者的安全。后勤保障成员一般是演练组织单位及参与单位的后勤、财务、办公等部门人员。

（四）评估组

评估组负责对演练的各个环节进行全面的记录、监测、评价和反馈。

其主要职责包括：制定评估标准和方法，编制演练评估指南，确保评估的客观性和公正性；在演练前对演练方案进行预评估，以识别潜在问题并提出改进建议；在演练过程中实时监控演练活动，收集数据和信息，记录演练的执行情况；演练结束后，对演练效果进行综合评价，包括对参与者的表现、演练流程、资源配置和应急响应能力等方面进行分析；根据评估结果，撰写详细的评估报告，指出演练中的优点和不足，提出具体的改进措施；与演练参与人员和其他相关团队进行沟通，确保评估结果得到有效的反馈和应用。

评估组人员应具备以下能力：具备专业的评估知识和技能，能够科学地进行演练效果评价；具备细致的观察力和分析能力，能够准确捕捉演练中的关键细节和问题；具备充分的应急知识和经验，能够理解演练的目的和要求；具有高度的责任心和敬业精神，确保评估工作的准确性和有效性；能够熟练使用相关评估工具和软件，提高评估工作的效率和质量。评估组由应急管理领域的专家、相关部门的管理人员或具有丰富经验的专业人士组成。

（五）观摩组

观摩组负责整个演练过程的观察和评估工作。

其主要职责包括：全程观察演练的各个环节和流程，确保不遗漏重要细节；记录演练中表现出色的方面和存在的不足之处，为后续评估提供客观依据；对演练的组织、实施、效果等提出改进建议和意见；关注参演人员的操作规范、协同配合、应急反应等情况，并进行相应评价；分析演练方案与实际执行之间的差异，评估方案的可行性和有效性；观察演练现场的指挥调度、资源配置、安全保障等工作，提出优化建议；与演练指挥组和其他相关小组保持沟通，及时反馈观察到的问题和情况；

在演练结束后，参加总结会议，分享观察评估结果，为演练的改进和完善提供参考。

观摩组人员应具备以下能力：敏锐的观察力和洞察力，能够准确发现问题和亮点；较强的分析和判断能力，能够客观、公正地评估演练情况；严谨的工作态度和责任心，确保观察评估工作全面、深入。观摩组由上级领导或具备应急处置专业能力人员组成。

此外，在应急演练过程中，除了承担核心观察评估职责的观摩组外，有时还会邀请外部门单位交流学习。这些外部单位可能包括同行业其他企业、相关协作机构、周边地区的应急管理部门等机构。对于外部单位观摩者，在演练前需向其提供基本的演练背景信息、大致流程框架及安全注意事项等资料，使其对即将观摩的演练有初步的了解和准备。演练过程中，可视情况安排专门的引导人员或讲解员，在外部门单位观摩者的指定观摩区域内，适时为其讲解演练的关键环节、展示的重点应急技术与策略及各参演队伍的任务和行动目标等内容，帮助他们更好地理解演练内涵与意义。

演练结束后，组织专门的交流互动环节。外部门单位观摩者可分享他们在自身应急管理工作中的经验与做法，同时就本次演练提出疑问、见解和建议。这不仅有助于促进不同单位间交流、互鉴应急管理理念与实践，拓宽各方视野，还有利于发现自身演练可能存在的盲点与不足，从更广泛的视角推动应急演练的质量提升及应急管理水平的共同进步。这种对外部门单位的开放与交流，能够加强区域或行业内应急管理资源的整合与共享，构建更紧密、高效的应急管理合作关系，以应对日益复杂多变的公共安全挑战。

（六）参演队伍和人员

参演队伍和人员包括应急预案规定的有关应急管理部门（单位）工作人员、各类专兼职应急救援队伍及志愿者队伍等。参演队伍和人员承担具体的演练任务，针对模拟事件场景作出应急响应行动。有时也可使用模拟人员替代未现场参加演练的单位人员，或模拟事故的发生过程，如释放烟雾、模拟泄漏等。一般参考应急预案中组织体系及职责构成部分的分组方式进行参演队伍和人员分组。在桌面演练中，由于考核的重点是让指挥部通过应急演练熟悉应急场景、明确应急保障角色组成、明确应急处置基本流程等，如果多个同类、同等级部门参与同一演练，可以同时设置多个相同的角色，如指挥部 1、指挥部 2、指挥部 3 等，然后根据演练脚本进行推演。

按照演练实施执行职责，参演队伍和人员可以分为演练总指挥、演练现场指挥、演练分指挥和参演实施组。

1. 演练总指挥

演练总指挥一般由领导小组组长担任，副总指挥由领导小组副组长担任。应急演练总指挥主要负责演练活动开始、结束、中止及演练过程中重要指挥指令的下达，负责演练实施全过程的指挥控制，确保演练安全、有序地进行。演练总指挥带领演练副总指挥、现场总指挥等所有指挥人员，对演练全过程进行把握和控制。在出现特殊或意外情况时，与副总指挥及其他指挥人员临时会商，迅速作出决策；必要时可调整演练方案，尽量保证演练继续进行。

演练总指挥的指令下达及指挥能力强弱决定了整个演练进程发展方向，关系到演练演示程度及演练活动能否顺利进行。因此，演练总指挥最好具有丰富的演练经验，并在演练开始前已对演练过程十分熟悉，具备从整体考虑与把握实际情况的能力。同时，演练总指挥还应该与其他指挥人员沟通协商、协调行动，保证每一项指令的准确性、及时性及有效性。

2. 演练现场指挥

演练现场指挥负责指挥协调，确保演练在统一领导下各专业机构协同作战；提供决策支持，及时处理突发事件；保证信息传递快速、准确，实时收集反馈演练信息；根据演练需求合理调配人力和物资资源，确保演练有效实施。

演练现场指挥的协调与沟通至关重要，定期召开协调会议，确保各指挥机构信息同步、行动一致。利用现代通信工具，实现指令和信息的即时传递。对演练中出现的问题，演练现场指挥需迅速响应，协调解决。演练结束后，对演练过程进行评估，总结经验，为后续演练提供改进建议。

在保证演练方向不偏离整体轨道的前提下，演练现场指挥应允许参演人员适度地进行“自由演示”，以提高演练的真实性和实战性。同时，演练现场指挥需对“自由演示”进行适度控制，防止演练偏离预定目标。

3. 演练分指挥

演练分指挥一般有多个，如消防救援指挥、医疗救助指挥、通信保障指挥、物资供应及后勤保障指挥等，由演练组织单位自行决定分指挥名单，各演练分指挥组成演练现场应急处置指挥中心，指挥演练实施。

应急演练指挥行动一般是根据演练策划方案的要求，在演练总指挥及现场指挥的领导下，由各分指挥负责人指挥，相关参演实施组的队伍和人员实施。各应急管理机构的有效指挥与应急响应处置是演练顺利进行的关键，只有参演人员按照演练程序开展相关应急行动，才能保证演练持续进行及演练过程贴近实战。

演练分指挥除按演练方案的规定完成上情下达、下情上传等常态指挥与控制外，还应密切关注参演实施组人员的表现，在保证演练方向不偏离演练策划方案设计的整体轨道的前提下，允许演练人员适度、机动地“自由演示”。同时，分指挥应与总指挥和现场指挥之间相互了解与沟通，协调行动，防止出现应急处置行为交叉或者某些演练活动未开展的现象。

4. 参演实施组

参演实施组是指负责不同演练职能人员的组合，包括抢险救援队伍、应急疏散队伍、医疗救助队伍、志愿者队伍等。参演实施组是完成各项演练活动的主体，参演实施组行动的好坏决定了演练效果的优劣。

参演实施组的主要任务是根据指挥指令和控制指令实施相关应急演练行动。各参演人员所进行的应急行动不同，可能导致演练过程中各项应急行动的不协调、实施时间先后不连续等情况。因此，参演队伍和人员在实施应急演练行动时，应尽可能按照演练方案规定的程序，根据演练指挥人员下达的指令及控制人员提供的信息进行，以确保演练过程按计划有序地进行。

第二节　设计演练方案

演练方案由文案组编写，通过评审后由演练领导小组批准，必要时报有关主管单位同意并备案。设计演练方案的主要工作内容包括：确定演练目标、设计演练情景、设计演练科目、设计评估标准与方法和编制演练方案文件，如图 3-5 所示。

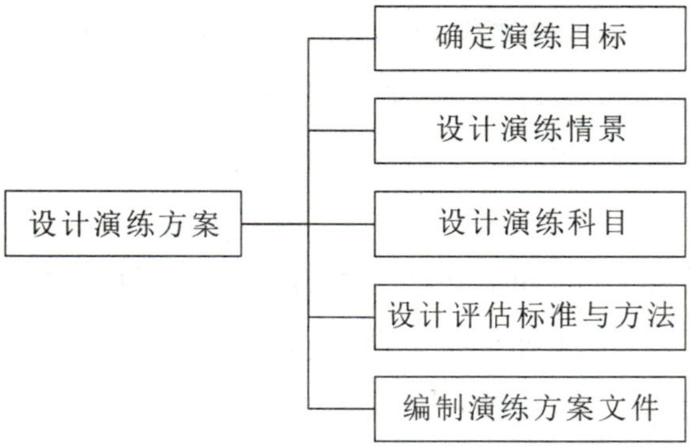

图 3-5　设计演练方案

一、确定演练目标

应急演练目标是指在演练过程中所需达成的核心演练任务及预期达成的成效。通常将应急演练目标明确表述为特定主体在特定条件下执行特定任务，依据既定标准，收获特定成果.其具备简洁性、具体化、可量化且切实可行的特性。一次演练往往涵盖多项演练目标，且每项目标均需在演练方案里设定对应的事件与演练活动来落实，并于演练评估环节设定相应评估项目，以此判定目标的达成状况。鉴于演练规模与真实性存在局限，单次演练难以全方位地检测应急救援体系的效能，故而构建一套系统化的应急演练目标体系的意义重大，不仅有利于保障演练活动的品质与成效，还能够分阶段逐步检验与完善现有应急能力，推动应急救援体系持续优化与发展，以应对复杂多变的突发状况。应急演练目标的确定可以从以下三个方面考虑。

(一) 应急演练目标体系

应急演练目标体系是一个系统性架构，其核心作用在于深入、细致地分解和梳理应急处置工作的各项内容与关键环节，进而整合形成一整套明确、具体且具有可操作性的演练目标体系。表 3-2 列举了该体系包含的 14 项具体目标。

表 3-2 应急演练目标

序号	演练目标	说明
1	应急启动	应急启动目标要求演练应急组织及时发出警报，动员应急响应人员，启动应急指挥中心和其他支持设施，确保从正常运转状态迅速转入紧急运转状态。例如，通过模拟真实警报系统，可以测试人员的反应速度和集结效率
2	应急指挥	应急指挥目标旨在构建科学合理且高效的指挥架构，使指挥人员在面对突发状况时，能依据应急预案迅速且精准地调配资源，下达指令，有力地掌控应急处置的整体方向和节奏，保障各项应急行动有条不紊地开展，避免指挥混乱与延误战机，确保应急响应的及时性和准确性
3	运行机制	运行机制目标着重于打造流畅、高效且规范的应急管理运作流程，明确各部门、各环节在应急状态下的职责、任务与衔接方式，通过模拟应急事件的全流程处置，检验各个环节是否紧密配合、信息传递是否及时准确，以优化整个应急运行机制，提升应急处置的效率和质量
4	事态评估	事态评估目标要求应急组织通过各种方式积极收集事故信息，评估事故影响范围和潜在危险，并及时通知相关应急组织。例如，利用社交媒体和在线地图服务，可以快速收集和分析事故现场信息，进行初步评估

续表

序号	演练目标	说　明
5	任务重点	任务重点目标聚焦于精准确定应急响应过程中的核心任务和关键环节，明确各应急力量在不同阶段的首要工作目标，确保在复杂多变的应急场景中，所有参与力量能够迅速把握重点任务，集中优势资源优先解决关键问题，避免力量分散和资源浪费，从而高效地推进应急处置进程，最大程度地降低突发事件造成的损失和影响
6	协同能力	协同能力目标致力于强化不同应急部门、机构及各类救援力量之间的协作配合水平，通过设定多种复杂且具有挑战性的应急场景，检验各方在信息共享、资源共用、行动协同等方面的默契程度和实际效能，确保在面对紧急情况时，各应急主体能够迅速形成合力，无缝对接，共同完成应急处置任务，提升整体应急救援的协同作战能力
7	资源管理	资源管理目标要求应急组织根据事态评估结果，识别资源需求，并整合调集内外部应急资源。可以通过模拟资源调配过程，检验资源管理系统的响应速度和效率
8	通信保障	通信目标要求建立可靠的通信系统，确保应急响应地点、组织机构和人员之间的有效联系与通信。例如，通过模拟通信中断的情况，可以测试备用通信系统的可靠性
9	公众保护措施	公众保护措施目标要求制定并实施公众保护措施，保障居民健康安全与环境和谐稳定。可以通过模拟疏散演练，评估公众保护措施的有效性
10	应急响应人员安全	应急响应人员安全目标要求保护应急响应人员的安全和健康，强调应急警戒区域划分和个体防护装备配备。例如，通过模拟危险物质泄漏情况，可以测试个体防护装备的保护效果
11	交通管制	交通管制目标要求管制现场及周边交通流量，确保应急车辆和人员的畅通无阻。可以通过模拟交通拥堵情况，测试交通管制措施的有效性
12	人员安置	人员安置目标要求建立人员安置中心，提供生活必备条件，如避难所、食品、厕所、医疗卫生与健康服务等。例如，通过模拟大规模疏散情况，可以评估人员安置中心的容纳能力和服务质量
13	紧急医疗服务	紧急医疗服务目标要求具备转运伤员和提供医疗服务的能力，确保伤病人员得到及时救治。例如，通过模拟伤员救治过程，可以评估医疗救援队伍的反应速度和救治能力
14	舆情分析与引导	舆情分析与引导目标聚焦于打造敏锐高效的舆情管理机制。突发事件发生时，相关人员要迅速监测并精准收集各渠道舆情，利用专业工具分析出热点、风险点，把握态势。同时，引导人员依此制定并实施有效策略，如发布权威信息、回应关切等，引导舆论正向发展，降低负面影响。通过模拟舆情事件，评估分析与引导能力，优化体系效能

（二）应急演练目标的选择

应急演练目标的选择与实施是一个细致且系统化的过程，它要求策划者对可能发生的紧急情况进行彻底的分析，以确定演练的必要目标、重要目标和备选目标。

必要目标是演练的核心，反映了应急救援体系必须具备的基本能力，如应急启动、指挥与控制和事态评估等，它们在每次综合演练中都需得到体现。

重要目标则根据演练的具体需求和场景选择性实施，可能包括交通管制、人员安置和紧急医疗服务等，旨在提升应急响应的特定方面能力。

备选目标就是除必要目标和重要目标之外的其他潜在目标。这些目标是为了应对演练过程中可能出现的不同情况，满足不同的演练需求或者拓展演练的功能范围而设立的。它们可以在主要目标无法实现或者需要补充完善演练内容时发挥作用，使得演练更加灵活、全面。

在选择目标时，需考虑演练情景的设定、资源的可用性、法规要求以及评估与反馈机制。确保目标的实现既符合实际需求，又能够通过演练后的评估进行持续优化。通过这样一种系统化的方法，应急演练能够更加有效地提升应急组织的反应能力和整体协调性。

（三）演练目标的难度调整

演练目标是为了落实演练目的而分解出来的具体的、可量化考核的工作指标，也是后期设计演练方案的具体指导，是演练评估的重要依据。

在一次应急演练活动中，应当预先设定多个演练目标。随后，以这些目标为核心指引，在演练方案里安排与之匹配的特定事件及多样化的演练活动，通过这些具体的设置将演练目标具象化呈现。在演练评估环节，须有针对性地规划相应的检验方式与标准，以此精准判断各项演练指标是否达到预期目标。对于缺乏实践经验的参演者，演练目标的难度要适当降低，主要放在成员之间有效沟通，对应急流程的掌握等方面；对于多次参演的参演者，则可以设置难度较大的演练目标，如进行态势分析、事态评估、预判预警等方面。

二、设计演练情景

为了推广基于“情景构建—任务—能力”分析的应急预案编制方法，以增强应对突发事件的科学性和针对性，应急管理部救援协调和预案管理局起草了《应急预案情景构建方法（征求意见稿）》及其编制说明，并于 2024 年 12 月 31 日开始向社会各界征集意见。根据《应急预案情景构建方法（征求意见稿）》，情景是指对特定风险的演变过程及其灾害后果的系统性描述，它体现了该风险在特定环境下的具体表现和表达方式。其中，特定风险是指需要编制相应应急预案的风险，特定环境是指突发事件应对组织或应急预案编制组织所处的环境。

在设计应急演练情景时，首先需要识别和确定演练中涉及的风险类型，随后根据风险类型确定可能发生的突发事件类型。接着，依据事件处置的各个阶段（例如预警、发生、响应、处置、恢复等）设计相应的演练场景。这些场景应详细描述具体事件、涉及的风险、预期的影响、所需资源及行动方案。通过这种方式，演练能够模拟真实的应急环境，使参与者在可控风险条件下练习应急响应技能，从而提升在真实事件中有效应对的能力。演练情景的设计包括两种模式：标准模式（图 3-6）和“固定脚本＋变量”模式。

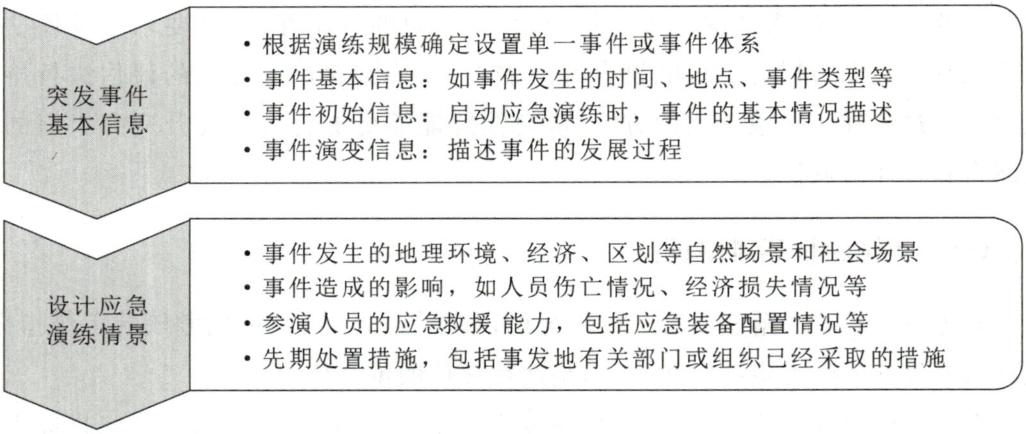

图 3-6　设计演练情景的标准模式

（一）标准模式

应急演练的开展需要由一个或几个初始事件来触发，初始事件可以是自然灾害、人为失误或蓄意破坏等。对于小规模的演练，可以只设置单一事件，并基于该事件设计应急演练的场景。对于大规模的应急演练，则可以将初始事件设为原生事件，并在其发展过程中，触发系列次生、衍生事件，形成一个事件体系。原生事件与次生、衍生事件互相叠加、耦合，形成更复杂的局面，以考验应急组织的综合应急能力。事件信息包括以下三项。

(1) 事件基本信息,如事件发生的时间、地点、事件类型等。

(2) 事件初始信息,包括启动应急演练时事件的基本情况描述及可能影响的区域范围等,这是应急演练的逻辑起点。

(3) 事件演变信息,描述事件的发展过程,可以采取事件树的形式,结合时间轴将单个事件拆分为若干个更具体的事件,设置事件发展的重要节点,或者列出可能触发的次生、衍生事件等。在突发事件类型的选择上,结合演练所在地现实中的风险评估结果,选取易发生、危害大的突发事件,能够增强演练的针对性和实效性。

确定应急演练的事件体系后,就可以围绕事件的发生发展,设计演练场景。演练场景描述的是应急组织需要应对的场景,包括以下四个方面的内容。

(1) 事件发生的地理环境、气象条件、人口、经济、区划等自然场景和社会场景。

(2) 事件造成的影响,如人员伤亡情况、经济损失情况、重要设施(如道路、通信、水电供给等)破坏程度、暴露新的风险隐患等。

(3) 参演人员的应急救援能力,包括应急装备配置情况、专业队伍建设情况、应急场所/资源保障能力等。

(4) 先期处置措施,包括事发地有关部门、社会组织或民众已经采取的措施,如发出预警、赶往现场、先期救护等。

在设计演练情景时,可以通过文字描述或场景设计表来详细阐述上述各方面内容。参演人员的应急救援能力应根据演练设计来填写,以确保演练目标实现。例如,如果演练目标是检验参演人员的跨区域协同联动能力,那么在设计表中可以有目的性地设置某些能力的缺失,要求参演者在演练过程中与周边区域进行协商,跨区域调动应急救援力量。场景设计过程可以使用表格的方式进行填写,模板参见附录 A 中的表 A.3 应急演练情景设计表。

(二)"固定脚本+变量"模式

在标准模式下,情景设计的主要特征是单一性和特定性。它通常只提供有限的固定情景和预设结果,缺乏必要的变化和灵活性,这限制了对参与者决策能力的深入考验,并可能导致演练结果固定。这种推演更适用于教育和培训,帮助参演人员理解特定情景下的应急流程,并验证预案的基本流程。然而,它不足以全面检验应急能力和应急预案。因此,标准模式的情景推演更多地被视为一种基础的应急准备工具,而非全面的应急能力检验评估方法。

"固定脚本+变量"模式作为一种存在变量的情景设计方式,融合了预设的固定情节(即固定脚本)与可变元素(即变量),从而提升了演练的灵活性和实战性。相较标准模式,“固定脚本+变量”模式提供了更高的灵活性和实战性,不仅能够验证预案的有效性,还能培养参演人员在不确定情况下的应变和决策能力。通过引入变量,演练能够模拟更多应急路径,全面评估并提升组织的应急准备和响应能力。

固定脚本与前述标准模式所提及的设计内容大体相同,它是指在应急演练中预先设定的情节和步骤,为演练提供了一个基础框架和流程。固定脚本通常包括事件的背景信息、预期的发展路径、应急任务以及可能的事件后果等关键要素。借助固定脚本,参与者能够明确地理解演练的整体结构和目标,确保演练能够依照既定流程顺利进行。

变量是指添加到固定脚本中的可变元素,用于模拟现实事件中的不确定性和复杂性,包括信息变量、场景变量、资源变量、能力变量等。在推演过程中临时调整变量,能够更加真实地表现应急情况下的不确定性,检验参与人员的适应能力和决策制定能力。例如:在防台风应急演练实施时,可以灵活增加应急资源不够等场景,检验指挥官在临时应对应急资源不够的场景下的应急指挥能力。

设计推演中的变量时,可以设计多样化的变量以覆盖多种可能性,但应确保变量的真实性与现实关联,保持演练过程的可控性。实际实施过程中可以通过借助幻灯片和视频等可视化手段将复杂数据以图表的形式展现,帮助参演人员理解和分析变量,完善推演中变量的设置。如图 3-7 所示。

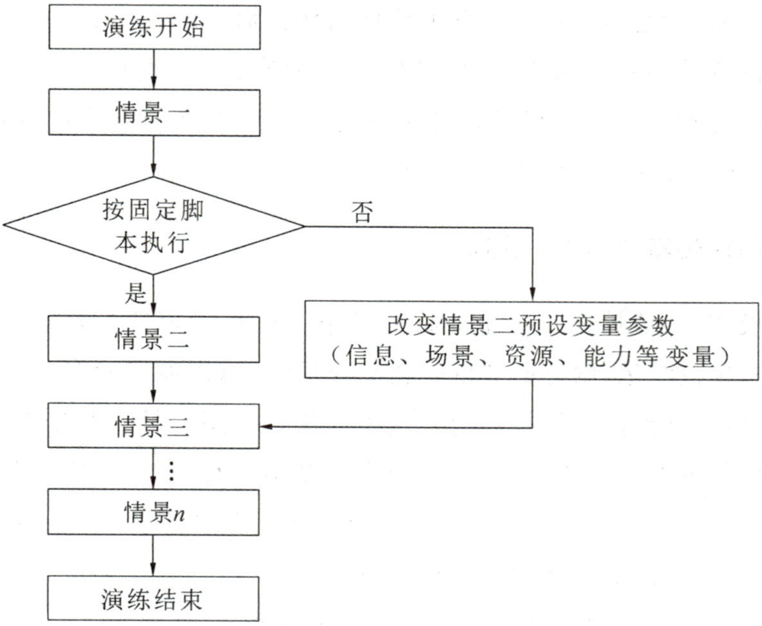

图 3-7 “固定脚本+变量”模式推演流程

对于政府及其部门主体来说，正确设置变量至关重要，因为它们必须体现政府及其部门在应对紧急情况时可能遭遇的挑战和不确定性。政府及其部门层面的变量调整涵盖了舆情处理、次生灾害应对、资源短缺（包括资源的延迟到达、数量不足、与需求不匹配）处理及信息报告等问题。这些变量能够模拟政府及其部门在实际紧急事件中必须迅速处理的复杂状况，从而检验政府及其部门的沟通策略、应对灾害的能力、资源调配和优化能力，以及信息流通的效率和准确性。

对于单位和基层组织主体来说，推演变量的设定同样至关重要，因为它们需要映射单位和基层组织在应急准备和响应过程中可能遭遇的挑战。单位和基层组织推演变量涵盖了多个方面，包括但不限于风险评估不足（例如信息的不完整、不精确或风险分析的模糊）、舆论处理、次生灾害应对、资源短缺（涉及资源供应的延迟、不足或不匹配）处理及信息报告等问题。这些变量有助于单位和基层组织评估其风险评估和决策制定能力、公共关系和危机管理能力、业务连续性和恢复能力、资源管理和应急物资储备及信息管理和沟通能力。通过这些演练，单位和基层组织能够更全面地准备并提升其应对突发事件的能力。

三、设计演练科目

应急演练科目是指为达到演练目的，根据演练需求而设定的具体演练行动，通常是在特定情景下需要进行的具体行动。例如，在一个地震应急演练的情景中，可能设定的科目包括人员疏散、医疗救援、建筑物坍塌救援等。这些科目是根据地震应急的需求和目的确定的，旨在检验和提高参演人员在地震发生时的应对能力。

设计应急演练科目前，需要先根据设计的演练情景，参考本书第二章第二节“应急演练的内容”部分，逐条对应分析，对可能开展的科目进行列举，填写应急演练科目设计表，模板参见附录A中的表A.4应急演练科目设计表。然后，对列出的科目内容进行科目内容筛选、科目关系分析和实施模式确定。

（一）科目内容筛选

在初步确定可能开展的应急演练科目内容后，需要筛选科目内容，流程（图3-8）如下：

（1）分析任务与目标的关联：仔细研究演练任务如何支撑演练目标的达成，找出其中的关键环节和重点对应的情况。

（2）优先级排序：根据演练目标的重要性和紧迫性，对可能的演练科目进行优先级排序。例如，对于直接关系到人员生命安全且近期发生的可能性较大的事件，要给予更高的优先级。

（3）综合考量资源与能力：评估现有资源和能力在应对不同演练科目时的匹配程度。选择既能有效检验和提升现有能力，又在资源可承受范围内的科目。

（4）多轮研讨与筛选：组织相关人员进行多轮研讨和筛选，充分听取各方意见，确保选定的演练科目具有代表性、针对性和可操作性。

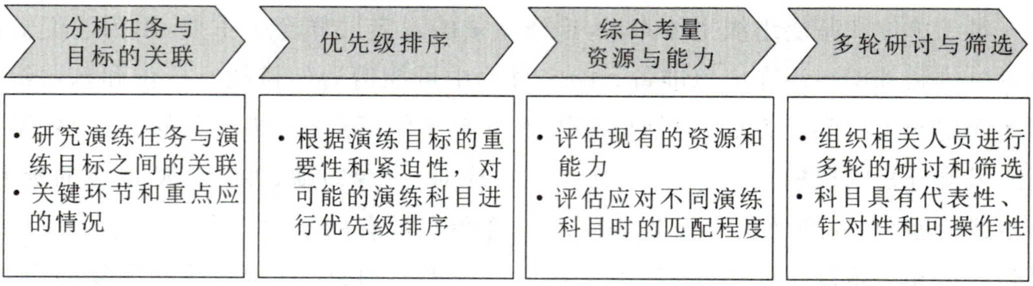

图 3-8　科目内容筛选流程

（二）科目关系分析

在设计应急演练科目内容时，需要注意各个科目之间的关系。可以根据应急演练需求、目的等，设计具有依存关系或独立关系的科目内容。

1. 依存关系

依存关系强调严格遵循应急处置的标准流程，从事件发生的初始阶段到最终解决，按照预先设定且经过科学论证的先后顺序依次推进各个演练科目。前一科目所达成的结果或状态是启动后续科目不可或缺的前提条件，科目间呈现出紧密的因果关联与逻辑递进性。

1）优势

系统性与完整性呈现：能够完整地展现应急处置的全过程，使参演人员深入理解应急事件从预警、响应到处置和善后的各个环节的内在联系与逻辑脉络。例如在传染病疫情应急演练中，按照“疫情监测与预警—病例发现与报告—流行病学调查—隔离与管控措施—医疗救治—疫情解除”的流程逐一进行科目演练，参演人员可清晰地知晓在疫情防控体系中每个环节的职责与操作规范，以及各环节如何相互衔接形成一个有机整体。

深度强化流程记忆与技能掌握：由于科目顺序固定且逻辑紧密，参演人员在演练过程中通过反复实践，能深刻记忆应急处置流程，熟练掌握各环节的关键技能与操作要点。这有助于在实际应急场景中，减少因流程不熟或操作失误而导致的延误与偏差。如在危险化学品泄漏事故应急演练中，参演人员依次完成泄漏源控制、泄漏物围堵、泄漏物清理等科目，在顺序演练过程中不断强化对每个步骤技术要求的掌握，提高应急处置的精准性与高效性。

便于演练过程监控与评估：明确的科目逻辑顺序为演练的监控与评估提供了清晰的框架。评估人员可依据既定顺序，在每个科目节点上精准检查参演人员的行动是否符合规范、是否达到预期目标，及时发现并记录问题，为后续的演练总结与改进提供详细且有针对性的数据支撑。例如在地震应急演练中，从地震发生时的室内避险科目开始，评估人员可以依次检查疏散路线选择、人员集结组织、伤员救护安排等科目中的各项指标，确保演练质量得到有效监控与评估。

2）局限性

灵活性受限：一旦确定了科目顺序，在演练过程中较难根据实际情况进行灵活调整。若某个科目因意外情况未能按时完成或需要重新演练，可能会对后续科目的开展造成较大影响，甚至导致整个演练进程的延误或中断。例如在大型活动突发事件应急演练中，如果人群疏散科目因场地突发状况受阻，后续的救援与医疗救助科目可能无法按计划及时开展，影响演练的连贯性与完整性。

对初始环节依赖度高：若前序科目出现严重失误或未达到预期效果，可能会使后续科目难以正常推进，导致整个演练效果大打折扣。例如在洪水灾害应急演练中，若洪水监测与预警科目未能准确及时地提供信息，后续的防洪抢险、群众转移安置等科目可能会因缺乏准确的决策依据而陷入混乱，无法有效实施。

2. 独立关系

独立关系指各个科目之间相互独立，没有逻辑上的承接依存关系。该模式类似于戏曲中的折子戏，各个演练科目相对独立地进行展示，科目之间不存在严格意义上的因果逻辑关联或时间顺序制约。每个科目都可以视为一个相对完整的应急场景片段，重点突出自身的应急处置要点与技能要求。

1）优势

灵活性与针对性强：可以根据演练的重点需求、参演人员的特长或实际资源情况，灵活选择并安排特定的科目进行演练，而无须考虑科目间的逻辑顺序。例如在消防应急演练中，如果当前重点是提升参演人员的灭火技能，可单独设置多个不同场景下的灭火科目，如高层建筑灭火、仓库灭火、车辆灭火等，而不必受限于与其他（如火灾报警、人员疏散等）科目的顺序衔接。

便于突出重点与专项训练：能够将资源与精力集中于关键应急技能或特定场

景的训练上，有利于在有限的演练时间内实现特定应急能力的快速提升。例如在地震应急演练中，如果某地区地震应急救援队伍的绳索救援技能较薄弱，可专门设置多个不同地形与建筑环境下的绳索救援科目，以强化这一专项技能，而不必因遵循完整流程而分散精力在其他关联科目上。

降低组织协调难度：由于科目之间相互独立，在演练组织过程中无须过多考虑科目间的复杂衔接与协同关系，减少了因科目顺序协调不当而产生的问题。各科目可以相对独立地进行准备、实施与评估，降低了演练组织的复杂性与难度。例如在多个不同部门联合参与的综合应急演练中，各部门可以根据自身职能和专长选择独立的科目进行演练展示，如交通部门进行交通疏导科目，卫生部门进行医疗救护科目，而无须在部门间进行繁琐的流程衔接与协同顺序安排。

2）局限性

整体系统性不足：难以全面展示应急处置的完整流程与系统架构，可能导致参演人员对突发事件应急处置的全貌缺乏深入理解，在实际应急场景中难以把握各环节的协同配合与整体节奏。例如在城市综合应急演练中，如果仅以“折子戏”方式开展各个独立科目演练，参演人员可能不清楚在真实的城市突发事件中科目之间如何在时间、空间和信息等方面进行协同联动，影响整体应急处置效能的发挥。

科目间协同性培养欠缺：不利于培养参演人员在多科目并发情况下的协同作战意识与能力。在实际应急事件中，往往需要多个应急行动同时或交错进行并密切配合，而“折子戏”式的演练模式可能使参演人员忽视科目间的协同需求，在面对复杂应急情况时难以迅速、有效地开展协同工作。例如在大型工业事故应急演练中，若各科目独立进行，如事故现场抢险、周边环境监测、人员疏散安置等，参演人员可能在实际事故发生时无法及时、有效地共享信息、调配资源，影响应急救援的整体效果。

（三）科目实施模式

应急演练科目实施模式的科学规划与精准实施，直接决定了演练的质量与成果。在设计科目执行方式时，可以单一科目单线进行，也可以多个科目并线进行。

1. 单一科目单线进行

单一科目单线进行模式是指在应急演练过程中，严格依照预先设定的演练流程，按顺序依次开展各个演练科目。前一个科目完成规定的演练动作与任务目标后，才启动下一个科目的演练，如图 3-9 所示。

1）优势

逻辑清晰：演练过程遵循明确的线性顺序，各科目之间的衔接紧密且有章可循，便于演练组织者进行整体把控与协调。例如，在地震应急演练中，先进行地震发生时的室内避险科目，待所有参演人员完成就地避险动作并达到相应标准后，再开展有序疏散科目的演练，这样能清晰地展现应对地震灾害的完整逻辑链条。

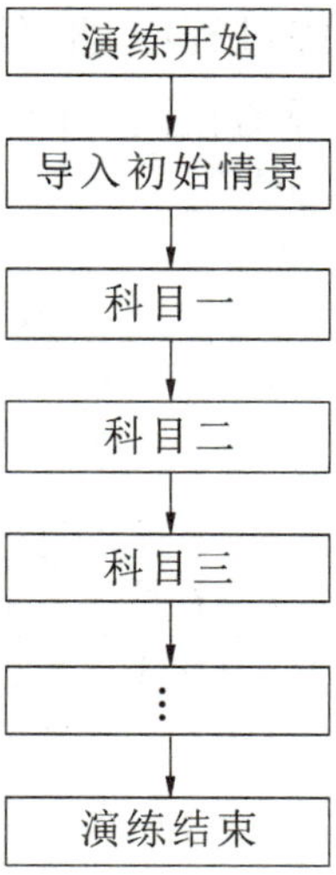

图 3-9　单一科目单线进行

便于观察与评估：由于科目逐个进行，演练评估人员能够专注于当前正在进行的科目，全面、细致地观察参演人员的操作、响应时间、任务完成情况等指标，从而精准地评估每个科目的演练效果。如在火灾应急演练中，评估人员可以在火灾报警科目进行时，详细记录报警人员的报警流程是否规范、信息传递是否准确及时，为后续改进提供精确的数据支持。

演练节奏可控：组织者可以根据演练的实际情况，灵活调整每个科目的演练时长与进度。若某个科目在演练过程中出现问题或需要进一步强化训练，可适当延长该科目的时间，而不会对后续科目造成过大的干扰。例如在化学品泄漏应急演练中，若发现参演人员在泄漏源控制科目的操作不熟练，可在该科目多停留一段时间进行反复演练，确保参演人员掌握相关技能后再进入下一个科目。

2）局限性

演练时间较长：由于科目依次进行，整体演练所需的时间相对较多。在一些大规模、多科目且时间有限的应急演练中，可能无法涵盖所有预期的演练内容，导致演练的完整性受到影响。例如在城市综合应急演练中，若包含地震、洪水、火灾、公共卫生事件等多个科目，按照逐一进行的方式，可能需要数天时间才能完成，这在实际操作中往往难以实现。

科目间协同性体现不足：此模式下，各科目相对独立地依次开展，可能无法充分展现不同科目在实际突发事件应对过程中的协同互动关系。在真实的应急场景中，多个应急行动往往是同时或交错进行的，这种模式可能会使参演人员对科目间的协同配合缺乏深入的体验与理解。例如在大型工业事故应急演练中，事故救援、人员疏散、环境监测等科目若逐一进行，难以体现出各部门在实际救援过程中相互配合、信息共享、资源调配的复杂协同关系。

2. 多个科目并线进行

在演练过程中，根据演练场景与实际应急需求，同时启动多个演练科目，使不同的应急行动在同一时间段内并线开展（图 3-10）。

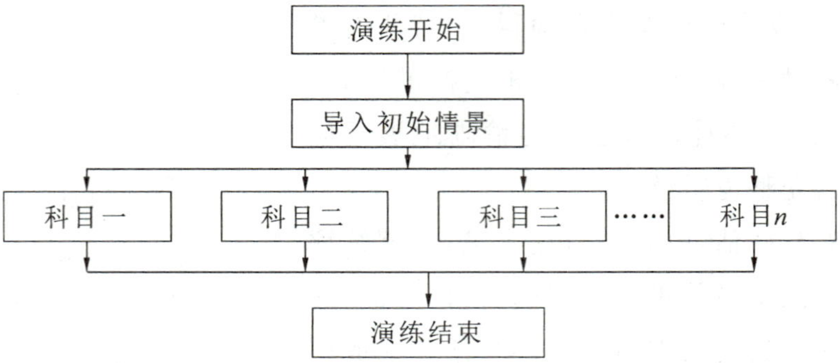

图 3-10 多个科目并线进行

1）优势

贴近实战场景：能够真实地模拟突发事件发生时多任务并发的复杂情况，有效提升参演人员在复杂环境下的应急响应能力与协同作战能力。例如在大型交通枢纽应急演练中，同时开展旅客疏散、伤员救治、交通疏导、火灾扑救等科目，与实际发生重大交通枢纽事故时的应急处置场景高度相似，让参演人员更好地适应实战要求。

提高演练效率：在有限的时间内可以完成更多科目的演练，增强演练的全面性与综合性。对于一些涉及面广、科目繁多的大型应急演练，如区域综合性应急演练，采用多科目同步进行的方式，可以在较短时间内对多种突发事件的应对能力进行检验与提升，避免因时间过长而导致的资源浪费与组织难度增加。

强化科目协同效应：通过多个科目同步开展，能够充分展现不同应急部门、不同应急任务之间的协同配合关系，促进信息流通、资源共享与任务衔接。例如在自然灾害应急演练中，救援队伍的抢险救援、民政部门的物资调配、医疗卫生部门的医疗救护等科目同步进行，有利于各部门在演练过程中及时沟通、协调，发现协同配合中的问题并加以改进，提高整体应急处置效能。

2）局限性

组织协调难度大：需要演练组织者具备高超的统筹规划与协调指挥能力，确保多个科目在同步进行过程中能够有序推进，避免出现混乱与冲突。在多科目同步演练中，涉及多个参演单位、多种资源调配与复杂的信息交互，任何一个环节出现失误都可能导致整个演练的失败。例如在跨区域联合应急演练中，不同地区的应急力量在同时开展多个科目演练时，若信息沟通不畅或指挥调度不力，可能会出现救援力量重复部署、资源调配不合理等问题。

评估复杂性高：由于多个科目同时进行，演练评估人员难以对每个科目进行全面、实时的跟踪观察与精确评估。可能需要借助更多的技术手段与人员配置来收集、整理和分析演练数据，增加了评估工作的难度与成本。例如在大型化工园区事故应急演练中，多个科目如火灾控制、泄漏源封堵、周边环境监测、人员疏散安置等同时进行，评估人员需要同时关注多个方面的情况，对评估人员的专业素养、观察能力与数据处理能力都提出极高的要求，且容易出现评估数据遗漏或不准确的情况。

（四）案例分析

在设计应急演练科目过程中，科目关系和实施模式可以在设计过程中综合考虑，在一次应急演练活动中可以同时存在依存关系、独立关系的多项科目；并且单一科目单线进行、多个科目并线进行的执行方式可以同时实施。以一次消防演练为例，某单位消防演练科目实施流程图如图 3-11 所示。

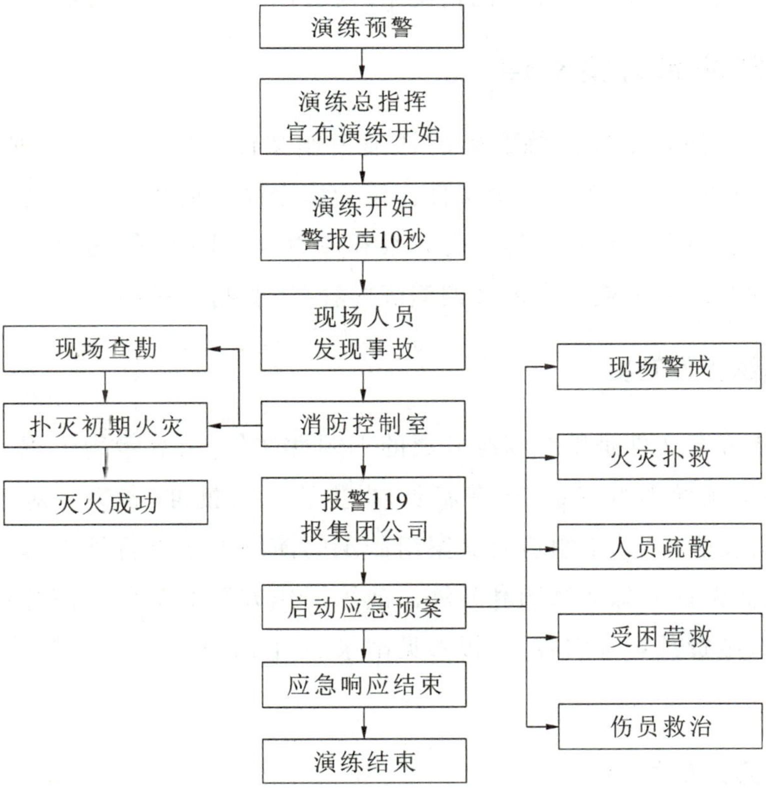

图 3-11　某单位消防演练案例科目实施流程图

如图 3-11 所示，在该演练案例中，从“演练开始警报声 10 秒”到“现场人员发现事故”，再到“消防控制室”接到警情这个过程中，科目前后之间存在明确的依存关系，且采用单一科目单线进行的方式开展；“消防控制室”接到警情到“现场查勘”和“扑灭初期火灾”的过程中，科目前后之间存在明确的依存关系，且多个科目并线进行；“启动应急预案”后，可以同时开展“现场警戒”“火灾扑救”“人员疏散”“受困营救”和“伤员救治”，属于多个科目并线进行，“启动应急预案”与“现场警戒”“火灾扑救”“人员疏散”“受困营救”和“伤员救治”之间属于依存关系，而“现场警戒”“火灾扑救”“人员疏散”“受困营救”和“伤员救治”各个科目之间属于独立关系。

四、设计评估标准与方法

演练评估涉及对演练活动的观察、体验和记录，旨在比较实际效果与既定目标之间的差异，并据此总结演练的成效与不足。这一过程必须以演练目标为基准。针对每个演练目标，应设计出恰当的评估项目、方法和标准。为了简化演练评估的操作流程，通常会预先制定评估表格，这些表格会涵盖演练目标、评估方法、评价标准和相关记录项等。在条件允许的情况下，还可以利用专业评估软件等辅助工具。

五、编制演练方案文件

演练方案文件是指导演练实施的详细工作文件。根据演练类别和规模的不同，演练方案可以编为一个或多个文件。编为多个文件时可包括演练工作方案、演练人员手册、演练评估指南、演练宣传方案和应急演练脚本等，分别发给相关人员。对涉密应急预案的演练或不宜公开的演练内容，还要制定保密方案。

（一）演练工作方案

演练工作方案文件是组织演练开展的纲领性文件，由总策划组织，由文案组编制，经评审后报领导小组审定，如有需要，报主管部门批准、备案。对于综合性强、危险性大的突发事件，评估组应对文案组制定的演练方案进行评审，确保其科学性和可行性，从而保证应急演练顺利开展。演练工作方案通常包括演练背景、演练目的、演练目标、经费预算等内容，模板参见附录 A 中的表 A.5 应急演练工作方案设计表。

（二）演练人员手册

演练人员手册是应急演练的关键指导文件，它为所有参与演练的人员提供了全面、准确且必要的信息，确保演练过程有序、高效、安全地进行。其涵盖的内容广泛，是演练成功实施的有力保障。主要内容包括演练概述、组织机构、时间、地点、参演单位、演练目的、演练情景概述、演练科目概述、演练现场标识、演练后勤保障、演练规则、安全注意事项、通信联系方式等，但不包括演练细节。其中组织机构、时间、地点、参演单位、演练目的、演练情景概述、演练科目概述、演练后勤保障及安全注意事项部分的编制可参考本章其他小节的内容，在此不再赘述。本部分主要讲解演练概述、演练现场标识、演练规则、通信联系方式等部分的编制要点。

1. 演练概述

演练人员手册应清晰地阐明演练的背景与目的。背景部分需解释为何开展此次演练，例如基于特定风险评估结果、近期类似事件的反思、法规政策的要求等。目的部分的编写可参考本章“确定演练目的”部分。

2. 演练现场标识

演练人员手册应分类介绍演练现场可能出现的各类标识及其含义。例如：不同颜色的警示标识分别代表不同危险程度或功能区域；指示标识用于引导参演人员前往特定地点或遵循特定行动路线；信息标识用于提供关键信息，如安全出口位置、医疗救护点位置、物资储备点位置等。

演练人员手册应提供演练现场标识的分布示意图或地图，标注各类标识的具体位置，使参演人员能够提前熟悉标识系统，在演练过程中快速准确地识别与遵循标识指引，避免因标识不明导致的迷失方向或误操作。

3. 演练规则

演练规则部分要确立参演人员的基本行为准则。要求参演人员严格遵守演练时间安排，提前到达指定地点进行准备工作，不得无故迟到、早退或缺席。强调在演练过程中听从指挥人员的统一指令，按照既定演练流程与方案行动，严禁擅自更改行动内容或违反演练纪律。

演练规则部分要规范参演单位之间的协作规则。明确各单位在信息共享、资源调配、任务交接等方面的要求与流程，促进各单位之间的高效协同配合，避免出现推诿责任、信息不畅或重复劳动等问题。

针对演练过程中的特殊情况，规定了参演人员在遇到意外事故、演练场景变更、指令传达错误等情况时，应遵循的报告程序和应对措施，以确保演练在各种复杂情况下能够有序进行并得到妥善处理。

4. 通信联系方式

通信联系方式部分提供详细的通信联络表，包括所有人员的姓名、职务、联系电话、电子邮箱等信息，确保参演人员能够在需要时迅速与相关人员取得联系。

该部分还要说明演练过程中使用的主要通信工具及其使用方法，如对讲机的频道设置、通话规范；应急指挥中心的电话接听与转接流程；移动通信网络在演练场地的覆盖情况与信号强度提示等，使参演人员能够熟练掌握通信工具的使用，保障信息传递的及时性与准确性。

（三）演练评估指南

演练评估指南的内容主要包括演练情景概述、演练事件清单、演练目标、演练场景说明、参演人员及其位置、评估人员组织结构与职责、评估人员位置、评估内容、评估依据、评估方式、评估程序、评估表格及相关工具、通信联系方式等。演练评估指南主要供演练评估人员使用。参见本书第五章的内容。

（四）演练宣传方案

应急演练的宣传环节，作为整个演练流程中不可或缺的关键部分，承载着对公众、参与单位及相关组织进行全方位沟通与教育的重任。此环节不仅是推动演练顺利进行的重要助力，更是提升全社会应急响应能力的关键途径。具体而言，应急演练宣传可细分为演练前、演练中及演练后三个阶段，如图 3-12 所示。

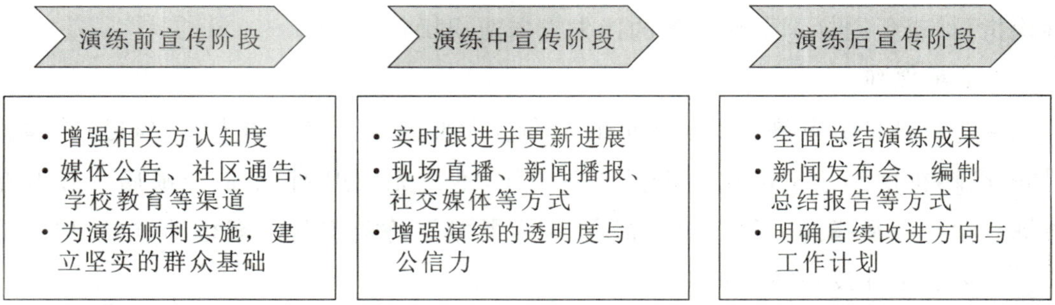

图 3-12　应急演练宣传

（1）演练前宣传阶段，其核心目标在于增强公众、参与单位及相关组织对即将开展的演练活动的认知度，促使其提前掌握演练的基本信息，包括目的、时间、地点及预期效果等。通过整合大众传媒、社交媒体等多种信息传播渠道，全面而系统地传达演练的背景信息、重要意义、参与方式、安全保障措施及公众需配合的事项，为演练的顺利实施奠定坚实的群众基础。

（2）演练中宣传阶段，侧重实时跟进并更新演练的最新进展，通过现场直播、新闻播报、社交媒体即时更新等多种方式，向公众生动展现演练现场的实时动态，包括参与人员的表现风采、演练过程中的关键环节与亮点等，以此增强演练的透明度与公信力。

（3）演练后宣传阶段，旨在全面总结演练成果，提炼并分享宝贵的经验教训，进而提升公众、参与单位及相关组织的应急意识与能力。通过编制总结报告、制作教育材料、开展案例研究等多种方式，可深入剖析演练的成效与不足，明确后续改进方向与工作计划。

演练宣传方案内容主要包括宣传目标、宣传方式、传播途径、主要任务及分工、技术支持、通信联系方式等，如表 3-3 所示。

表 3-3 演练宣传方案说明表

序号	要点	说明
1	宣传目标	知识传播：传递各类应急知识与技能，如火灾逃生、急救包扎等。 意识提升：增强公众危机意识，使其重视应急准备与学习参与。 形象塑造：展示参演及相关组织专业、高效的形象，提升公信力。 参与激励：吸引各方参与演练观摩或操作，形成全社会合力
2	宣传方式	媒体报道：包括通过与电视台、广播电台、报社合作，记者跟踪报道演练各环节并制作节目的传统媒体合作方式和使用微博、抖音等平台，构建官方账号发布信息的新媒体运用方式。 现场宣传：包括宣传资料发放、宣传展板展示、现场讲解与演示等方式
3	传播途径	大众传媒渠道：电视广播传播、报纸杂志刊登、新闻播报、新闻发布、现场直播等途径。 社交媒体平台：社交账号发布与互动、社交群组传播、短视频平台推广等途径。 线下实体渠道：社区通告、张贴海报、发放资料、设置展位等途径
4	主要任务及分工	参见本章“选定演练人员”部分
5	技术支持	网络平台建设：搭建官网、微网站、直播平台等。 视频音频制作技术：配备专业设备软件，制作高质量作品。 数据统计与分析技术：利用工具监测统计传播数据，为策略调整提供依据
6	通信联系方式	包括内部团队通信、媒体与外部合作伙伴通信和公众咨询与反馈通信方式等

（五）应急演练脚本

应急演练脚本为整个应急演练活动提供清晰的脉络与具体的操作规范。一方

续表

面，它能确保演练有序开展，依据脚本中设定好的演练进程、科目顺序及时间安排等，让参与演练的各个部门、各类人员清楚地知晓何时该做何事、如何去做，保障演练按照既定计划稳步推进，避免出现混乱无序的状况。另一方面，它有助于提升演练的针对性与实效性，通过对事件场景、处置行动、执行人员等关键要素进行细致描述，使参演人员能更好地进入角色。同时，借助脚本中的解说词、事件场景等内容，也便于评估人员理解演练内涵及后续对演练效果进行客观、全面的评估，为不断完善应急管理工作提供有力支撑。应急演练脚本主要包含以下内容：

（1）演练进程：整个演练脚本的时间脉络，按照演练的起始到结束顺序，详细划分各个阶段与时间节点，确保各个环节紧密衔接，完整呈现应急处置的全过程。

（2）科目编号：为每个演练科目赋予唯一的编号，便于在演练过程中快速识别、组织协调及后期总结评估时对各个科目进行精准定位与分析，编号应具有系统性和逻辑性，以便于管理与查询。

（3）科目名称：简洁、明了地概括每个演练科目的核心内容与主题，使参与演练人员及观摩者能够迅速理解该科目所针对的突发事件类型或应急处置环节，名称应准确反映科目实质，避免产生歧义。

（4）事件场景：生动、具体地描述突发事件发生的时间、地点、环境、事件的性质、规模、影响范围等要素，为参演人员营造出逼真的应急场景，使其能够更好地进入角色，做出符合实际情况的应急响应与处置决策。场景描述应具备足够的细节，以支撑后续处置行动的合理性与针对性。

（5）处置行动：详细列出针对特定演练情景下，各应急救援队伍、相关部门及人员所采取的具体行动步骤、措施与方法。

（6）执行人员：明确每项处置行动的具体执行者或责任主体，包括应急指挥人员、各专业救援队伍成员、相关部门工作人员等，使参演人员清楚地知晓自己在演练中的角色与职责，确保演练的顺利进行。

（7）指令与对白：编写演练过程中指挥人员下达的指令及参演人员之间的对话内容，指令应简洁、准确、清晰，具有明确的行动指向性。

（8）视频背景与字幕：对于有视频辅助展示的演练，设计相应的视频背景画面，如突发事件现场的模拟画面、地理信息图像、相关数据图表等，以增强视觉效果，帮助参演人员和观摩者更好地理解演练内容。同时，可根据需要添加字幕，对重要信息、关键环节、人物身份等进行标注说明，提高演练信息的传递效果。

（9）解说词/同期声：撰写演练过程的解说词，对演练的背景、目的、流程、重点环节、处置行动的意义等进行实时解说，便于全面了解演练的全貌与内涵。解说词应语言精练、通俗易懂、富有感染力，能够引导参与人员关注演练的关键要点。也可采用同期声的方式，直接记录参演人员在处置行动中的交流、操作声音等，增强演练的现场感与真实性。

（10）时间控制：为每个演练科目、重要行动步骤及整个演练过程设定精确的时间限制，确保演练按照预定的日程计划有序进行，避免出现因时间过长或过短而影响演练效果的情况。时间控制应具有一定的弹性，以应对演练过程中可能出现的意外情况或临时调整，但总体上要保证演练的紧凑性与完整性。

除上述内容外，演练脚本一般还包括演练名称、演练类型、演练时间等基本信息，实际编写过程中，还需根据现有资源条件及演练实际情况，适当增减部分内容。

演练脚本的编制存在多种方法，各有其独特特点。

（1）表格法，即将演练中的各个场景细节、行动时间等要素以表格样式予以记录，其优势在于文本呈现清晰、直观，阅读者能迅速理解其中内容，信息获取便捷高效。样例参见附录 B. 3 防汛抢险救援综合演练脚本。

（2）图形法，即运用图形来展现演练场景细节，这种方式使得内容富有形象性与生动感，能给人更直观的印象。然而，图形的编制过程对技术与创意要求颇高，难度较大。

（3）排序法，是依据时间顺序或者场景的重要程度，依次罗列出演练过程的各类信息，如此生成的文本格式简单明了，可轻松梳理演练脉络，但相较表格法，在信息的快速定位与查找方面存在不足，阅读体验不够流畅、高效。样例参见附录 B. 1 地震和其他地质灾害应急救援演练脚本、附录 B. 2 低温雨雪冰冻演练脚本。

综合考量，鉴于表格法在清晰性与易读性方面的显著优势，目前演练组织单位在编制演练脚本时多倾向于采用该方法。附录 A 中的表 A. 6 应急演练脚本设计表提供了典型的脚本模板，可供参考。

第三节　演练动员与培训

所有参与演练的人员都需接受关于应急基础知识、演练核心概念及演练规则的培训，以确保所有参与者充分理解演练的规则、情景及各自在演练中的职责。演练动员与培训工作主要包含两部分：一是领导小组熟悉演练方案及演练全过程；二是参演人员明确各自工作职责。演练动员与培训工作可通过演练前召开演练动员与培训大会来完成，必要时可分别召开演练领导、控制与保障、评估、演练等专项情况介绍培训会。

一、领导人情况介绍会

在实施前,要向相关领导人汇报演练准备情况,获得对于演练实施计划的批准。

二、领导小组介绍会

领导小组介绍会由领导小组组长负责主持,领导小组全体成员均须参加。此会议聚焦于向与会者详细阐释应急演练的规划部署,助力领导小组深入领会应急预案及演练工作方案的精髓要点,进而为演练筹备各项事宜筑牢基础。会议核心内容主要包括:

(1) 详尽讲解应急演练的总体规划与时间安排进程;

(2) 深入剖析本次演练所依托的应急预案的关键条文与相关细则;

(3) 全面解读应急演练方案的各项细节;

(4) 明确领导小组在演练进程中肩负的指挥职责、人员调配任命权限、重大事项的审议判定与决策等重要职责。

该会议旨在确保领导小组成员能够全方位洞悉演练全貌,扎实完成相关筹备工作,精准把控演练的核心走向,在演练过程中实施正确的判断与高效指挥,推动演练活动有条不紊、高效顺畅地开展实施,达成预期的演练成效与目标。

三、应急演练动员与培训大会

在演练开始前,要组织所有的参演人员召开应急演练动员与培训大会,介绍每个人的职责分工、演练相关参数、安全保障、角色标牌及演练后勤问题。并向所有参演人员说明演练规则。演练规则能帮助参演者理解他们在演练环境中的角色,理解什么是恰当的行为,明确行动和身体接触的指导原则,防止对个人造成身体伤害或对财产造成损失。

应急演练动员与培训大会一般由演练组织单位领导主持,所有组织和参演人员都必须参加,主要内容如下:

(1) 说明演练意义:阐明举行应急演练的原因、目的和意义。让参演人员深刻认识到演练在检验应急机制、提升应急能力、保障公众安全等方面的重要价值,从而在思想上引起足够重视。

(2) 明确工作要求:提出具体工作要求,明确各组织和人员的任务与职责分工,使参演人员充分作好演练准备；介绍每个人的职责分工、演练相关参数、安全保障、角色标牌及演练后勤问题。

（3）确定牵头部门：明确演练牵头部门，并给予必要授权，确保演练活动在统一指挥、协调的情况下进行。

（4）明确原则要求：确定演练基本原则和要求，如疏散原则需明确疏散路线、顺序和安全区域；处置要求涵盖不同紧急情况的应对方法；通信规则要确保信息传递的及时与准确。

（5）说明重要细节：详细说明演练重要细节，如对演练现场管理的区域划分、安全保障措施的具体实施等工作的部署和安排进行说明。

（6）提高积极性：通过各种鼓励措施调动人员积极性，提高人员对演练的重视程度和关注度，以加大演练实施保障力度。

（7）进行培训：进行应急基础知识、演练核心概念及现场规则的培训，使参演人员全面掌握应急技能和演练规范。

四、组织人员工作介绍会

组织人员工作介绍会主要面向演练组织人员，包括协调组、导调控制组、宣传组、技术支持组、后勤保障组等小组成员。会前分发演练人员手册，主要传达组织人员应知晓的信息，目的是强化组织人员对自身责任的认知，确保演练安全顺利实施。组织人员工作介绍会的主要内容如下：

（1）详细讲解演练现场规则和有关演练安全保障工作措施的具体要求，保障演练人员安全。

（2）以通俗语言简要阐述演练目标、范围、情景等信息，但组织人员应对演练情景保密。

（3）介绍演练过程中已批准的模拟行动，让组织人员熟悉行动流程。

（4）说明各类组织人员、参演人员的识别方式，便于快速区分角色，高效协作。

（5）明确演练开始的初始条件，让组织人员清楚行动起点。

（6）讲解演练过程中各组的任务职责、联系方式及其他特殊要求，确保演练顺利进行。

第四节　应急演练保障

应急演练保障工作包括人员保障、经费保障、场地保障、物资和器材保障、安全保障、信息化保障和餐饮保障(图 3-13)。设计过程中可参考的表格模板参见附录 A 中的表 A.7 应急演练保障工作设计表。

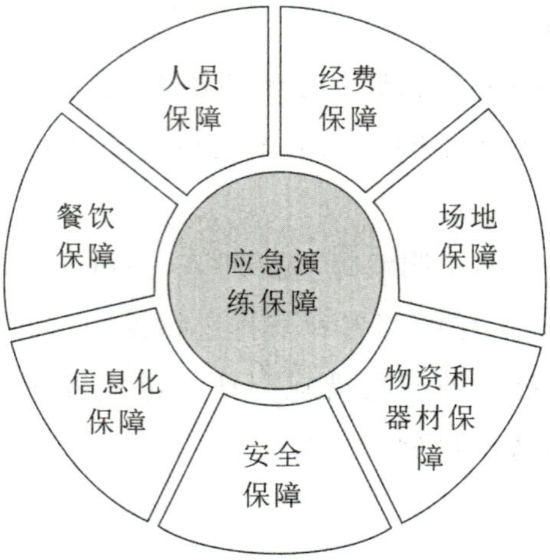

图 3-13　应急演练保障

一、人员保障

应急演练的有效开展依赖多类人员的协同参与,包括演练领导小组、总策划、文案组、协调组、导调控制组、宣传组、技术支撑组、后勤保障组、评估组等人员,在特定情形下还会有观摩人员加入。

在人员保障方面,需精心制订计划,合理调配资源,确保为各类人员预留充足的时间参与演练筹备与实施过程。演练领导小组应统筹安排工作日程,充分履行决策指导职能;为文案组人员创造良好的资料收集与撰写环境;控制组人员、评估组人员有足够时间熟悉演练流程与评判标准;为保障部人员安排物资筹备与调配的充裕时间;组织各类人员观摩、学习先进演练案例,开展有针对性的培训课程,全面提升其专业素质与技能水平,从而为演练的成功举行奠定坚实的人员基础。

二、经费保障

演练组织单位肩负着应急演练经费保障的重要职责。每年须依据应急演练规划,严谨细致地编制应急演练经费预算。此预算将被纳入单位年度财政(财务)预算体系,以确保经费来源的稳定性与规范性。

在演练准备与实施进程中,需依照演练实际需求,及时且足额地拨付相应经费，保障各项演练工作能够顺利推进，涵盖场地租赁、物资采购、人员培训与劳务支出等多方面费用。同时，构建完善的经费使用监督检查机制，对经费流向与使用明细进行严格把控，确保演练经费专款专用，杜绝挪用、浪费等不良现象。在保障演练质量与效果的前提下，秉持节约高效原则，优化经费配置，使每一笔经费都能发挥最大价值，为应急演练活动的高质量开展提供坚实可靠的经济后盾。

三、场地保障

场地保障是应急演练顺利开展的重要基础。在确定演练场地时，须依据演练的方式与具体内容，并在完成现场勘察工作后选定适宜的场所。

对于桌面演练而言，在会议室或应急指挥中心举行较合适，能提供相对安静、便于交流讨论与展示资料的环境，满足桌面演练对信息交流与决策模拟的需求。而实战演练则要求场地与实际可能发生突发事件的场景相似，例如城市街道、特定工业区域等。在此基础上，根据演练计划设置指挥部以便统一指挥调度，设置集结点用于人员与物资的快速集中，设立接待站、供应站、救护站分别承担接待相关人员、提供物资保障、实施医疗救护等功能，同时规划停车场以确保车辆有序停放。演练场地应具备充足空间，交通便利则利于人员与物资运输，生活与卫生条件良好可保障参演人员的基本需求，安全条件达标，并尽可能减少对公众正常生产生活秩序的干扰。

四、物资和器材保障

根据需要，准备必要的演练材料、物资和器材，制作必要的模型设施等。

（1）信息材料：主要包括应急预案和演练方案的纸质文本、演示文档、图表、地图、软件等。

（2）物资设备：主要包括各种应急抢险物资、特种设备、办公设备、录音摄像设备、信息显示设备、调音台、音响、劳保用品等。

（3）通信器材：主要包括固定电话、移动电话、对讲机、海事电话、传真机、计算机、无线局域网、视频通信器材和其他配套器材，尽可能使用已有通信器材。

（4）演练情景模型：搭建必要的模拟场景及装置设施。

五、安全保障

演练组织单位应将演练实施全过程的安全保障工作置于首要位置。对于大型或高风险的演练活动，依据相关规定制定专门的应急预案，针对可能出现的突发事件进行全面风险评估，进而采取有效的预防措施。尤其针对关键部位与环节，开展专项演练，以确保在实际演练中能够妥善应对。

根据演练的实际需求，为参演人员配备适宜的个体防护装备，如安全帽、防护服、防护手套等，切实保障参演人员在演练过程中的人身安全。同时，考虑到演练可能存在的意外风险，为参演人员购买商业保险，进一步降低风险损失。

对于可能对公众生活产生影响、容易引发公众误解与恐慌的应急演练，必须提前向社会发布正式公告。公告内容应涵盖演练的详细内容、准确时间、具体地点及组织单位等信息，并制定完善的应对方案，积极作好舆情引导与公众沟通工作，防止出现负面影响。

在演练现场，需部署必要的安保措施，如设置警示标识、安排安保人员巡逻等。在特定情况下，对演练现场实施封闭或管制，严格限制无关人员进入，确保演练活动能够在安全、有序的环境下进行。若演练过程中出现意外情况，演练总指挥应立即与其他领导小组成员进行紧急会商，依据实际情况果断决策，必要时可提前中止演练，以保障人员安全与社会稳定。

六、信息化保障

信息化保障是指为确保应急演练能够按照预定计划、流程和场景有序、高效且准确地开展，所设计的应急演练信息化系统技术的总和。应急演练信息化系统主要包括如下 6 个方面的功能。

1. 演练计划与场景管理

演练计划制订与编辑：支持创建演练计划，包括演练的名称、目的、时间、地点、参与单位及人员等基本信息。能够对演练计划进行灵活的编辑与修改，以适应不同的演练需求和调整。

场景设计与构建：允许用户利用系统工具设计丰富多样的演练场景，如火灾、地震、洪水等各类灾害场景或公共卫生事件、安全生产事故等。可设置场景的触发条件、发展进程、危害程度变化等参数，通过图形化界面或脚本编写方式构建复杂的场景逻辑。

场景切换与控制：在演练过程中，依据演练脚本或实时情况，能够精准地控制场景的切换。例如，从初期的事故发生场景平滑过渡到应急响应、救援处置、恢复重建等不同阶段的场景，确保演练流程的连贯性和逻辑性。

2. 参演单位与人员管理

单位信息管理：录入和维护参演单位的详细资料，如单位名称、组织架构、联系方式、应急资源配备等信息。方便在演练过程中进行单位间的协调与资源调配，并能对各单位的演练表现进行单独评估。

人员信息登记与权限设置：记录参演人员的个人信息，包括姓名、职务、所属单位、专业技能等。同时，为不同人员角色设置相应的系统操作权限，如导调控制组拥有演练全程控制权限，参演人员仅能进行与自身任务相关的操作（如任务接收、执行反馈等），保障系统使用的安全性与规范性。

人员定位与轨迹追踪：借助定位技术（如 GPS、室内定位等），实时获取参演人员在演练现场的位置信息，并在系统地图上进行显示与轨迹记录，既有助于指挥人员了解人员分布情况，及时调配人力资源，也可用于事后分析人员行动路线的合理性。

3. 任务分配与执行监控

任务分配与下达：根据演练计划和场景需求，将各项应急任务分配到具体的参演队伍和人员。任务信息包括任务名称、任务描述、执行时间要求、任务优先级等，系统以多种方式（如消息推送、弹窗提醒等）将任务下达给相关人员，确保任务接收的及时性和准确性。

任务执行反馈与监控：参演人员在接到任务后，可通过系统终端（如手机 App、手持终端等）进行任务执行情况的反馈，如任务开始时间、执行进度、遇到的问题等。系统实时监控任务执行状态，以直观的界面（如任务进度条、状态指示灯等）展示给指挥人员，方便指挥人员及时掌握整体演练任务的推进情况，对延误或异常的任务进行及时干预与调整。

4. 信息收集与传输

多源数据采集：从演练现场的各种设备和系统中采集数据，包括传感器采集的环境数据（如温度、烟雾浓度、有害气体含量等）、监控摄像头拍摄的视频图像数据、参演人员通过终端输入的数据（如现场观察情况、救援措施实施情况等）及其他相关业务系统的数据（如医疗救援系统中的伤员信息、交通指挥系统中的交通状况信息等）。

数据传输与整合：将采集到的各类数据通过安全、可靠的网络传输通道汇聚到演练过程控制系统中，并进行数据整合与标准化处理。确保不同来源、不同格式的数据能够在系统中进行统一存储、分析和展示，为演练指挥决策提供全面的数据支持。

信息共享与分发：将整合后的信息按照不同需求和权限，分发给参演单位、指挥人员和相关保障部门。例如，将现场环境数据实时共享给救援队伍，以便其采取相应的防护和救援措施；将演练整体态势信息展示给指挥中心，辅助其制定宏观的指挥策略；将部分信息提供给评估人员，用于演练效果的评估分析。

5. 演练评估与分析

评估指标设定：系统预先设定丰富的演练评估指标体系，涵盖应急响应时间、任务完成质量、资源调配合理性、人员协作效率等多个方面。用户可根据具体演练类型和重点关注领域，对评估指标进行自定义调整和权重分配，以确保评估结果的科学性和针对性。

数据记录与分析：在演练过程中，系统自动记录所有与演练相关的数据，包括任务执行情况、人员行动轨迹、资源使用情况、事件发生与处理时间等。演练结束后，利用大数据分析技术对这些数据进行深度挖掘与分析，对比实际演练数据与预设的评估指标标准，生成详细的评估报告，指出演练过程中的优点、不足并提出改进建议。

可视化展示与报告生成：以直观的图表（如柱状图、折线图、热力图等）和报表形式展示演练评估结果，便于指挥人员和参演单位快速了解演练成效。报告内容包括演练概况、评估结果详情、问题分析及改进措施建议等，可用于演练总结、经验交流及后续应急管理工作的改进与完善。

6. 通信与指挥协同功能

内部通信功能：提供多种通信方式，如语音通话、视频会议、即时消息等，满足演练过程中参演单位之间、参演人员之间及指挥人员与各单位人员之间的沟通需求。通信系统具备清晰的通话质量、稳定的连接性能，并支持群组通信和一对一通信的灵活切换，确保信息传递的及时性和准确性。

指挥调度功能：构建指挥调度平台，实现对演练现场的统一指挥与协调。指挥人员可通过系统下达指挥指令、调配应急资源、调整演练节奏等。系统支持对指挥指令的记录与追溯，以便后续分析指挥决策的合理性和有效性；同时，具备电子地图功能，可在地图上直观显示演练现场的地理信息、人员分布、资源位置等，辅助指挥人员精准地指挥调度。

七、餐饮保障

应急演练组织有时可能持续较长时间，因此需要为演练的组织人员和参演人员提供必要的餐饮保障，主要包括食品供应和餐饮设施。

（1）食品供应：为参演人员提供充足的饮用水和食品，确保在演练过程中能够保持良好的体力和精神状态。根据演练的时间和规模，合理安排食品的种类和数量。

（2）餐饮设施：在演练现场设置临时的餐饮区域，提供桌椅、遮阳伞等设施，为参演人员提供舒适的就餐环境。如果演练时间较长，可能还需要考虑设置厨房和食品加工设备。

第四章

应急演练实施

应急演练的实施是应急演练工作的核心执行阶段。在完成精心策划与充分的前期筹备后，应急演练组织人员依据既定的演练策划方案开展行动。此阶段需全面统筹和调配各类相关资源，严格遵循预先设定的演练程序与流程来实施演练。

本章分别介绍了桌面演练实施和实战演练实施两部分，各部分从应急演练启动、演练执行和演练结束与终止三个方面展开介绍（图 4-1）。

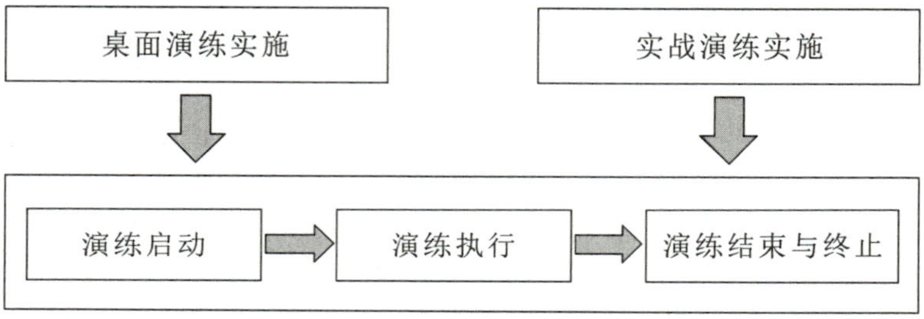

图 4-1　应急演练实施流程

第一节　桌面演练实施

一、演练启动

桌面演练的目的是通过具体的情景模拟，使参演人员学习体验突发事件应对的决策和指挥过程，提高相应的能力。所以，演练参演人员在演练过程中既要全身心投入、身临其境，也要把重点放在学习指挥部处理问题的流程上。要让参演人员注意体会在复杂条件和压力环境下如何有效决策、沟通与协调。

演练启动包括：启动前准备确认、引导参演者进入演练环境、介绍演练活动和要求、桌面演练的启动仪式和导入演练信息五个部分，如图 4-2 所示。

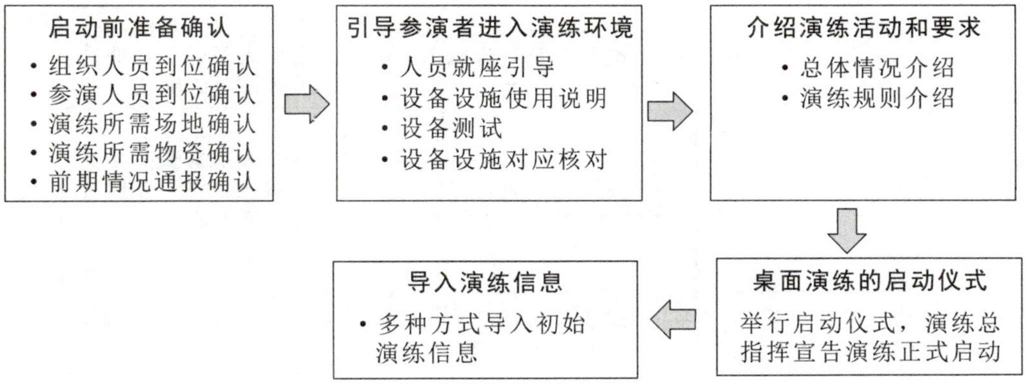

图 4-2　桌面演练启动流程

(一) 启动前准备确认

应急演练启动前准备确认工作是保障演练顺利推进的关键前置环节。此工作聚焦于对前期筹备工作的全面核验，判定其是否充分且契合演练需求。启动前准备确认作为演练正常开展的必要前提，直接关联到演练能否如期举行，以及演练进程中的安全保障水平。故而，相关人员务必以严谨、细致的态度开展准备确认工作，对演练涉及的人员调配、场地布置等多方面要素进行逐一排查，为演练的成功奠定基础。

桌面演练的应急演练启动前准备确认一般包含五个方面的内容：组织人员到位确认、参演人员到位确认、演练所需场地确认、演练所需物资确认和前期情况通报确认，如图 4-3 所示。

1. 组织人员到位确认

组织人员到位确认是指通过检查演练涉及组织人员情况，确认各组织人员是否各就各位并做好相应的准备工作。桌面演练的组织人员到位确认一般包括以下两个方面的内容。

(1) 组织人员数量的确认：须严格依照演练方案文件，逐一核对各组织及岗位的人员配备情况，务必保证全员到位。人员数量若未达到方案要求，则演练无法启动。同时，视情况需要，对演练候补组织人员的相关信息进行查验确认，以便在个别人员因特殊状况无法参与演练时，能够及时调配候补人员补位，维持演练的正常秩序与连贯性，保障演练顺利推进。

(2) 组织人员对具体职责了解情况的确认：组织人员对所承担演练职责的知晓

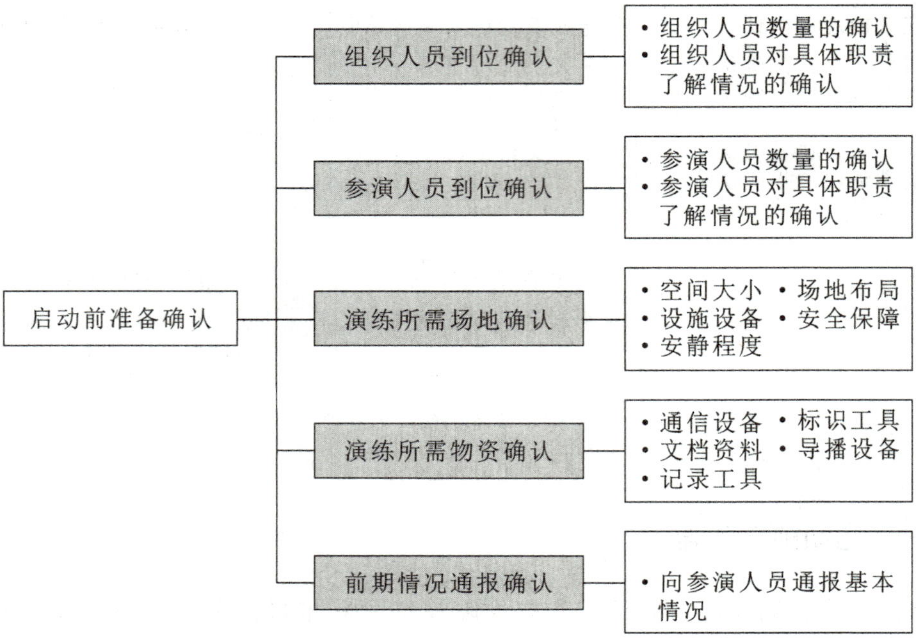

图 4-3　桌面演练启动前准备确认

状况，与相关行动的顺利推进紧密相连。若部分组织人员对自身行动任务及演练整体情形的理解未达到演练标准，应即刻采取针对性举措。可通过组织专业培训，提升其认知水平；或实施教育引导，强化其责任意识；对于经评估确实难以胜任的人员，应果断予以替换，选派具备相应能力与知识储备的人员，以保障演练工作高效、有序地开展。

关于组织人员到位的核实，建议基于应急演练信息化系统，采用电子设备打卡或移动终端打卡的方法进行确认，亦可借助组织人员确认表来实现。

2. 参演人员到位确认

参演人员到位确认涉及对演练参与者的检查，以确保所有参与人员均已就位并作好了必要的准备工作。对于桌面演练，参演人员的到位确认流程可参照组织人员到位确认的相关内容。

3. 演练所需场地确认

桌面演练一般可选择在会议室、应急指挥中心等室内场地开展。桌面演练的场地确认主要包括空间大小、设施设备、安静程度、场地布局和安全保障等方面的确认。

（1）空间大小：确保场地有足够的空间容纳参演人员就座、放置演练所需的资料和设备。一般要考虑每位参演人员有适当的桌面空间放置笔记本、文件等。对于较大规模的桌面演练,可能需要考虑会议室的布局能否满足分组讨论的需求。

(2) 设施设备:检查是否有良好的照明,以保证参演人员能够清晰地阅读资料和进行讨论。确认音响设备是否正常,以便在演练过程中播放音频资料(如警报声、模拟广播等)和讲解时声音清晰可闻。核实是否有投影仪和屏幕,用于展示演练场景、流程图、数据等信息。在必要的情况下可以准备交互式电子白板,用于流程图绘制、视频图像展示等。

(3) 安静程度:场地应尽量远离嘈杂的区域,确保演练过程中不会受到外界噪声的干扰,以便参演人员能够专注地进行讨论和决策。

(4) 场地布局:考虑会议室的布局是否便于主持人进行引导和控制演练进程,以及参演人员之间的互动和交流。例如,圆形或 U 形的布局可能更有利于讨论、交流。

(5) 安全保障:虽然桌面演练的危险性较低,但仍需确保场地的安全,如消防设施齐全、紧急出口标识明显等。

4. 演练所需物资确认

桌面演练的所需物资确认主要包括通信设备、文档资料、记录工具、标识物品、导播设备等物资的确认。与真实应急情况不同,演练活动是按照演练方案进行的,物资需求较明确,物资确认只需要满足演练方案物资需求清单即可。

(1) 通信设备:确认对讲机、手机等通信设备数量充足、电量充足、信号良好,能够在演练过程中实现各参与方之间的顺畅沟通。可以通过提前充电、检查信号强度等方式进行确认。检查是否有备用通信设备,以防主设备出现故障。

(2) 文档资料:应急演练方案、脚本等文件,确保每个参与演练的人员都有相应的纸质或电子版本,且内容准确无误。在确认时,可以核对文件版本号、页数等信息,确保发放到位。

(3) 记录工具:纸、笔、笔记本电脑、录音设备等用于记录演练过程中的重要信息、决策和发现的问题。检查记录工具是否能够正常使用,纸张是否充足。

(4) 标识物品:区域标识、身份名牌、桌面水牌等,用于参加桌面演练人员身份识别,指导参演人员快速到达指定位置。

(5) 导播设备:多画面视频切换台、视频分配器、导播控制台、笔记本电脑、大屏显示器、监视器等,用于桌面演练时切换显示不同的多媒体内容。

5. 前期情况通报确认

演练前期情况通报是指在演练准备过程中将演练基本情况向相关人员进行通报,由于桌面演练一般在单位内部举办,不会对外界公众产生影响,因此桌面演练前情况通报确认只涉及对参演人员的通报。

对参演人员的通报主要是提醒参演人员有关演练的重要事项，主要包括：

（1）各参演人员需明确在演练当日的精确就位时间，以及此次演练预估的持续时长，确保准时参与并合理规划自身精力与任务安排，保障演练流程的连贯性与时效性。

（2）对事故情景进行适度介绍，在不泄露演练过程具体细节的前提下，使参演人员对整体事件背景与大致走向有所认知，从而提前作好心理与策略准备，增强应对的针对性与有效性。

（3）介绍演练现场的场地布局基本概况，包括各功能区域分布、通道设置等，同时牢记现场各类注意事项，如安全警示标识位置、特殊区域限制要求等，以保障在演练场地内的行动合规、高效与安全。

（4）掌握关键岗位人员的联系方式，以便在演练进程中遇有突发状况、协同需求或信息传递时，能够迅速、精准地与相关责任人取得有效沟通，促进各环节紧密配合，推动演练顺利开展。

（二）引导参演者进入演练环境

参演人员到达演练会议室后，演练主持人要引导参演者进入演练环境，主要包括：

（1）人员就座引导：安排专门工作人员在特定地点就位，依据参演人员所扮演角色，引导其准确坐到相应位置，确保各角色在演练场景布局中的定位准确。

（2）设备设施使用说明：针对工作表单、白板、电话机、传真机、打印机、计算机等设备设施，向参演人员细致讲解使用方法，使其熟悉操作流程与功能应用，避免因操作不当影响演练进程和信息传递的准确性、及时性。

（3）设备测试：对电子设备如电话、计算机等进行当场试用操作，检查其运行状态是否正常；若发现问题，及时安排技术人员进行处理解决，保障设备在演练过程中稳定、可靠地运行，满足信息交互与数据处理需求。

（4）设备设施对应核对：明确各角色与特定设备设施的对应关系，逐一核对，确保每位参演人员清楚地知晓自身负责操作的设备，强化责任落实，提升演练过程中设备使用的协同性与高效性。

（三）介绍演练活动和要求

1. 总体情况介绍

在完成桌面演练的外围筹备工作后，演练主持人承担着对演练背景信息进行系统阐释的关键职责。鉴于参演人员可能在仅略知事件梗概的状况下抵达现场，主持人的有效介绍对于演练的成功开展至关重要。

首先是本次演练的总体介绍环节。明确阐述演练目的，即此次演练期望实现的宏观效果，例如检验预案可行性、提升团队协作能力等；明确演练目标，如特定应急场景下的响应时间缩短目标等；公布演练时间安排，确保参演人员知晓演练的起止时刻；详细说明各个参演小组或人员的职责范围，使各方清晰自身任务与角色定位；介绍演练活动框架，勾勒出演练的整体架构与主要阶段划分。

接着进行演练方法的简要讲解并开展参演者培训工作。着重讲解形势分析研判方法，教导参演者如何依据所获信息评估事件态势；阐释决策流程，明确决策产生的步骤与依据；说明沟通协调方法与要求，以保障信息在各参演方之间顺畅流通。以决策模拟为例，桌面演练人员须深入了解演练情景信息，精准把握事件详情，随后开展综合态势研判，进而制定科学、合理的处置方案并付诸实施，最后对所采取的处置措施进行清晰讲解与说明。

根据演练实际需求，主持人可借助多媒体资料对突发事件进行详尽描述，并传授相关知识要点，以增强参演者对演练场景的认知深度与广度。

最后对演练流程进行细致讲解，涵盖主要环节内容和各环节预计耗费的时间等关键信息，使参演人员对演练进程有清晰的前瞻性认知。需着重强调的是，情况简介务必简洁精练，严格控制时长与内容深度，最大限度地降低对演练氛围的干扰，确保演练能够在紧凑且高效的节奏下顺利推进，充分发挥桌面演练对应急处置能力提升的促进作用。

2. 演练规则介绍

演练规则介绍主要包括三个方面：一是演练假设，参演者应秉持演练场景真实发生的理念，严禁质疑其真实性，全身心投入情境之中。二是演练要求，参演者需深刻领会并践行“沉浸角色，切实履行自身职责；积极踊跃参与讨论，深入探究所有决策依据；充分彰显团队合作精神”等细则要求，确保演练有序且高效地推进。三是关于演练终止，若遇特殊情况，例如真正的突发事件发生，由演练主持人依据实际状况判定并宣告演练终止，以维护演练的规范性与安全性。

（四）桌面演练的启动仪式

在应急演练活动正式开启前，通常需举行简短的演练启动仪式，要求涉及演练的各组织部门及人员全员参与。此仪式旨在向参演人员阐释需补充说明的关键信息，随后由演练总指挥宣告演练正式启动。

演练启动仪式作为对演练准备工作的有益补充，能够显著提高参演人员的演练积极性，加深其对自身职责与注意事项的熟悉程度，从而保障演练指挥高效得当，各方配合协调有序，有力推动演练任务圆满达成。

（五）导入演练信息

在桌面演练中，演练信息的导入是关键环节。通常可通过背景资料介绍、模拟新闻播报、情景设定文档分发等方式进行。要确保信息的准确性与完整性，涵盖事件类型、发生时间地点、初始影响范围等要素，使参演人员能全面了解事件概况。信息导入应循序渐进，按照事件发展逻辑依次呈现，避免一次性堆砌大量信息而导致参演人员难以理解，可以采用时间轴的方式对演练情景的演化过程进行说明。同时，要注重信息的真实性与合理性，贴近实际突发情况，激发参演人员的真实应对反应。在导入过程中，可设置信息的不确定性与动态变化，如突发新情况或原有信息的修正，考验参演人员的应变与决策能力。此外，信息的传递方式要清晰明确，无论是口头传达、书面材料还是多媒体展示，都要保证参演人员能及时、准确接收，为桌面演练的顺利开展奠定坚实基础。

二、演练执行

演练执行是在场景信息引导下开展的，由参演人员针对演练情节进行演练指挥与行动，组织人员进行演练进程控制、演练解说、演练记录、及时演练评价和演练宣传报道等工作。

（一）演练指挥与行动

突发事件因其潜伏性、骤发性、破坏性、致命性和不确定性等特征，往往会对人民群众生命财产造成损失，给经济社会带来影响，这使得应对突发事件的处置工作面临重重挑战。其中：领导干部在应对突发事件时的决策失误，可能致使小险情演变为大灾难；应对失策，可能让小问题发展成大问题。常见的问题则是应对策略难以落地，只注重宏观，而忽视微观。而桌面演练着重检验提升指挥部成员（包括总指挥、现场指挥、分指挥等）对应急场景、应急保障角色构成及应急处置基本流程的熟悉程度与应对能力，借助演练指挥与行动来提升指挥部的指挥决策能力。在桌面演练的指挥与行动环节，指挥部成员依据自身职责作出决策后下达指令并实施指挥行动，主要包括态势研判、决策部署、组织指挥三个关键方面。

1. 态势研判

灾情态势是表达灾害状况及其演变趋势的基本描述，包括灾害的即时状况，如灾害发生的地点、时间、规模、强度等，同时也涵盖灾害可能带来的后续影响，如人员伤亡、财产损失、环境破坏等。此外，灾情态势还涉及对灾害发展趋势的预测和评估，以便相关部门和人员能够及时采取对应措施。开展态势研判主要包括信息收集、综合研判和结论应用三部分。

1）信息收集

要全面、准确地判断态势，首先要对突发事件相关的信息进行收集。主要采用的手段包括传统渠道、专业设备和大数据分析三种。

传统渠道主要包括通过灾情信息员和基层网格员报送、通过下级政府或部门报送、通过行业主管部门报送几种方式。例如：某县普降暴雨后，当地村委会开展巡查排查工作时，发现村民屋后山体斜坡存在崩塌变形迹象，立即将受威胁群众疏散转移至安全地带，20 分钟后，山体突然发生崩塌。上级单位督促相关单位及时上报事件信息，纵向收集下级和部门的信息，横向和气象、交通、水利、地质、地震等单位实时共享信息，实现信息的快速收集与共享。

专业设备主要包括采用无人机、监测仪、卫星遥感等设备实时监测灾情信息，通过云计算、物联网、人工智能等手段分析气象、地质、水文、交通、通信等实时数据，实现对突发事件相关灾害信息的动态监测。例如：堤坝发生滑坡险情时，可以通过现场搭建无人机三维监测设备，实现对滑坡体和河道的 24 小时巡查，实时获取险情信息。

大数据分析是指利用信息技术手段与数据处理平台，广泛地从多种数据源搜集与突发事件相关的数据。数据源包括社交媒体平台、新闻报道网站、政府部门公开数据、物联网设备监测数据、移动应用数据等各个领域。借助数据挖掘算法、智能采集软件及分布式数据采集架构，对海量的、多源异构的数据进行快速筛选、抓取与整合。

例如：通过电力中断数据可分析灾区受灾范围，通过公网基站信号数据可分析失联群众数量，通过车辆定位数据可分析交通设施损毁情况，通过铁塔视频数据可分析灾区受损情况，通过互联网大数据可分析灾区舆情等。

2）综合研判

综合研判是指运用多学科知识、多维度视角及多种分析技术和工具，对来自不同渠道、不同类型的突发事件相关信息进行全面、系统、深入的分析与评估过程。研判主要从灾害类型、时间地点、规模强度、影响范围、发展趋势等五个方面进行，如表 4-1 所示。

表 4-1　综合研判分析表

序号	要点	说　　明
1	灾害类型	灾害类型有地震、山洪、台风、雨雪冰冻等。不同类型的灾害具有不同的特点和影响范围
2	时间地点	突发事件发生的具体时间和地点是灾情态势的重要组成部分，有助于确定受灾区域和受灾人群，为后续的救援和恢复工作提供基础数据
3	规模强度	灾害的规模和强度是衡量其严重程度的重要指标，规模通常是指受灾区域的大小和受灾人数的多少，强度是指灾害的破坏力和影响程度
4	影响范围	灾害的影响范围不仅限于受灾区域本身，还可能波及周边地区甚至更远的范围，因此，在评估灾情态势时，要充分考虑其影响范围
5	发展趋势	对灾害发展趋势的预测和评估是灾情态势的重要组成部分，通过分析灾害的演变规律和趋势，可以制定更科学、合理的应对措施

3）结论应用

结论应用是指依据态势判断结论，快速开展应急处置工作，具体内容如表 4-2 所示。

表 4-2　结论应用说明表

序号	要点	说　　明
1	启动应急响应	通过对灾害危害程度等方面的综合研判，明确响应级别
2	拟定应急方案	依照对灾情点和面的研判，明确处置任务，包括：针对灾情整理处置的总体方案、针对专项任务的专项方案和针对单项救援行动的行动方案
3	发布预警信息	通过对灾情趋势的研判结果，发布预警信息。预警信息要面向社会公众和职能部门发布，要确保第一时间到户到人，确保“叫得应、叫得醒、叫得动”，叫应后必须有反馈，确保工作闭环；督促水利、自然资源、住建、文旅等相关行业部门，落实预警措施
4	下达预备号令	调度有关部门、应急救援队伍和社会力量进入待命状态，动员后备力量做好参与应急处置的准备

2. 决策部署

决策部署是指在突发事件发生后，基于态势研判结果，由应急指挥机构或相关领导团队迅速制定并实施的一系列系统性且具有针对性、时效性的行动方案与资源调配计划。并且，随着事件的发展变化，决策部署工作要进行灵活的调整与优化，以适应新情况、新挑战，高效地推动突发事件的应对处置工作朝着减轻灾害损失、恢复正常秩序的方向有序推进。决策部署过程中的注意事项概括起来包括先策后决、先急后缓和先将后兵。

1）先策后决

决策是指挥部最重要的工作，突发事件应对的本质就是紧急决策部署，要求决策者在情况不明、时间紧迫、资源有限的条件下迅速研究制定方案。在“决”和“策”中，“策”是“决”的前提。作出决定，首先得有一定的备选方案可供决策者选择，因此，要先“策”后“决”，多“策”快“决”。重大突发事件应对处置极其复杂，在处置过程中，往往容易出现指挥混乱、决策粗而不细、方案虚而不实的问题，使得处置被动。

方案策划：一方面要有总体方案，总体方案主要是明确组织机构、职责任务、人员分工、处置要点、重要保障措施等方面，是应急处置的整体筹划；另一方面要有行动方案，一个好的行动方案要做到“一情一策、一地一策、一点一策”，越明确，执行效率就越高。要根据任务算好力量，根据进度算好时间，根据需求算好保障。还需关注三点：要“以大统小”，“点”上的方案要服从“面”上的决策；要“以小见实”，“点”上的方案要实际，要管用，要精准；要“以择求优”，对多种方案进行综合评估，选取最优最佳的方案，成为“决”的依据。

处置决定：包括定好目标、定实责任、定准方案。定好目标，既要定好总体目标，也需要分阶段制定目标，通常是围绕控制减少灾害来确定。定实责任，既要依职责，更要按能力。定准方案，就是对拟制的总体方案和行动方案进行评估、优化。“策”和“决”相互关联、相互促进，共同组成了应急决策的核心框架。例如：某地堤坝滑坡体出现大面积滑移，堵塞河流形成堰塞湖，现实要求是既要疏通堰塞湖，又不能对城区生产生活造成影响，这就需要制定周密的方案。指挥部组织专家制定处置方案，方案重点内容包括：

一是将人民群众生命安全放在第一位，要求上游加大水库下泄流量，冲开堰塞湖顶，降低堰塞湖水位，下游加大水库泄洪流量，腾空库容，减轻堰塞湖溃坝对城区的威胁；

二是明确目标任务，要求加快滑坡体上缘截排水工程单通道铺设，限定次日晚开始排水作业；

三是考虑细节，要求在带水河寻找新的临时取水口以保障城区供水。

2）先急后缓

接到突发事件报告后，指挥部成员从个人履职尽责角度，要有清晰的工作思路，从容应对，防止出现忙乱无序、忙中出错的问题。要始终把坚持“生命至上”作为首要理念，把快速反应作为首位要求，把强化管控作为首要工作来展开。具体来说，要做到六个“第一”。

第一时间到达灾区现场：领导干部作为党和国家的中坚力量，肩负着领导和组织救灾工作的重要职责。在灾害发生后，第一时间到达灾区现场，要迅速了解灾情、制定救援方案、协调各方力量、组织抢险救灾，让受灾群众感受到党和政府应对重大自然灾害的强大力量和坚定决心。

第一时间开展人员搜救：在应急处置中，人的生命是最宝贵的，是应急处置工作的首要任务，也是“人民至上、生命至上”底线思维的具体体现，要抓住“黄金72小时”，尽全力保障人民群众生命安全。

第一时间了解灾情信息：第一时间了解灾情信息对应急处置工作的顺利开展具有重要的意义，这不仅关乎救援工作的及时性和有效性，还直接影响到受灾群众的生命安全。

第一时间报送灾情信息：第一时间向上级政府和部门报送灾情信息。中办、国办、省委、省政府高度重视信息报告工作，要求各类应急事件信息“1小时内”报送。这一要求体现了对重大突发事件信息报送的时效性要求，也有利于党委政府第一时间掌握重大突发事件情况、及时作出科学决策，为事件处置抢得先机、赢得主动。

第一时间稳控现场态势：指挥员第一时间赶到现场，首先是加强对重点单位、重要部位和重要基础设施的安全保卫，维护社会治安秩序；然后采取必要措施，确保交通、通信、供水、排水、供电、供气、供热、医疗卫生、广播电视、气象等公共设施的安全和正常运行；同时对具有危险因素的灾害事故现场周围的道路、出入口等进行暂时封闭，设立警戒标识或者人员隔离，防止与事故抢救无关的人员进入危险区域受到伤害。

第一时间掌控舆情：就是要做好舆情工作，首先是正面舆情要引导好，要主动发声；其次是负面舆情要管控好，要及时对负面舆情进行管控。

3）先将后兵

先选好“将领”：所谓选好“将领”，就是要选好关键人员，主要包括四类人。一是现场指挥员，指挥员非常关键，要有临机决策的能力，既要依职责，更要看能力，既要重视现场的临机决策，也不能忽视指挥部的决策。二是选好权威专家，救援牵涉到方方面面，既要是这个领域的专家，也要有比较强的统筹能力。三是综合协调部门负责人，既要协调，又要调度，既要收集信息，又要分析信息。四是选好信息材料负责人，看似与救援无关，实则更重要，对指挥工作效率的提升大有帮助。

再选好“强兵”：所谓选好“强兵”，就是要按照“因情用兵”“梯次用兵”“联合用兵”的原则来调用好力量。需要把握四个问题。一是适时前置，提前预置救援力量，确保能够快速反应，快速救援。二是统筹调度，要由指挥部统一下达任务指令，防止政出多门、各行其是。三是留有预备，要立足复杂情况，边行动、边组织，时刻掌握一定预备力量、预备装备、预备物资。四是突出专业，用好专业队伍，让专业的人做专业的事。

3. 组织指挥

组织指挥是指挥部处置灾害事故的关键行动。在应急处置的组织指挥中，要把握四点：建好机构、抓好调度、做好保障和搞好安置。

1）建好机构

发生突发事件后要建立形式上高度集中、信息上高度融合、编组上联动协调、指挥上上下顺畅的高效指挥机构，需要做到如下 5 个方面。

联合值守：不同部门集中值守，汇聚各类信息，同步联动。

联合会商：要针对重大灾情、重大事项，开展综合性会商，要针对重要信息及时组织会商，精准研判形势和风险，制定针对性应对措施。

联合调度：各部门同步共享信息，同步跟踪救援进程，同步接受上级指示要求，同步督导落实情况。

联合编组：以职能编组，而不是以部门为编组，以组为单元定方案、抓落实。通常指挥部要联合组建综合协调、监测预警、交通保畅、电力保供、农业救灾、物资保障、宣传舆情、交通疏导、城市运行等工作组，分工负责。

一个支撑：信息化的支撑是提高指挥效率的重要保障，要有信息化指挥平台、通信保障手段、视频支撑和监测数据。

2）抓好调度

越是重大自然灾害，特别是流域性、区域性自然灾害，应急救援任务很重，头绪很多，参与救援的队伍也很复杂，调度显得尤为重要，重点解决以下三个问题。

一是统筹不够的问题：某种意义上讲，组织指挥活动就是围绕统筹调度来展开，要做到“四个匹配”，即力量调度要与任务相匹配，能力与险情处置相匹配，保障与现场需求相匹配，救援重点要与趋势变化相匹配。

二是组织无序的问题：当出现跨地区、跨部门联合救援处置时，指挥部要综合考虑各部门、队伍的能力，根据职责、专业特长统筹分配救援任务，保证各救援队伍能够有序、高效地参与救援。

三是解决资源不清的问题：面对应急处置，各级领导干部要有三个“工具包”，即应急资源统计表、应急通信联络册和应急队伍部署图，确保调得了、联得上、反应快。

3）做好保障

应急保障是救援行动的重要组成部分，没有强有力的保障，就没有高效的救援处置。应急保障包括道路保通、电力保供、通信保畅、城市保运等方面，下面对通信保畅和通道保通进行重点介绍。

通信保畅：以重大自然灾害为例，重大自然灾害发生后，应急通信是应急抢险中的“生命线、指挥线、保障线”，没有通信就没有指挥，特别是在“三断”（断路、断网和断电）情况下尤为重要。要确保信息报得出，要配置好卫星电话、370M 对讲机、北斗手持等终端设备；要确保指挥联得通，主要通过搭建卫星便携站、短波电台等实施；要确保公网信号尽快能恢复，通过无人机、系留浮翼等搭载公网基站来保证。

通道保通：通道包括水上通道、陆上通道和空中通道。水上通道就是要架设浮桥，利用动力舟桥、冲锋舟、橡皮艇等水上救援设备，构建水上生命通道。陆上通道就是抢修损毁道路、桥梁，使用硬质路面设备、架桥设备，保障救援队伍、物资通行。空中通道就是利用直升机、无人机投送物资、转移人员。

4）搞好安置

妥善安置受灾群众是应急处置工作的重点任务，要有强有力的领导，要有方案，要有标准。可以采取大规模集中安置和小范围分散安置相结合的方式。集中安置点要有临时住所、医疗点、供水点、供电点等基础设施，确保受灾群众的基本生活需求得到满足。分散安置可以通过投亲靠友、租赁房屋等方式进行。要加强安置点的安全管理，设置警戒线、警示标识等安全设施，防止无关人员进入。组织力量为受灾群众提供热食、热水等生活保障服务，确保受灾群众在安置点能够得到基本生活保障。

（二）演练进程控制

演练进程的控制过程中，通过对信息发布、人员互动、时间管理等多个方面进行精准、有效的控制，能够确保桌面演练顺利开展，达到检验预案、锻炼队伍、提升应急管理能力的预期目标，为应对实际突发事件积累宝贵的经验和奠定坚实的基础。

1. 信息发布与控制

1）信息发布机制

信息发布渠道应多样化，包括口头传达、书面文件传递（如信息通报单、应急指令文件等）、通信设备传达（对讲机、电话等）及电子显示屏展示等。在演练过程中，根据信息的重要性、紧急程度及受众范围选择合适的发布渠道。确保信息能够及时、准确、完整地传递到每一位需要知晓的参演人员手中，避免信息延误、缺失或误解导致演练中断或偏离预期方向。

2）信息内容与节奏控制

信息发布的内容应紧密围绕演练情景的发展脉络，具有逻辑性、连贯性和真实性。从事件发生的初始信号开始，逐步发布诸如事件的实时变化情况、监测数据、上级指示、现场反馈及周边环境影响等信息。在信息节奏控制方面，要避免信息发布过于密集或稀疏。信息发布过于密集，可能导致参演人员应接不暇，无法充分思考和作出合理决策；信息发布过于稀疏，则会使演练进程拖沓，失去连贯性和紧张感。例如，在火灾桌面演练中，随着火势的发展，按照火灾初期、发展期、猛烈期和衰减期等不同阶段，合理控制信息发布的频率和内容详略程度。初期可适当放慢节奏，详细介绍火灾发生地点、燃烧物质等基本信息，以便参演人员制定初步响应策略；而在火势迅猛发展阶段，则加快信息更新速度，如每隔几分钟就通报一次火势蔓延范围、周边建筑物受威胁情况等，促使参演人员迅速作出资源调配、人员疏散等关键决策。

2. 参演人员互动与决策引导

1）鼓励积极参与

在桌面演练过程中，要积极营造开放、活跃的讨论氛围；鼓励参演人员充分发挥主观能动性，依据自身的专业知识、工作经验和角色职责积极参与互动。主持人或导调控制人员应起到良好的引导作用，鼓励不同部门、不同岗位的参演人员发表见解、提出问题和建议。

2）决策引导与协调

当参演人员针对事件提出多种应对决策时，主持人或导调控制人员要进行有效的引导与协调。引导参演人员对不同决策方案进行分析比较，考虑其可行性、有效性、资源需求、风险与影响等因素。通过组织小组讨论、专家点评等方式，帮助参演人员逐步筛选出最优或较优的决策方案。同时，协调不同部门之间的决策冲突与利益分歧，确保最终的决策能够得到各方的支持与配合，形成统一的应急行动方案。

3. 时间管理与节奏把控

1）严格时间控制

桌面演练应遵循预先制定的时间计划，对各个演练环节进行严格的时间管理。明确规定每个环节的起始时间、结束时间及总时长限制，以确保演练按照既定的节奏有序推进。通过严格的时间控制，培养参演人员的时间紧迫感和应急响应的及时性，使演练过程更贴近真实应急场景下的时间压力要求，同时也有助于保证整个演练能够在合理的时间范围内完成预定目标，避免因某个环节的拖延而导致演练整体失控或超时。

2）节奏灵活调整

尽管有严格的时间计划，但在实际演练过程中，还需要根据具体情况灵活地调整节奏。如果某个环节出现了激烈的讨论且产生了许多有价值的观点和方案，可适当延长该环节时间，以充分挖掘和利用这些成果；如果某个环节进展顺利且提前完成任务，可在不影响演练整体逻辑和目标的前提下，适当加快后续环节的推进速度。

（三）演练解说

在桌面演练实施过程中，演练解说主要指主持人及时对参演者的行动进行反馈。主持人的反馈机制对于演练成效起着关键作用，主持人可以从两个方面把控反馈的节奏。

（1）强调随时随地反馈。一旦参演者在演练期间所产生或提出的问题对演练方向以及行为质量构成影响，主持人务必即刻给予清晰、简洁且切中要点的指导，以保障演练沿着正确轨道推进。然而，对于那些需要参演者在实践中自行深度领悟的问题，可允许参演者在一定程度上开展不够完备的自主探索，待演练进入总体总结阶段时，主持人再进行全面点评与精准指导，从而促进参演者对相关问题形成深刻理解与内化。

（2）重视阶段性反馈。在持续时长较长的桌面演练中，主持人应依据演练节奏与实际需求，周期性地暂停演练进程，针对演练过程中涌现出的关键要点、共性问题及容易忽视的细节，为参演者提供及时且具有针对性的反馈信息与操作指导，助力参演者及时调整策略、优化行为，进而推动整个桌面演练高质量完成，实现演练目标与预期效果。

（四）演练记录

在桌面演练实施过程中，担任记录职责的相关记录人员需对演练进行全程跟踪记录和多维度观察。记录人员要详细记录演练过程中的每一个关键环节和重要信息，包括信息发布的内容、时间、发布渠道，参演人员的发言内容、提出的决策方案、决策过程及最终决策结果，演练中出现的问题及处理方式等。评估员则从不同角度对演练进行观察评估，如参演人员的表现（包括参与度、专业素养、团队协作精神、应急处置能力的展现等）、演练流程的执行情况（是否严格按照演练方案进行，各个环节之间的衔接是否顺畅，有无出现流程中断或混乱的情况）、信息传递与沟通效果（信息是否准确、及时、完整地传递到相关人员手中，不同部门之间的信息沟通是否顺畅有效，有无信息误解或延误的现象）、资源调配与使用情况（资源调配是否合理、及时，是否存在资源浪费或短缺的情况，资源使用是否符合应急处置的实际需求）等。演练记录和评估结果将为演练的总结评估提供丰富、翔实的资料依据，有助于全面、客观地评价演练效果，发现演练过程中存在的优点和不足之处，为今后改进应急演练方案和提升应急管理水平提供有力支持。

在桌面演练推演过程中，也可以要求参演人员根据演练的科目，采用手写或电子文档的方式对科目内容进行记录，并根据演练要求进行提交，便于后期的演练评价和评估。

（五）及时演练评价

演练评价是指针对各类演练活动进行的系统性评估与分析过程。由于桌面演练一般在会议室进行，因此可以通过开展及时演练评价的方式，对参演人员的表现进行热反馈，以便参演人员对演练内容有更加深刻的认识。可以从演练目标、演练内容和任务完成情况几个维度开展及时演练评价分析。

1. 演练目标评价

应急演练目标是在演练过程中所需达成的核心演练任务及预期达成的成效，详细内容可参见第三章第二节“确定演练目标”。本部分以应急指挥与运行机制、任务重点与协同能力和舆情分析与引导能力等演练目标为例，对及时演练评价这一环节中演练目标评价部分展开剖析。

1）应急指挥与运行机制

应急指挥体系的顺畅运行是应对突发事件的核心保障。在演练中，需密切关注参演人员对指挥关系的理解与运用。例如，是否能准确把握统一领导与属地管理相结合的原则，确保在复杂情况下指挥层级清晰，信息传递准确无误，决策能够迅速下达并得到有效执行。同时，指挥流程的高效性也是关键考量因素，涵盖从信息收集、分析、决策制定到任务分配与执行的全过程，各环节应紧密衔接，避免出现延误或混乱。

工作制度的执行情况直接反映了演练的规范性和有序性。例如，会议是否按时召开，信息报告制度是否严格落实，参会人员是否齐全，信息汇报是否准确、及时、全面等。此外，保障措施的有效实施对于应急救援行动的成功至关重要。人力、物力、财力资源的合理调配，是否能够根据演练需求迅速集结足够的救援力量，调配充足的物资装备，并确保资金的有效使用，以满足应急处置的实际需要。

2）任务确定与协同能力

随着演练场景的推进，参演人员应具备根据不同阶段特点合理确定工作重点与优先任务的能力。在演练初期，应着重信息收集的全面性和准确性，快速评估事件态势，同时高效调配各类资源，为后续行动奠定坚实基础。进入中期，现场救援和危机处理成为关键，需检验参演人员在复杂环境下实施救援行动、应对各类突发危机的能力。到了后期，恢复重建与后续保障工作则应得到充分重视，包括对受灾区域的恢复规划、对受灾群众的长期安置与帮扶等。

应急救援行动往往涉及多部门、多领域的协同作战，因此参演人员对专业力量和社会力量的协同指挥能力至关重要。在任务分配方面，应根据各支力量的专业特长和实际能力，合理分配任务，确保人尽其才、物尽其用。沟通协作机制应畅通无阻，各部门和力量之间能够及时、准确地共享信息，协调行动，形成强大的应急合力。资源整合的高效性体现在能够将分散的人力、物力、财力等资源有机结合，实现优化配置，提高应急处置的整体效能。

3）舆情分析与引导能力

参演人员对舆情热点问题的敏感度和分析能力是舆情处理的前提。能够迅速捕捉公众关注焦点，准确判断舆情的发展趋势，深入分析公众情绪倾向及其可能引发的社会影响。在此基础上，提出的沟通建议和舆论引导方案应具有高度的针对性和可行性。例如，根据不同阶段的舆情特点，制定精准的信息发布策略，选择合适的发布方式（如新闻发布会、社交媒体公告、官方网站通报等）和发布时机，及时、准确地回应公众关切，有效引导舆论走向，避免舆情失控引发社会恐慌或不良影响。

2. 演练内容评价

1）信息获取考量的全面性

在应急救援中，全面、准确地掌握信息是科学决策的基础。参演人员应展现出对当前已知信息的精准把握能力，如在森林火灾应急演练中，能够迅速获取火灾发生的详细时间、确切地点、火势规模及发展态势等关键信息。同时，对当前未知信息保持高度警惕，积极运用各种监测手段和分析方法，努力获取火灾潜在蔓延方向、可能引发的次生灾害类型及风险程度等重要信息。对于未来已知和未知情况，参演人员应基于历史经验、科学模型和实时监测数据，对事件发展趋势进行合理预估。例如，预测火灾在不同气象条件下的可能演变路径、扑救过程中可能面临的困难和挑战，以及可能出现的意外情况（如风向突变、新火点产生、周边环境变化等），并提前制定相应的应对预案，做好充分准备。

2）敏感性、复杂性和关联性

应急事件通常具有高度敏感性，容易引发社会广泛关注和公众情绪波动。以森林火灾扑救为例，森林火灾不仅涉及生态环境破坏，还可能引发公众对政府应急管理能力的质疑，影响社会稳定。其复杂性体现在涉及众多领域和部门，职能交叉频繁。此外，消防部门负责灭火作业，林业部门负责森林资源保护与评估，环保部门关注生态环境影响，交通部门保障救援通道畅通，民政部门负责受灾群众安置救助等，各部门之间需要密切协作，形成有机整体。关联性方面，地理相邻区域相互影响，如火灾可能蔓延至周边地区，威胁更多生命财产安全；生命线连通设施（电力、通信、供水等）一旦受损，将导致区域正常运转瘫痪；产业链供应链也会受到冲击，林区周边依赖森林资源的企业生产经营将被迫中断，进而影响区域经济发展。

3）事件评估视角的全局性

在应急事件处置过程中，决策者需要从全局性视角对事件进行分析评估，包括社会视角、受害者视角等，进而作出合理的决策。从社会视角评估，需关注事件对社会秩序和公众生活的全方位影响。例如，森林火灾发生后，周边居民的疏散安置是否有序，生活物资供应是否充足及时，社会秩序是否稳定等。从受害者视角评估，要求深入理解受灾群众的实际需求和心理感受，如提供及时有效的医疗救助、心理疏导，合理补偿财产损失等。从相关方视角评估，强调考虑与事件相关企业、社会组织等的利益诉求，如协助林区周边企业制定恢复生产计划，保障旅游景区等相关产业的可持续发展。在全球化背景下，国际传播视角不容忽视，对于具有较大影响力的事件，如森林火灾等可能影响国际形象，需及时、准确地向国际社会传递真实信息，积极回应国际关切，避免不实报道引发负面舆论。政治安全与国家安全视角，则从更高层面审视事件可能带来的政治影响，如在我国西南地区森林火灾应对中，需充分考虑对藏区安全稳定、民族团结及国家生态安全屏障的维护。

4）重大风险定位的精准性

处理应急事件处置不能仅关注表象，更应着力排查潜在重大风险。以森林火灾为例，不局限于火灾焚毁森林资源，还涉及诸多方面：火灾引发的空气污染可能危害城市居民身体健康，破坏城市基础设施（输电线路、通信基站等），影响城市正常运转；在草原等特殊区域，森林火灾还可能对当地生态环境、牧民生活方式、民族关系等产生深远影响。参演人员应具备宏观视野，准确识别潜在重大风险，并将其纳入应急决策考量范围，制定全面、有效的应对策略。

5）体系应对构建的有效性

应急事件需要构建完善的体系化应对机制，充分动员全社会力量参与。政府各部门应形成紧密协同的指挥协调体系，明确职责分工，避免推诿扯皮。例如，地方政府发挥统筹协调作用，林业部门提供专业技术支持，消防部门全力灭火，公安部门维护现场秩序，民政部门做好群众安置救助等。同时，积极引导社会组织、志愿者团体、企业等社会力量广泛参与。企业可提供物资捐赠、技术支持或参与恢复重建工作，志愿者协助疏散安置群众、提供后勤服务等。在演练中，应全面检验这种体系应对机制的运行效果，包括信息共享的及时性与准确性、资源调配的合理性与高效性、任务分工的科学性与明确性及各部门和力量之间协作的紧密程度。

6）对外媒体宣传的有效性

在应急事件处理过程中，信息发布和公众沟通是综合应对措施的重要组成部分。及时准确地向公众通报事件进展、应对措施及预期效果，是赢得公众信任、塑造政府形象的关键。如在森林火灾扑救期间，通过多种渠道（新闻发布会、社交媒体、官方网站等）及时发布火灾扑救动态、人员伤亡情况、疏散安置工作进展等信息，让公众了解事件全貌，避免恐慌情绪蔓延。积极回应公众关切，解答关于火灾原因、生态环境影响、救援措施合理性等疑问，增进公众对政府决策的理解和支持。在演练中，应详细评估新闻宣传组的工作效率和效果，包括信息发布的及时性、准确性、全面性，与公众互动的积极性和有效性，以及舆论引导的针对性和影响力。

3. 任务完成情况

1）初期部署阶段

对初期警情的准确评估是应急响应的首要任务。参演人员应运用科学方法和先进技术，迅速准确判断事件性质、规模（如森林火灾中的火势大小）、影响范围（如火灾蔓延方向及可能波及区域）等关键要素，为后续决策提供可靠依据。应急响应措施的及时性和有效性直接关系到事件处置的成败。救援队伍应在规定时间内迅速集结并到达指定位置，物资调配应充足且合理，确保救援工作顺利开展。人员疏散和安置方案应科学合理，充分考虑疏散路线的安全性（避免途经危险区域）、安置点的适宜性（具备基本生活条件和安全保障）及对特殊人群（老人、儿童、残疾人、孕妇等）的特殊照顾措施，确保受灾群众能够得到妥善安置。

2）综合响应阶段

在面对复杂情况时，参演人员应展现出强大的应对能力。关键基础设施保护措施应得力有效，如针对水电站、交通要道、重要设施等制定专门的防护方案，确保其在应急处置过程中正常运行或免受严重破坏。大规模公众疏散与安置工作应组织有序，制订详细的疏散计划和路线，合理安排疏散方式（如徒步、车辆运输等），设置明显的疏散指示标识，加强现场引导和管理，避免出现人员拥堵、踩踏等事故，确保特殊人群得到妥善照顾。

3）清理善后阶段

善后处理工作是应急管理的重要环节，其执行情况直接影响受灾地区的恢复和发展。参演人员要充分考虑受灾群众返家与住房重建工作的规划和实施，应充分考虑群众需求和实际情况，制定合理的重建方案（包括选址、建筑结构、配套设施等），确保资金和物资保障充足。恢复方案应具有科学性和可行性，综合考虑生态环境修复（如植被恢复、土壤改良等）、可持续发展（如产业调整、生态旅游规划等）等因素，促进受灾地区经济社会的全面恢复。此外，对社会舆情的后续引导也至关重要，及时回应群众关于赔偿、恢复等问题的关切，积极宣传政府的恢复重建政策和措施，稳定社会情绪，增强公众对未来发展的信心。

（六）演练宣传报道

演练宣传组应遵循演练宣传方案，确保演练宣传报道工作的周密执行。必须严谨地进行信息采集，确保媒体机构及广播电视节目能够有效地进行现场采编和播报，以提升演练的教育和宣传效果。而对于涉密应急演练，宣传组严守保密纪律。严格审查参演人员资质，对涉密信息的设备加密管控，对报道内容认真审核，与合作媒体签订严格保密协议，杜绝任何涉密信息外流，保障演练顺利且安全地发挥宣传教育效能。

三、演练结束与中止

（一）演练结束

演练的结束阶段，是在遵循演练方案既定要求的基础上，完成所有演练程序规定内容后所开展的一系列活动。当全部演练行动依序执行完毕，演练总指挥将适时发出结束信号，并正式宣告演练结束。在此指令下达后，所有参演人员务必立即中止演练相关活动。

随后，演练总指挥会同相关专家对演练现场状况进行讲评，总结演练过程中的经验与不足，为后续改进提供依据。讲评结束后，依据方案预先设定的安排，有序组织参演人员疏散撤离演练会场，确保人员退场安全有序（图 4-4）。

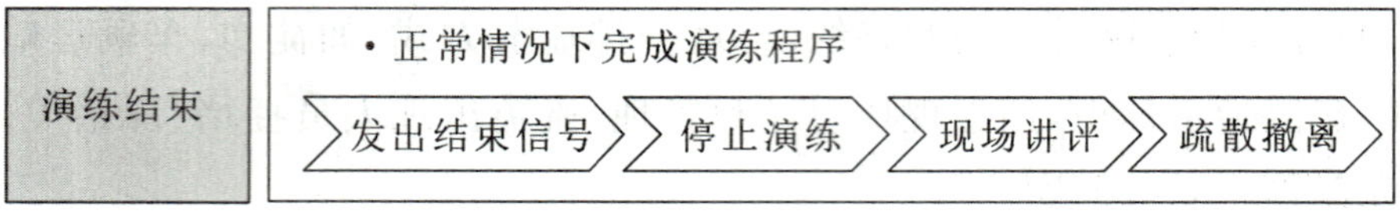

图 4-4　桌面演练结束流程

（二）演练中止

桌面演练中止，即演练非正常结束情形，是指在演练实施进程中突发意外状况，由演练总指挥依既定程序及指令宣告演练停止的活动。此决策通常需经演练领导小组审慎商讨后确定(图 4-5)。

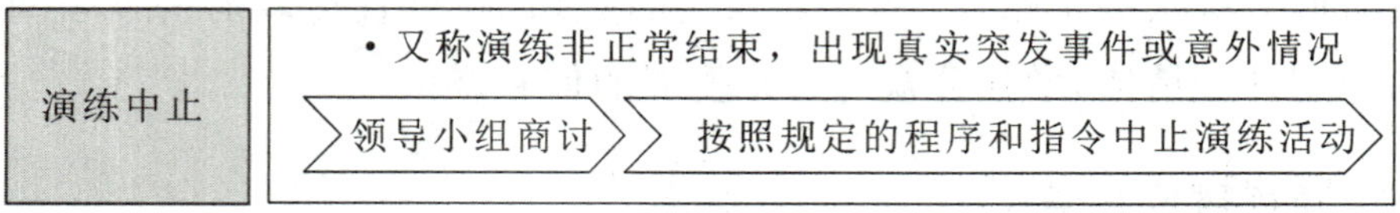

图 4-5　桌面演练中止流程

在应急演练实施期间，存在两类情形将触发应急演练中止机制。其一，若遭遇真实突发事件，且该事件需参演人员即刻投身应急处置工作，致使演练无法继续推进时，则必须中止演练，以便参演人员迅速回归本职岗位，切实履行应急处置职能，优先保障真实应急工作高效开展。其二，当出现特殊或意外状况，且短期内难以妥善处理、化解，进而造成演练无法持续进行时，可考虑提前中止演练。鉴于演练中止常具突发性，易引发参演人员心理紧张与行动失措，进而可能导致场面秩序混乱，故而在决定中止演练之际，务必周全规划并妥善执行人员疏散方案，确保人员安全与现场秩序稳定。

第二节　实战演练实施

一、演练启动

实战演练启动包括启动前准备确认、介绍演练活动和要求、实战演练的启动仪式和导入演练信息，如图 4-6 所示。

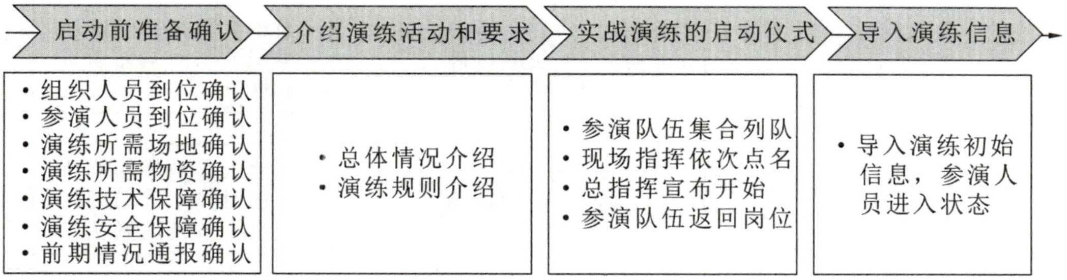

图 4-6 实战演练启动流程

(一)启动前准备确认

实战演练启动前准备确认是指为保障演练顺利实施而进行的一系列前期工作,确认演练准备是否充分、是否满足演练需要的活动。实战演练启动前准备确认一般包含七个方面的内容:组织人员到位确认、参演人员到位确认、演练所需场地确认、演练所需物资确认、演练技术保障确认、演练安全保障确认和前期情况通报确认,如图 4-7 所示。

1. 组织人员到位确认

实战演练组织人员到位确认与桌面演练组织人员到位确认内容相似,在此不再赘述。

2. 参演人员到位确认

实战演练参演人员到位确认与桌面演练参演人员到位确认内容相似,不同的是,除了对参演人员数量和参演人员对具体职责了解情况的确认,还需对参演人员当前身体状况进行确认,确保各参演人员可以参加演练并支撑到演练结束。参演人员身体状况对演练实施有很大影响,应及时替换当前身体状况不佳或不适合参加演练活动的人员,以免影响演练进程。

3. 演练所需场地确认

实战演练所需场地确认主要是根据应急演练前期策划内容,对安全性、空间大小、地形地貌、周边环境、设施设备、标识标志等进行确认,确保实战演练可以正常开展。

(1)安全性:检查场地是否存在潜在的安全隐患,如危房、易坍塌区域、高压线附近、地质不稳定地带等,确保演练过程中参演人员的人身安全。评估场地的消防设施是否齐全、有效,如灭火器、消火栓、消防通道等,以应对可能发生的火灾等紧

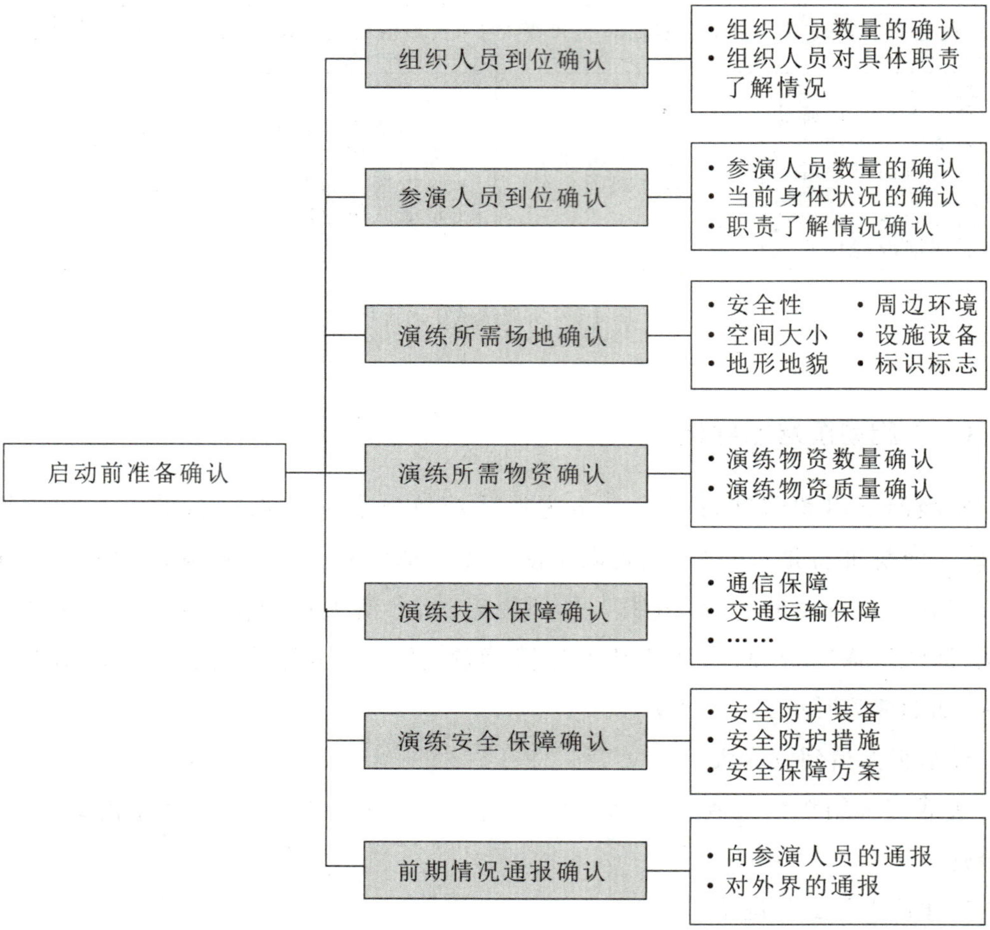

图 4-7 实战演练启动前准备确认

急情况。

(2) 空间大小:根据演练规模和参与人数,确定场地是否有足够的空间容纳所有参演人员、设备和物资,需考虑人员疏散、救援行动等所需的空间。例如,对于地震应急演练,需要有足够的开阔场地供人员集合和救援队伍展开工作。

(3) 地形地貌:确认场地的地形特点,如平坦程度、坡度、障碍物等。地形地貌会影响人员行动、设备部署和救援效率。

(4) 周边环境:确认场地周边的环境因素,如交通状况、居民区、工厂企业等。周边环境可能会对演练产生影响,故需要考虑演练对周边的影响。例如,如果演练场地靠近居民区,要避免噪声、烟雾等对居民造成干扰;同时,要确保周边交通畅通,救援队伍和物资快速运输。

(5) 设施设备:确认场地内是否有必要的设施设备,如照明设施、通信设备、水电供应等。例如,在夜间进行演练时,需要有足够的照明设施;在通信不畅的地区,要准备备用的通信设备。

(6) 标识标志:确认场地内是否有清晰的标识标志,如疏散通道标识、安全出口标识、危险区域标识等。标识标志可以帮助参演人员快速找到正确的位置,提高应急响应效率。户外场景的实战演练需要对场地队伍集结区、主席区、演练实操区域等进行确认。

4. 演练所需物资确认

实战演练物资涵盖了演练各环节所需的诸多方面,包含救援、通信、显示器材,还有交通运输、安全警戒工具及保障演练组织开展的通信设备、文档资料、记录与标识工具、导播设备等。鉴于演练是依照演练方案开展的,物资需求相对明确,确认工作主要从以下两个方面着手。

(1) 对演练物资数量的确认:着重对演练需动用的设施设备类别、规格及数量展开检查。从大型的消防车、应急指挥车、交通运输车,到细微处如应急人员穿着的衣服、佩戴的口罩及标识等,均需核查确认。要将这些物资的检查结果详细地书面罗列,进行确认。若发现存在数量不足的物资,必须及时补齐,以此保障演练顺利开展,满足各环节对物资数量方面的要求。

(2) 对演练物资质量的确认:是确保设施设备可正常使用的关键环节,旨在确认其能切实投入演练活动。部分器材设备对演练安全及正常推进起着不可或缺的作用,如通信器材,若在演练时失效,会致使演练指挥、导调人员难以顺利下达指令,控制人员也无法有效把控现场,最终可能导致演练被迫中止。针对通信器材、广播工具及安全防护设备等核心器材与重要设施,为预防意外失效情况,还需配备相应备用品,从而确保演练能够持续、有序地进行,实现演练目标,发挥演练的实际价值。

对于演练物资的确认工作,需指定具备专业素养的专职人员负责物资的全面管理。在演练活动正式开展之前,务必完成详尽的物资清点工作,以确保所有物资均符合演练需求。演练期间,要高效有序地进行物资发放,以支持演练活动顺利进行。演练结束后,须立即启动回收流程,并对回收的物资进行逐一核对,确保无遗漏或损坏。为便于管理,建议使用标准化表格进行物资管理记录,以确保信息的准确性和可追溯性。

5. 演练技术保障确认

演练技术保障确认聚焦于通信、交通运输、医疗卫生、环境监测等技术能力方面。涉及技术的相关行动，需由相应领域专家或经专业培训人员担责。在演练准备确认阶段，要针对负责这些技术保障的组织或单位人员开展技术检查，核验其能否凭借充足技术与能力确保行动顺利推进。一旦发现部分技术保障未达演练要求，务必迅速采取措施，或是增加相关人员，或是更换人员、设备，以此保障演练能按计划有序地开展。为便于管理，建议使用标准化表格进行演练技术保障确认记录，以确保信息的准确性和可追溯性。

6. 演练安全保障确认

安全保障确认侧重检验演练安全保障举措筹备是否完备，以及安全保障方案是否达标。核心目标在于为参演人员配备合格的安全防护装备，并实施必要防护手段，维护参演人员及现场群众的生命财产安全。故而，欲使演练顺利开展，务必对安全保障方案严格审查，确保其内容合理且行之有效。若察觉方案存在安全保障漏洞，应立即予以修正完善，从而为演练活动筑牢安全根基，使其得以在安全、稳定的环境中有序推进。为确保管理工作的高效性，建议采纳标准化的表格形式记录安全确认事宜，以保障信息的精确度及可追溯性。

7. 前期情况通报确认

前期情况通报确认是指在演练准备过程中将演练基本情况向相关人员进行通报，按照不同通报对象可分为两类：对参演人员的通报和对外界的通报。对参演人员的通报内容可参考桌面演练的实施中前期情况通报确认部分。对外界通报可以通过张贴告示、派发印刷品等途径施行。若演练规模与影响范围较大，可委托电视、广播、报纸等专业媒体承担宣传事务，以消解当地民众误解与恐慌，赢取各界支持配合。通报内容涵盖演练起始时间、预估时长与基本内容，演练对周边生活秩序可能产生的负面影响，如交通管制、噪声干扰等及周边公众需留意的事项。演练前需检查信息通报、落实状况，确保参演人员与周边群众知悉，若未到位则及时补报，以防意外伤害事件发生。

（二）介绍演练活动和要求

实战演练的介绍演练活动和要求包括总体情况介绍和演练规则介绍，其内容与桌面演练的介绍演练活动和要求内容相似，在此不再赘述。

（三）实战演练的启动仪式

在应急演练活动正式开启前，通常需举行简短的演练启动仪式，要求涉及演练的各组织部门及人员全员参与。首先，在演练场地，各参演队伍迅速在指定区域集合，人员整齐排列。各小组负责人依次向现场指挥报告本小组应到人数、实到人数及准备情况，确保人员无遗漏、状态良好。现场指挥对各队伍依次进行点名。点名完毕后，现场指挥向演练总指挥请示是否开始演练，得到明确指示后，演练总指挥面向全体参演人员宣布此次实战演练正式开始。最后，参演队伍依序抵达各自岗位，全面启动演练活动，正式拉开实战演练的帷幕。

（四）导入演练信息

在完成必要的动员与说明工作之后，开始导入演练初始信息，初始信息源既可能源于报警服务台的一通电话、电台广播的一则消息，抑或市民热线所接收的一个电话，乃至来自正式渠道的灾情报告。这些信息源能够迅速触发演练场景的开启，使参演人员即刻进入应急响应状态。

此外，导入演练信息还可借助初始场景说明予以展开，例如可通过大声朗读初始信息，使参演人员能够直观且清晰地获取关键信息；或是借助视频展示，以动态画面生动形象地描绘出演练的初始场景，增强场景的感染力与代入感；也可运用演练软件系统或幻灯片进行呈现，通过图文并茂的形式，系统、全面地展示演练的背景、任务与要求等内容；还可以采用发放文本的形式呈现，让参演人员能够细致、深入地研读相关信息。

二、演练执行

演练执行工作包括演练指挥与行动、演练过程控制、演练解说、演练记录和演练宣传报道，如图 4-8 所示。

（一）演练指挥与行动

实战演练重点检验现场救援人员（包括抢险救援组、医疗救护组、后勤保障组等）对实际应急场景、应急资源调配、应急救援行动流程等的熟练程度和执行能力，通过实战演练指挥与行动提高整体应急救援的协同作战能力与应对效率。在实战演练指挥与行动中，各救援小组依据既定任务安排在接到指令后，迅速展开行动并持续反馈现场情况。在此过程中，要确保各小组间紧密配合，妥善处理在救援过程中出现的各种复杂状况。

1. 指令接收与传达

指令接收是指各救援小组负责人按照指挥中心要求接收指令、理解指令要点，向小组成员准确传达指令内容。指令传达要求及时、清晰，确保每个成员清楚地知

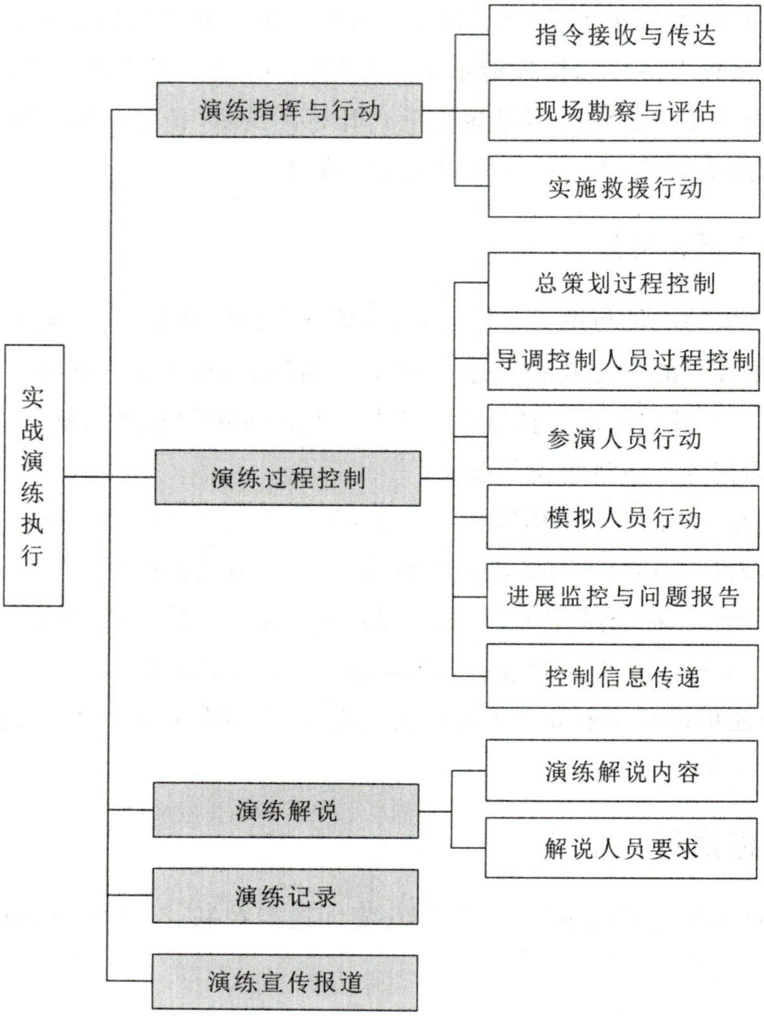

图 4-8　实战演练执行

晓自身任务与行动目标。指令传达后，小组成员要进行信息反馈，确认收到指令并报告准备情况。

2. 现场勘察与评估

救援小组到达现场后，采用实地勘察法、仪器检测法、询问知情人法等对事故现场进行全面勘察，迅速掌握事故的规模、危险程度、受影响范围等关键信息，并对现场状况进行实时评估，及时将评估结果汇报给指挥中心，以便指挥中心根据实际情况调整救援策略。

3. 实施救援行动

各救援小组采用专业救援技能、合理运用救援设备、遵循既定救援方案等开展救援行动。抢险救援组负责排除危险、解救被困人员，医疗救护组对受伤人员进行紧急救治与转运，后勤保障组负责保障救援物资的供应与调配等。在行动过程中，各小组需根据现场变化灵活调整行动方式，同时与其他小组保持密切沟通协作，确保救援行动高效、有序地进行。

（二）演练过程控制

应急演练过程控制主要指总策划和导调控制组人员全面了解演练过程，引导演练进程，指导演练行动，安排演练时间，调配演练资源，并且在可能的情况下鼓励参演人员自己解决出现的问题，使演练过程的方方面面始终处于有效控制之下。为了防止与真实世界的沟通混淆，所有的沟通必须明确识别为与演练相关的内容。可以在所有书面或打印的沟通材料上明确地显示“仅作为演练材料”之类的短语，在每次口头沟通时首先说明“这是演练”，或者演练指挥部同意的其他类似说明。

1. 总策划过程控制

实战演练过程控制由总策划主导。在演练开始前，总策划需对演练方案进行深入研究与全面熟悉，明确演练的各个阶段目标、关键节点及不同场景的转换条件等。例如，在一场地震应急演练中，总策划要清楚何时模拟地震发生、地震强度如何设定及后续救援行动的大致流程与时间安排等。

根据演练方案，总策划在演练过程中发出控制消息，既要确定演练场景推进的节奏，又要精准引导事件发展走向。

2. 导调控制人员过程控制

导调控制人员承担向参演人员和模拟人员准确传递控制消息的职责。在演练筹备阶段，导调控制人员要与总策划充分沟通，详细了解演练方案中各个环节对应的控制消息内容、传递对象及期望的传递时间节点等要求。

在演练进行时，导调控制人员要全神贯注，依据总策划发出的控制消息，迅速且清晰地将其传递给相应的参演人员和模拟人员。例如，在涉及多个部门协同参与的大型演练中，导调控制人员要准确地将消防部门的灭火指令传递给消防队员，将医疗救援指令传达给医护人员，将群众疏散指令告知模拟群众的相关人员等，不容许出现信息错发、漏发或延误的情况，以保障演练的连贯性与协调性。

3. 参演人员行动

参演人员作为应急处置行动直接执行者，接收到控制消息后，按真实事件发生时的应急处置程序行动，或者依据应急行动方案采取相应的应急处置行动。

4. 模拟人员行动

模拟人员接收到控制消息后，根据设定的模拟情境与任务要求，模拟事件中的相关角色与情节发展，为参演人员提供贴近真实的演练环境与互动场景，增强演练真实性与复杂性。

5. 进展监控与问题报告

在整个演练过程中，协调人员负责演练进程监控与问题报告。协调人员需要密切关注演练现场的每个环节、每个行动小组及每位参演人员的动态表现；通过现场观察、通信反馈、数据监测等多种信息收集渠道，及时、全面地掌握演练的实际进展状况。

同时，协调人员需能够及时发现演练中出现的各类问题，包括但不限于应急处置流程的偏差、参演人员操作失误、通信故障、现场秩序混乱及意外情况的发生等。一旦发现问题，协调人员应立即进行详细记录，并按照规定的程序与渠道向总策划进行报告。报告内容应包括问题的具体描述、发生的时间与地点、涉及的人员或部门、对演练进程的影响程度及初步的分析判断等关键信息，以便总策划能够全面了解情况，迅速作出科学合理的决策，采取有效的应对措施对演练过程进行及时调整与优化，确保演练能够顺利进行并达到预期的演练效果。

6. 控制消息传递

控制信息的传递与沟通在演练进程中具备多种形式。其既能够通过人工的方式直接交流，也能够借助如对讲机、固定电话、移动电话、传真设备及各类网络平台等现代通信手段来实现快速传达。甚至特定的音频信号、醒目的标识图案以及动态的视频影像等，都可以作为信息呈现的有效载体，用以传达关键的控制消息。

在实战演练的实际开展过程中，为保障信息的顺畅流通与管理，往往会配备两套独立的通信系统。其中：一套专门服务于参演人员，用于演练的实际场景模拟，确保各应急处置环节的信息传递精确无误；而另一套则用于演练总策划、导调控制人员、协调人员等演练组织人员之间的密切沟通，以便对演练的整体节奏和进程进行精准把控。

演练的组织团队通常会构建一套完善的演练控制体系，该体系针对演练过程中的各类关键控制事项进行了详细的定义与规范，例如明确规定应急队伍按时抵达指定位置的标准、各项应急功能准确无误完成的标志，以及演练顺利进入下一阶段的具体条件等。

演练控制人员需依据既定的流程和时间节点，提前将演练的实时进展情况详尽地报告给演练策划人员。这使得演练策划负责人能够基于全面且及时的信息反馈，迅速且精准地对演练的现状进行科学判断，并根据实际情况灵活制定出相应的优化调整策略，确保演练能够紧密围绕预设目标稳步推进，最终达成预期的演练效果，切实提升应急响应能力与协同配合水平。

（三）演练解说

实战演练实施过程中可以借助广播、喇叭扩音等手段，对全过程予以同步解说。解说要求内容详尽且语言精练，以辅助演练现场人员实时掌握相关情形。尤其在大型演练活动中，为向现场人员清晰呈现演练进程，需针对解说环节精心策划准备，从解说词撰写、解说人员安排到设备调试等多方面着手，充分发挥演练解说在信息传递、引导观摩等方面的最大效能，保障演练顺利推进。

1. 演练解说内容

演练背景：主持人应基于演练脚本，对应急演练开展过程中的背景信息、情节内容进行解说。

进程讲解：紧密跟随演练节奏，讲解启动信号、初始场景，详细说明各参演单位行动，包括响应时间、装备调配、协同机制等关键节点与行动细节，如消防救援的战术运用与各部门配合流程。

演练氛围和环境渲染：用生动语言描述演练现场自然与社会环境，如恶劣天气对救援的阻碍、事故现场的感官刺激及周边群众反应等，增强演练感染力与受众代入感。

2. 解说人员要求

专业素养：具备扎实应急管理知识，熟悉各类突发事件原理、处置流程，了解相关行业规范，如危险化学品事故演练需掌握危险化学品特性与应对技术。

语言表达能力：语音清晰、语调自然，语速适中且逻辑连贯，能运用恰当修辞与情感表达，使解说富有感染力与吸引力，让观众轻松理解并投入演练。

应变能力：面对演练突发情况，如场景偏差、设备故障等，能迅速反应，冷静客观地向观众解释说明，灵活调整解说内容与方式，保障解说的连续性与有效性。

团队协作精神：在演练准备与实施中，与组织单位、参演方、导演组等密切沟通协作，参与方案讨论，依据演练实际情况灵活调整解说，配合技术人员确保设备正常运行，共同推动演练成功。

（四）演练记录

在演练实施过程中，担任记录职责的相关记录人员需对演练进行全程跟踪记录和多维度观察，包括使用文字、照片和音像等多种方式记录演练的整个过程。文字记录通常由评估人员负责，内容涵盖演练的实际开始和结束时间、演练过程中的控制情况、参演人员在各项演练活动中的表现、出现的意外情况及其处理措施等。特别需要注意的是，要详细记录可能出现的人员“伤亡”（例如，未采取安全防护措施进入“危险”区域，或在规定时间内未能完成疏散等）及财产“损失”等情况。照片和音像记录则可由专业人员和宣传人员在不同地点、不同视角进行拍摄，以尽可能全面地展现演练的实施过程。

实战演练的记录主要聚焦于参演人员的实际操作过程，详细记载了演练步骤、参与人员职责、实际环境、操作时间、演练结果和后续改进措施。强调现场操作的真实性和具体性，通常包含照片、视频等实际操作证据，用于评估实际应急响应能力和发现操作中的具体问题。

（五）演练宣传报道

实战演练宣传报道与桌面演练宣传报道内容相似，在此不再赘述。

三、演练结束与中止

实战演练结束与中止流程和桌面演练结束与中止流程相似，详细内容可参考桌面演练的实施中演练结束与中止部分。实战演练结束与中止流程和桌面演练结束与中止流程的不同点在于：

桌面演练主要在室内通过讨论、模拟决策等方式进行，其结束与中止相对侧重演练流程顺利地走完及突发情况对讨论进程的影响。例如，结束时按策划方案完成规定讨论内容后由总指挥宣布停止，桌面演练中止多因讨论受真实突发事件干扰或特殊意外导致无法继续讨论。

而实战演练涉及真实场景的行动、物资调配、人员实操等多方面。结束是在完成实战演练程序规定动作后，由总指挥宣布停止，后续还涉及人员疏散、场地清理恢复等实际操作。总指挥宣布中止后，除面临与桌面演练类似的真实突发事件或意外情况外，更需考虑现场实操安全性、物资回收处理、对周边环境实际影响的后续处置等，如中止时要迅速组织人员撤离危险区域、妥善保管或处理已启用的物资装备等，其流程更复杂且与实际场景结合紧密，对安全保障、后续收尾工作要求更高。

第五章

应急演练评估与总结

根据《突发事件应急演练指南》的定义，演练评估是在全面分析演练记录及相关资料的基础上，对比参演人员表现与演练目标要求，对演练活动及其组织过程作出客观评价，并编写演练评估报告的过程。所有应急演练活动都应进行演练评估。

从应急准备活动的持续优化维度而言，应急演练评估具有双重价值。一则可精准洞察演练瑕疵，为组织完善应急预案给予关键依据与改进方略；二则通过规范评估作业，能切实增强演练人员应急处置效能，锤炼参演单位协同联动能力，且有助于规范演练组织指挥架构。

基于演练评估结论并结合演练过程进行深入总结，编写演练总结报告，可有效挖掘问题，达成“演练—评估—改进—演练”的良性循环，有力推动应急准备工作的持续进阶，强化应急准备体系构建规划与施行的规范性，提升整体应急响应水平。本章对应急演练评估、应急演练总结及后续任务予以阐述，意在为各组织构建规范的应急演练评估与总结提供参照。

第一节　演练评估

演练评估按时间顺序可分为评估准备、评估实施和评估总结三个阶段。首先做好评估准备工作，为演练评估工作的实施奠定基础；然后在演练实施过程中详细地记录演练过程并收集资料；最后在全面分析演练记录及相关资料的基础上，对演练活动及其组织过程作出客观评价，并编写演练评估报告。

一、评估准备阶段

评估准备阶段包括组建评估小组、开发演练评估表、编写评估指南、评估预备工作（图 5-1）。

1. 组建评估小组

评估组职责和要求参见本书第三章第一节“选定演练人员”部分。根据评估组人员职责和要求，招募、分配并培训评估人员，组建评估小组。采用第三方评估方

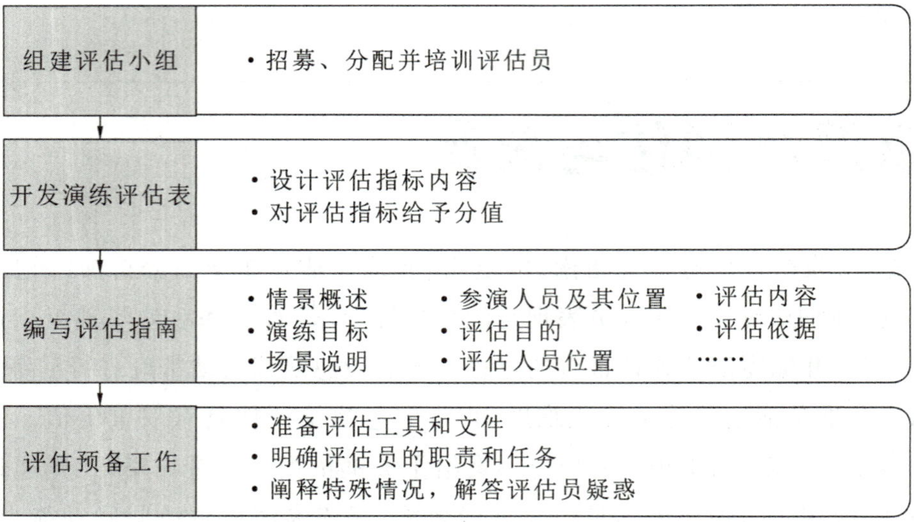

图 5-1　评估准备阶段

式时，评估小组成员宜由 3 人（含）以上奇数人员组成。演练情景和参演人员较多或实施程序复杂的演练，可设若干专项评估小组，并确定总体负责人及各小组负责人。在评估准备阶段，评估组的主要任务包括编写评估指南并开发演练评估表、准备演练评估所需的工具、组织召开评估员预备会议等内容。

2. 开发演练评估表

演练评估表作为评估工作的标准化辅助工具，对保障评估结果的精准性与有效性意义重大。评估内容主要包括演练组织实施过程的规范性和演练成果的有效性两个方面。通过对演练活动组织、参演人员的表现等进行观察、提问，听对方陈述，进行检查、比对、验证、实测，而获取客观数据信息，比较演练实际效果与目标之间的差异，总结演练中好的做法，查找存在的问题。鉴于评估工作的复杂性与严谨性，其内容完整性、方法科学性及标准一致性均需依托一套完备的工具表。评估员依据此表，可针对各项评估内容直接予以评分，如 1～10 分的量化评定，或进行 A～D 级的等级划分，抑或作出有/无、是/否等定性判断。附录 A 中的表 A.8 演练评估表提供了一种范例。在实际运用前，评估组务必预先梳理评估指标项，使其具备明确的定量评分依据或定性评级准则，从而确保评估工作有序开展，准确衡量演练成效，为演练的总结、改进与提升提供坚实、可靠的数据支撑与决策参考。

我国安全生产行业标准《生产安全事故应急演练评估规范》（AQ/T 9009—2015）针对生产安全事故应急演练所开展的评估活动提供了多项评估内容，详细内容可参见此规范。

江苏省市场监督管理局基于《生产安全事故应急演练评估规范》《生产安全事故应急演练基本规范》等标准，于 2023 年 10 月发布了江苏省地方标准《突发事件应急演练评估规范》(DB32/T 4590—2023)，对评估内容作了进一步的细化。下面以该规范的桌面演练评估表为例，介绍指标内容的构成。该规范演练评估指标由三级指标组成：一级指标、二级指标和三级指标，如图 5-2 所示。在实际应用时，应急演练评估工作的组织实施可结合演练重点、演练形式、演练规模和复杂程度，对评估内容、指标和评估标准进行适当调整。

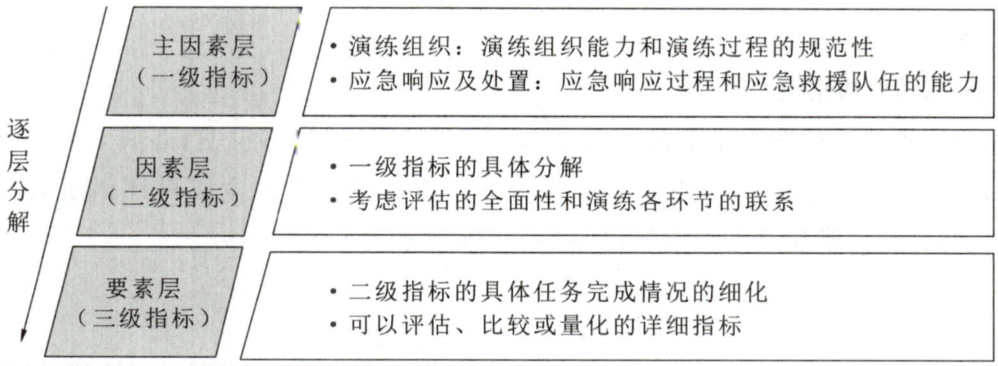

图 5-2　评估指标体系组成部分

一级指标基于应急演练的基本流程，结合突发事件发生、发展的规律，评估应包括演练的全过程。一级指标包括：演练组织、应急响应及处置。演练组织指标评估主要对演练组织能力和演练过程的规范性进行评估；应急响应及处置能力指标评估主要对应急响应过程和应急救援队伍的能力进行评估。

二级指标是综合考虑评估的全面性和演练各环节的联系后对一级指标的具体分解。演练组织指标包括 3 个二级指标：演练方案设计、演练保障、演练组织实施。应急响应及处置指标包括 3 个二级指标：信息处理、指挥调度、应急处置。

三级指标是二级指标的具体任务完成情况的细化，是可以评估、比较或量化的详细指标。演练方案设计包括演练目标、演练情景、演练程序、演练文件、与应急预案符合性；演练保障包括组织机构、人员保障、经费保障、场地布置、器材与设备保障；演练组织实施包括过程控制、演练解说、场景展示、演练记录、演练总结；信息处理包括信息报告、事态研判、信息发布；指挥调度包括指挥能力、应急资源调度；应急处置包括先期处置、响应启动、处置行动、舆情引导、响应结束。

此外，为切实提升应急演练实施效能，提高突发事件应急准备工作的科学性和针对性，应急管理部救援协调和预案管理局组织起草了《突发事件应急演练评估指南（征求意见稿）》，并于2024年12月31日向社会公开征求意见。该指南将桌面应急演练评估要点分为一级指标和二级指标。

一级指标包括演练策划、演练实施和演练总结。

二级指标对一级指标进行了细化。其中：演练策划包括演练组织协调、演练目标与情景设定和相关文本编制；演练实施包括演练导调、推演过程和要素协同；演练总结包括内部总结和外部点评。

详细内容参见《突发事件应急演练评估指南（征求意见稿）》的附录B桌面应急演练评估要点。

3. 编写评估指南

演练评估指南内容主要包括：情景概述、演练目标、场景说明、参演人员及其位置、评估目的、评估人员组织架构与职责等。演练评估指南主要供评估组人员使用，评估指南通常包含的要素及说明如表5-1所示。

表5-1　评估指南要素说明

序号	要素	说　　明
1	情景概述	简要描述演练所设定的整体情境，包括事件背景、可能引发的后果等，使评估人员对演练的内容有初步的认知
2	演练目标	参考演练工作方案，罗列本次演练想要达到的目标，为演练评估工作提供方向指引
3	场景说明	详细阐述演练发生的具体场景细节，包括场地布局、环境设置等，帮助评估人员充分了解将要开展的演练场景
4	参演人员及其位置	说明参与演练的各类人员身份及他们在演练场景中的初始站位或活动区域，便于观察评估
5	评估目的	阐述演练评估的主要目的
6	评估人员组织架构与职责	构建评估人员的组织架构，清晰界定各评估人员的具体职责范围，确保评估工作全面且有序地开展
7	评估人员位置	确定评估人员在演练场地中观察与评估的位置，以便准确记录和评判演练情况
8	评估内容	确定需要评估的具体方面，如人员操作规范性、响应及时性、协同配合效果等，是评估工作的核心关注点

续表

序号	要素	说　明
9	评估依据	说明评估所基于的标准、规范或预先设定的指标体系，保证评估的公正性与客观性
10	评估方法	阐述采用何种方法进行评估，如现场观察、记录数据对比分析、参演人员自评与互评等
11	评估工作流程	评估工作组织实施过程和具体工作安排，需要被评估单位提供的相关资料与交接方式，需要访谈的人员和主要内容等
12	通信联系方式	列明组织人员、参演人员之间的通信联络方式，确保评估工作有效开展
13	附件	用于记录评估数据的表格及所需的其他资料，使评估过程标准化、规范化，包括：演练评估所需相关表格、评估使用的关键资料等

4. 评估预备工作

演练正式开展前，需妥善筹备并仔细核查评估所需的各类工具与文件是否均已就绪。诸如用于记录信息的笔记本电脑、录音笔、摄像机，以及保障沟通联络顺畅的对讲机、电话、卫星电话等设备均应准备齐全，同时将评估实施期间需分发的文件打印并装订完毕。

组织召开全体评估员参与的预备会议。在会议中，再次确认各评估员的职责范畴与任务分配情况，确保其明悉演练现场的地理环境信息、知晓对应的负责人与联系人详情，并且对自身在演练中的观察位置有清晰认知。会上还需详尽阐释演练过程中可能出现的特殊状况，并对评估员存在的疑问予以解答，为演练评估工作的顺利推进奠定坚实的基础。

二、评估实施阶段

根据演练评估指南安排，评估人员提前就位，做好演练评估准备工作。演练开始后，演练评估人员通过观察、记录和收集演练信息及相关数据、信息和资料，观察演练实施及进展、参演人员表现等情况，及时记录演练过程中出现的问题。在不影响演练进程的情况下，评估人员可进行现场提问并作好记录。根据演练现场观察和记录，依据制定的演练评估表，逐项对演练内容进行评估，及时记录评估结果。

演练结束后可通过组织评估会议、填写演练评价表和对组织人员、参演人员进行访谈等方式收集演练组织实施信息，也可要求组织单位、参演单位提供自我评估总结材料，进一步收集演练组织实施的情况。

三、评估总结阶段

评估组长组织评估员汇总整理评估表单数据并初步分析，通过回顾演练过程，以所有评估数据为依托，消除数据差异、建立综合数据表，再针对演练目标深入分析并提出建议。接着起草评估报告，评估组长牵头撰写，内容涵盖演练多方面情况并按特定框架阐述。演练评估报告的主要内容一般包括演练执行情况、预案的合理性与可操作性、应急指挥人员的指挥协调能力、参演人员的处置能力、演练所用设备装备的适用性、演练目标的实现情况、演练的成本效益分析、对完善预案的建议等。然后召开评估会议，组织多方研讨评估报告初稿，评估组提前分发报告初稿并在评估会议上展开介绍，同时安排专人记录多方意见以完善报告。最后完成并发布评估报告，经各方审阅及上级审批后，依保密规定在许可范围内发布，以推广经验、扩大影响力并作为后续改进的依据。

第二节　演练总结及后续任务

一、演练总结

应急演练总结是应急演练活动中的关键环节，其目的在于回顾演练过程、评估演练效果、总结经验教训，为提升应急管理能力提供依据与指导。根据《突发事件应急演练指南》，演练总结可分为现场总结和事后总结两个部分，二者相互补充，共同构成完整的演练总结体系。

1. 现场总结

在应急演练的一个或所有阶段结束后，应及时开展现场总结工作。现场总结由演练总指挥、总策划及专家评估组长等关键角色在演练现场进行，具有较强的即时性与针对性。其主要内容涵盖以下四个方面。

（1）演练目标回顾：明确阐述本阶段演练所设定的目标，包括但不限于对检验应急预案的可行性、提升参演人员应急响应能力、磨合应急救援机制等目标的达成情况进行初步评估，判断是否达到预期设定的目标。

（2）参演队伍及人员表现评价：对各参演队伍在演练过程中的行动协调性、执行效率、专业技能运用等方面进行点评，同时对参演人员的个体表现，如应急处置操作的准确性、应对突发情况的应变能力、团队协作精神等进行综合评价，肯定优点，指出不足。

（3）演练问题剖析：深入分析演练过程中暴露出来的各类问题，如应急预案存在的漏洞或不合理之处、应急指挥体系运转中的沟通不畅或决策延误、应急资源调配得不及时或不合理、参演人员对应急流程的不熟悉或操作失误等，对这些问题进行详细梳理与归类。

（4）问题解决措施探讨：针对所发现的问题，组织相关人员共同探讨切实可行的解决办法，提出改进建议与措施，明确责任部门与整改期限，确保问题能够得到及时有效的解决，避免在实际应急事件中再次出现类似情况。

2. 事后总结

在整个演练活动结束后，进入事后总结阶段。事后总结由文案组负责，主要依据演练记录、演练评估报告、应急预案以及现场总结等多方面材料，对演练进行全面、系统、深入的总结分析，并最终形成演练总结报告。此外，各演练参与单位也应对本单位在演练中的情况进行自我总结，以促进自身应急管理能力的提升。演练总结报告的主要内容包括如下七项。

（1）演练目的阐述：详细说明本次应急演练所期望达成的总体目的，如检验某一特定应急预案在复杂情况下的有效性、提升某类应急救援队伍的实战能力、增强多部门之间的应急协同配合水平等，使读者清晰了解演练的初衷与核心目标。

（2）演练时间和地点：准确记录演练活动开展的具体时间范围，包括演练开始时间、各阶段结束时间及总时长等信息，同时明确演练实施的地点，对演练场地的环境特点、地理条件等进行简要描述，为演练效果评估提供背景信息。

（3）参演单位和人员统计：全面罗列参与本次演练的所有单位名称，涵盖政府及其部门、基层组织、企事业单位和社会组织等不同类型的主体，并统计参演人员的总数、各单位参演人员数量及构成情况，如专业应急救援人员、普通工作人员、志愿者等的比例，以便对演练规模和参与范围有清晰的把握。

（4）演练方案概要介绍：对演练方案的主要内容进行概述，包括演练的情景设定、事件发展模拟流程、各参演单位的任务与职责分配、演练所采用的技术手段与方法等，使读者能够了解演练活动的整体框架与设计思路。

（5）问题与原因分析：基于演练过程中收集到的信息与数据，深入挖掘并详细阐述所发现的各类问题，不仅要描述问题的表象，更要深入剖析其产生的根源，如制度层面的缺陷、管理流程的不合理、人员培训的不足、物资储备的欠缺等，为后续改进措施的制定提供有力依据。

（6）经验和教训总结：总结演练过程中积累的成功经验，如应急指挥决策的有效模式、应急资源调配的优化方法、部门间协同配合的高效机制等，以便在今后的应急管理工作中加以推广应用；同时，深刻反思演练中暴露的不足之处，吸取教训，避免在实际应急处置中重蹈覆辙。

(7)改进工作建议提出：针对演练中发现的问题与不足，结合经验教训总结，提出具有针对性、可操作性的改进建议与措施，包括完善应急预案、加强应急培训与教育、优化应急指挥体系、充实应急资源储备等方面的具体内容，明确改进工作的重点、方向与实施步骤，为提升应急管理水平提供行动指南。

二、后续任务

1. 成果运用

对演练中暴露出来的问题，演练单位应当及时采取措施予以改进，包括修改完善应急预案、有针对性地加强应急人员的教育和培训、对应急物资装备有计划地更新等，并建立改进任务表，按规定时间对改进情况进行监督检查。主要内容包括如下四项。

(1) 修改完善应急预案：梳理演练情况，分析预案在应急响应流程、协同机制、风险评估等方面的不足。针对预警发布延迟、处置措施操作性差等问题，组织专业人员和专家研讨优化，明悉职责分工与指挥架构。完善后及时评审发布，组织人员学习掌握。

(2) 加强应急人员教育和培训：针对演练中应急人员专业知识欠缺的问题，制订系统培训计划，邀请专家授课，通过多种方式提升认知与判断能力。对于技能操作、协作及心理方面问题，加强实战化培训，强化技能训练与团队协作，开展心理辅导，确保应急时能正确行动。

(3) 更新应急物资装备：分析演练中应急物资装备使用情况，依据风险评估制订更新计划，明确采购内容与时间节点。

(4) 建立改进任务表与监督检查机制：制定改进任务表，细化各项改进措施，明确责任部门、责任人、时间节点与预期目标。成立监督检查小组，定期检查评估，督促未达标者整改，召开汇报会解决问题，保障改进措施落实。

2. 文件归档与备案

演练组织单位在演练结束后应将演练计划、演练方案、演练评估报告、演练总结报告等资料归档保存。归档时，先分类整理资料，依类型、时间细分，再赋予唯一编号以便检索。纸质档案用无酸纸存于专用环境，电子档案多备份于存储介质并定期检查更新，建立索引确保信息一致。最后依规定确定保管期限，重要资料长期保存，一般资料设合理年限并适时评估。

对于由上级有关部门布置、参与组织的演练，或者按照法律、法规、规章要求备案的演练，演练组织单位应当将相关资料报有关部门备案。备案时，先严格审核资料的完整性、准确性与规范性，必要时邀请专家指导并检查完善内容。然后按规定流程渠道提交申请，填好申请表并附上资料，选择合适方式送达备案部门。

3. 考核与奖惩

应急演练考核与奖惩机制对于提升演练成效、强化参演各方责任意识具有关键意义。演练组织单位承担着对参演单位及人员进行考核评价的重要职责，此工作需要遵循明确且严谨的流程与标准开展(图 5-3)。

在考核制度构建方面，策划人员于编制演练方案之际，便要精心确定考核与奖惩制度的各项细则，明确考核指标、奖励范畴与惩罚尺度等关键要素，为后续考核工作奠定基础。

在考核制度实施过程中，演练组织单位选派专业人员，依据详尽的演练记录及既定考核制度，对各参演部门、单位及人员在演练中的表现进行全面、客观且深入的考核评估。从演练准备阶段的物资筹备、方案熟悉程度，到演练实施过程中的响应及时性、操作准确性、协同配合度等多维度进行考量。

在考核结果公布环节，可选择在应急演练总结大会当众宣布考核结果，也可通过正式文件、内部通报或专门会议等其他适宜方式宣布考核结果。有条不紊地推进后续奖惩工作，确保整个考核与奖惩机制有效运行，促进应急演练工作的质量持续优化与提升，增强全体参演人员对应急处置工作的重视程度。

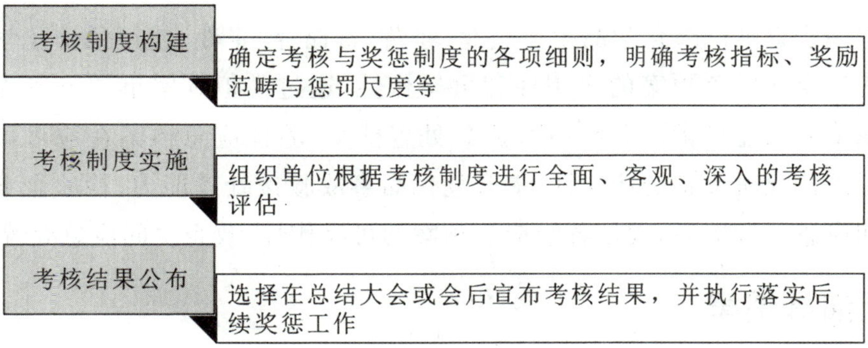

图 5-3 应急演练的考核与奖惩

第六章

典型演练案例

前面几章中已详细介绍了应急演练的分类、演练内容与侧重点，并阐明了应急演练准备、应急演练实施、应急演练评估与总结全过程的内容。在实际应急演练开展中，考虑到演练背景的多样性及实际情况的复杂性，应急演练的实施过程往往展现出程序化、多样化和灵活性相结合的特征。

本章选择五个典型案例方案，展示不同形式、不同功能的应急演练开展过程，以加深读者对应急演练的理解。

第一节　危险化学品企业生产安全事故演练

本案例是无脚本桌面演练案例，在演练推演过程中，采用“固定脚本＋变量”模式设计演练情景：提前准备相对固定的演练提纲，结合现场随机选取应急预案的方式，确定演练情景，进行随机提问，在提问过程中可以根据实际情况随机改变变量。演练执行过程中，可以采用单一科目单线进行，也可以多个科目并线进行。

一、演练背景与目的

为进一步提高危险化学品生产企业、经营(带储存)企业、使用危险化学品从事生产的化工企业应急预案的实用性和可操作性，通过模拟真实事故场景无脚本桌面演练来检验企业日常应急准备和应急处置能力；验证应急预案在应对可能出现的各种意外情况所具备的适应性，提升危化品事故救援处置能力；检验企业日常应急准备和应急处置能力，验证各级应急预案的可操作性、政企协同应急处置能力。

二、演练情景

督导检查组与企业陪检人员简单会晤后，由督导检查组组长随机选取 1 个应急预案并确定演练场景。

三、演练主要机构及主要职责

为确保本次危险化学品生产安全事故无脚本桌面应急演练顺利进行，特设立演练领导机构，包括演练领导小组、策划部、评估组、参演队伍和人员。

1. 领导小组

组长：省应急管理厅督导检查组组长。

成员：省应急管理厅督导检查组成员。

主要职责：全面负责演练的筹备和实施工作，审批演练方案和评估报告，指定演练总指挥，演练实施过程中随机抽查场景、进行提问。

2. 策划部

成员：省应急管理厅督导检查组策划人员。

主要职责：执行演练领导组的工作部署，制定演练方案，组织协调相关部门和单位参与演练，解决演练过程中的协调事宜。

3. 评估组

成员：省应急管理厅督导检查组成员。

主要职责：制定演练评估标准，对演练全过程进行评估，总结演练成效、指出问题并提出改进建议，编制演练评估报告。

4. 参演队伍和人员

参演队伍和人员主要包括企业单位指挥部组、中控室组、消防队组。

四、演练过程

1. 演练启动

督导检查组深入企业现场，不提前确定内容，随机抽查企业应急预案并开展督查。

(1)首次会。到达被检企业后，组织召开首次会，会议由督导检查组组长主持，参加会议的人员包括应急管理部门相关人员、专家组成员、企业主要负责人及陪检人员，企业向督导检查组进行基本情况的介绍，首次会议时间控制在15分钟内。

(2)演练前准备。正式开展演练前，企业与督导检查组进行15分钟的演练前准备工作，督导检查组安排并确定观察点及观察员。观察员按照任务分工前往观察点就位，原则上应设置4个观察点：①指挥部观察点；②中控室观察点；③救援现场观察点；④应急消防队观察点。

(3)预案演练。督导检查组到达演练现场后，由督导检查组长宣布启动应急演练。

2. 演练执行

被检企业相关人员按照督导检查组指定的演练科目和内容，结合本岗位应急管理职责和应急预案，来开展应急处置救援。督导检查组结合现场应急处置推进情况，随机增加演练科目，各观察点观察员对演练进行全过程、全方位的跟踪评估，对参演单位和人员应急处置情况进行评定和记录。

3. 应急演练结束与中止

督导检查组完成问题抽查后，宣布演练结束。

应急演练结束后，由督导检查组组长主持召开末次交流会，由各观察点的评估员分别反馈演练过程中存在的问题，就检查中发现的主要问题进行讲评，针对企业有疑义、不清楚如何整改的问题，进一步沟通交流。企业主要负责人就本次督导检查中发现的问题进行表态发言，最后由督导检查组组长进行总结发言。

五、演练评估

(1) 评估打分。各评估员对演练过程中发现的问题，依据演练实施评估表中的评估内容和评估要点进行打分，演练结束后对应急演练实施过程中的问题和应急演练效果进行评估反馈。

(2) 资料整理。督导检查结束后，各评估员应根据各自检查发现的问题进行汇总，由省化学品安全协会完成问题的汇总整理和演练评估报告的编制。

(3) 报告要点。报告编写需包括基本情况、存在问题和建议，指出被检企业应急处置体系建设存在的短板和亮点。

六、抽查问题提纲

1. 指挥部组

针对指挥部组的抽查问题，可以从应急预案的分类、公司应急组织体系构成、总指挥的职责等方面展开，如表 6-1 所示。

表 6-1　抽查问题提纲(指挥部组)

序号	问题	参考答案
1	在你公司，应急预案有哪几种？	分为综合应急预案、专项应急预案、现场处置方案 3 种
2	你公司的应急组织体系是如何构成的？分成几个应急处置小组？	(1)分为公司级、分厂级、车间级 3 级； (2)应急处置小组：消防及伤员救护组、安全警戒疏散组、工程抢险抢修组、生产工艺处置组、物资供应组、经费保障组、通信联络协调组、洗消环保检测组共 8 组

续表

序号	问题	参考答案
3	总指挥(现场总指挥)的职责是什么?	(1)总指挥职责:(由公司总经理担任,总经理外出时,由其指定负责人负责)决定公司级应急响应的启动和解除,指挥调动应急组织,调配应急资源,按应急程序组织实施应急抢险。 (2)现场总指挥职责:(由公司分管生产的副总经理担任,外出时由其指定负责人负责)负责公司级响应的各种救援力量的现场指挥,组织指挥现场应急救援行动
4	你公司的应急值守电话是多少?	应急值守电话××××
5	事故信息报告内容有哪些?	报告主要内容包括: (1)事故发生单位的名称、地址、性质,事故发生的时间地点及现场概况,事故已经造成人员伤亡情况,已经采取的应急处理措施等。 (2)事故具体情况暂时不清楚的,负责事故报告的单位可以先报事故概况,随后补报事故全面情况。事故信息报告后出现新情况的,负责事故报告的单位应当依照规定及时续报。较大涉险事故、一般事故、较大事故每日至少续报 1 次;重大事故、特别重大事故每日至少续报 2 次
6	应急预案演练频次是多少?	每年至少组织一次综合应急预案演练或者专项应急预案演练,每半年至少组织一次现场处置方案演练
7	什么是"四知卡"?	知岗位风险、知岗位责任、知岗位安全操作规程、知岗位应急处置
8	什么是"两重点一重大"?	国家重点监管危险化学品、国家重点监管的危险化工工艺、重大危险源
9	你公司有哪几种国家重点监管的危险化学品?	氨、硫化氢、甲烷、氢、一氧化碳、甲醇和硝酸铵
10	你公司有几个重大危险源?	根据企业实际情况回答
11	你公司中国家重点监管的危险化工工艺有几种?	合成氨工艺、氧化工艺、煤气化工艺

2. 中控室组

针对中控室组的抽查问题,可以从危险化学品种类、危险化学品的特性及处置方式等方面展开,如表 6-2 所示。

表 6-2 抽查问题提纲(中控室组)

序号	问题	参考答案
1	你公司的应急值守电话是多少?	应急值守电话××××
2	什么是"四知卡"?	知岗位风险、知岗位责任、知岗位安全操作规程、知岗位应急处置
3	你岗位上有几种国家重点监管的危险化学品?	氨、硫化氢、甲烷、氢、一氧化碳、甲醇和硝酸铵
4	氨的理化特性是什么?	(1)外观与性状:无色、强碱性、极易挥发的气体、有刺激性恶臭气味。 (2)相对密度:(空气=1):0.6 (3)爆炸上限%(V/V):27.4%。爆炸下限%(V/V):15.7%
5	氨泄漏时灭火注意事项有哪些?	抢险人员须穿全身防护服、戴过滤式全面罩防毒面具或空气呼吸器,人站在上风向灭火。用雾状水冷却容器。若不能立即切断气源,则不允许熄灭正在燃烧的气体
6	液氨球罐进口管道裂纹或法兰泄漏造成液氨外泄时如何处理?	(1)联系当班调度全系统大减量或停车。 (2)打开消防喷淋装置或消防栓,用水稀释泄漏处的液氨。 (3)立即穿好防化服,佩戴好正压式空气呼吸器和橡皮手套进行工艺处理。 (4)立刻倒槽改进其他液氨球罐,开启备用液氨球罐进口阀和切断阀;关闭故障液氨球罐第一道进口阀和切断阀,故障球罐停用。 (5)有必要通知应急救援小组或带压堵漏
7	液氨储罐泄漏着火、爆炸时如何处理?	(1)发现火警的员工,必须在第一时间报告当班班长(调度),班长迅速报告分厂(车间)厂长(主任)。生产调度通知相关岗位及氨库应急小组组长或公司应急指挥部指挥长。 (2)通知合成塔紧急停车,切断氨分、冷交塔放氨阀,岗位人员戴橡胶手套、氧气呼吸器进行操作,开备用罐迅速将事故罐液氨倒出。 (3)关闭事故液氨槽进出口阀,同时打开放空阀,降低压力减少裂口泄漏量。 (4)切断事故液氨槽与其他液氨槽所有连通及与外界连通的阀门。 (5)打开事故应急水阀稀释和灭火。 (6)迅速连接消防栓,喷雾化水进行施救,同时注意喷水保护其他氨槽,防止事故扩大。 (7)到泄漏现场实施工艺处理人员及救援人员,必须佩戴空气呼吸器等防护器材。救援人员需双人结队进入毒区,禁止无关人员进入毒区。 (8)氨扩散时严禁启动或关闭电器设备、照明,并杜绝一切火种或可以产生火花的行为。 (9)注意风向,逆风方向疏散多余人员

3. 消防队组

针对消防队组的抽查问题,可以从应急预案的分类、危险化学品的处置方式等方面展开，如表 6-3 所示。

表 6-3　抽查问题提纲（消防队组）

序号	问题	参考答案
1	你公司的应急预案有哪几种？	分为综合应急预案、专项应急预案、现场处置方案 3 种
2	你公司的应急值守电话是多少？	应急值守电话××××
3	什么是“四知卡”？	知岗位风险、知岗位责任、知岗位安全操作规程、知岗位应急处置。
4	氨泄漏时灭火注意事项及防护措施是什么？	消防人员必须穿全身防火防毒服，戴过滤式全面罩防毒面具或空气呼吸器，人站在上风向灭火。用雾状水冷却容器。若不能立即切断气源，则不允许熄灭正在燃烧的气体
5	应急预案演练频次是多少？	每年至少组织一次综合应急预案演练或者专项应急预案演练，每半年至少组织一次现场处置方案演练

4. 现场组

针对现场组的抽查问题，可以从危险化学品种类、危险化学品的特性及处置方式等方面展开，如表 6-4 所示。

表 6-4　抽查问题提纲（现场组）

序号	问题	参考答案
1	你公司的应急预案有哪几种？	分为综合应急预案、专项应急预案、现场处置方案 3 种
2	你公司的应急组织体系是如何构成的？分为几个应急处置小组？	（1）分为公司级、分厂级、车间级 3 级； （2）应急处置小组：消防及伤员救护组、安全警戒疏散组、工程抢险抢修组、生产工艺处置组、物资供应组、经费保障组、通信联络协调组、洗消环保检测组共 8 组
3	总指挥（现场总指挥）的职责是什么？	（1）总指挥职责：（由公司总经理担任，总经理外出时，由其指定负责人负责）决定公司级应急响应的启动和解除，指挥调动应急组织，调配应急资源，按应急程序组织实施应急抢险。 （2）现场总指挥职责：（由公司分管生产的副总经理担任，外出时由其指定负责人负责）负责公司级响应的各种救援力量的现场指挥，组织指挥现场应急救援行动

续表

序号	问题	参考答案
4	你公司的应急值守电话是多少？	应急值守电话××××
5	什么是“四知卡”？	知岗位风险、知岗位责任、知岗位安全操作规程、知岗位应急处置
6	你岗位上有几种国家重点监管的危险化学品？	氨、硫化氢、甲烷、氢、一氧化碳、甲醇和硝酸铵
7	氨的理化特性是什么？	(1)外观与性状：无色、强碱性、极易挥发的气体、有刺激性恶臭气味。 (2)相对密度：(空气＝1)：0.6 (3)爆炸上限％(V/V)：27.4％。爆炸下限％(V/V)：15.7％
8	氨泄漏时灭火注意事项有哪些？	抢险人员须穿全身防护服、戴过滤式全面罩防毒面具或空气呼吸器，人站在上风向灭火。用雾状水冷却容器。若不能立即切断气源，则不允许熄灭正在燃烧的气体
9	液氨球罐进口管道裂纹或法兰泄漏造成液氨外泄时如何处理？	(1)联系当班调度全系统大减量或停产。 (2)打开消防喷淋装置或消防栓，用水稀释泄漏处的液氨。 (3)立即穿好防化服，佩戴好正压式空气呼吸器和橡皮手套进行工艺处理。 (4)立刻倒槽改进其他液氨球罐，开启备用液氨球罐进口阀和切断阀；关闭故障液氨球罐第一道进口阀和切断阀，故障球罐停用。 (5)有必要通知应急救援小组或带压堵漏
10	液氨储罐泄漏、着火、爆炸时如何处理？	(1)发现火警的员工，必须在第一时间报告当班班长(调度)，班长迅速报告分厂(车间)厂长(主任)。生产调度通知相关岗位及氨库应急小组组长或公司应急指挥部指挥长。 (2)通知合成塔紧急停车，切断氨分、冷交塔放氨阀，岗位人员戴橡胶手套、氧气呼吸器进行操作，开备用罐迅速将事故罐液氨倒出。 (3)关闭事故液氨槽进出口阀，同时打开放空阀，降低压力减少裂口泄漏量。 (4)切断事故液氨槽与其他液氨槽所有连通和与外界连通的阀门。 (5)打开事故应急水阀稀释和灭火。 (6)迅速连接消防栓，喷雾化水进行施救，同时注意喷水保护其他氨槽，防止事故扩大。 (7)到泄漏现场实施工艺处理人员及救援人员，必须佩戴空气呼吸器等防护器材。救援人员需双人结队进入毒区，禁止无关人员进入毒区。 (8)氨扩散时严禁启动或关闭电器设备、照明，并杜绝一切火种或可以产生火花的行为。 (9)注意风向，逆风方向疏散多余人员

第二节　高层建筑物火灾应急演练

本案例属于实战演练案例，在演练推演过程中采用标准模式设计演练情景，设置了6个科目，各个科目之间属于独立关系，在实施过程中采用单一科目单线进行的方式进行推演。

一、演练背景与目的

随着城市化进程的加快，高层建筑日益增多，高层建筑物火灾的危险性和扑救难度也显著增大。一旦发生火灾，火势蔓延迅速、人员疏散困难、灭火救援面临诸多挑战，极易造成巨大的人员伤亡和财产损失。为提高对高层建筑物火灾的应急处置能力，保障人民生命财产安全，特开展此次高层建筑物火灾应急演练。

本次演练旨在：检验和优化高层建筑物火灾应急管理体系，确保其科学性和可操作性，保证在火灾发生时能迅速、有序地开展应急响应和指挥调度；通过模拟真实火灾场景，加强消防部门、医疗急救部门、公安部门、高层建筑物业管理部门及其他相关救援力量之间的协作配合，提升整体协同作战和现场处置能力；全面检验包括高喷灭火无人机、系留无人机、高层建筑压缩空气泡沫垂直长距离输送技术、导弹灭火技术等在内的新型灭火救援技术装备在实际火灾中的应用效果；向高层建筑内的居民、工作人员及广大市民普及高层建筑火灾防范知识和自救互救技能，增强公众的消防安全意识；通过演练实践，发现应急预案中存在的问题和不足，及时进行修订和完善，提高预案的针对性和适用性；培养和锻炼专业的高层建筑火灾应急管理和救援人才队伍，为应对类似火灾事故提供人才保障。

二、演练情景

在[演练日期][具体时间]，[具体高层建筑名称]（东经[×]度，北纬[×]度）因电气故障引发火灾。火灾发生在建筑物的[具体楼层]，火势迅速蔓延，浓烟滚滚，受大风天气影响，火势向周边楼层和外立面蔓延。该建筑内有大量人员办公和居住，部分人员被困。火灾产生的高温和浓烟对建筑物结构安全构成威胁，同时可能引发周边区域的连锁反应，对周边环境和交通造成严重影响。

本次演练模拟火灾发生后，消防部门、医疗急救部门、公安部门、高层建筑物业管理部门、应急救援专家团队及相关技术支持单位等多方力量的应急响应和处置工作，涵盖现场应急指挥、人员疏散与救援、灭火作战、医疗救护、环境监测、火灾调查、后勤保障等多个关键环节,以全面检验和提升应对高层建筑物火灾的综合应急能力。

三、演练主要机构及主要职责

1. 领导小组

组长:[领导姓名及职务]。

副组长:[消防部门负责人、相关政府领导等]。

成员:[各相关部门负责人]。

主要职责:全面领导演练的筹备和实施工作;审批演练方案和评估报告;确定演练总指挥;对演练过程中的重大事项进行决策。

2. 策划部

总策划:[消防部门指挥中心负责人]。

副总策划:[消防部门参谋、高层建筑物业管理负责人、应急救援专家等]。

成员:[各领域专业人员]。

主要职责:落实领导小组的工作部署;精心设计演练方案;组织协调各方力量参与演练;妥善解决演练过程中的协调问题。

3. 评估组

组长:[应急管理专家]。

副组长:[消防指挥学院教授、安全评估机构负责人等]。

组员:[消防、安全、应急管理等领域专家和学者]。

主要职责:制定科学、合理的演练评估标准;对演练全过程进行客观、全面的评估;认真总结演练成效,准确指出存在的问题,并提出切实可行的改进建议;负责编制演练评估报告。

4. 技术支持组

组长:[科技部门负责人、消防装备技术专家]。

副组长:[无人机技术专家、消防装备研发工程师、通信技术工程师等]。

组员:[相关技术领域的专业骨干]。

主要职责:为演练提供全方位的技术支持;确保高喷灭火无人机、系留无人机、高层建筑压缩空气泡沫垂直长距离输送系统、导弹灭火系统等新型技术装备及常规通信、监测等设备正常运行;保障演练过程中的网络安全和数据传输稳定。

5. 后勤保障组

组长:[安全监管部门负责人、后勤部门负责人]。

组员：[消防安全监督员、建筑安全工程师、物资供应人员、餐饮保障人员等]。

主要职责：全程监督演练活动的安全执行情况；及时纠正演练过程中的不安全行为和违规操作；保障演练活动安全、有序推进；维持演练现场秩序，保障运输车辆，保障人员生活和安全等。

6. 参演队伍和人员

参演队伍和人员主要包括消防人员、物业工作人员和保安人员、医疗急救人员、环境监测人员、志愿者、医疗人员等。

四、演练过程

本次演练采用实战演练方式，演练策划过程严格保密，由非参演单位人员组成的策划部按照最小信息控制原则开展工作。演练策划科学规范，指导思想清晰明确，组织工作严密细致，各类信息通过合理的时间节点触发、现场提问、实时互动等形式呈现，设置总指挥、主持人、导调员、信息员、技术保障人员、评估人员等多种角色，保障演练过程流畅高效，这对提升应急管理水平和应急能力具有重要意义。参演各单位在收到火灾预警信息后，立即依据应急预案开展处置工作，导演组根据演练进程适时提出问题和场景变化，真实检验参演单位的应急处置能力，演练内容丰富充实，过程紧张有序。

（一）演练启动

[具体高层建筑名称]的火灾自动报警系统发出警报，监控中心显示火灾发生在[具体楼层]的[具体位置]。同时，有群众拨打报警电话，报告看到浓烟和火焰从建筑物窗户冒出的情况。

消防指挥中心在接到报警后，迅速记录火灾信息，并立即向各消防中队、联动部门（医疗、公安等）及高层建筑物业管理部门发出预警信息。各参演单位按照应急预案要求，迅速向上级汇报情况，并启动本单位的应急响应机制，做好应急准备。物业管理部门通过广播系统向楼内人员通报火灾情况，提示人员保持冷静，按照疏散指示标识进行疏散。

（二）演练执行

1. 指挥与协调

1）科目设置

消防指挥中心根据火灾信息，启动高层建筑物火灾应急预案，成立现场指挥部，并任命总指挥。总指挥迅速抵达现场指挥部，通过指挥系统了解火灾现场情况，协调各方力量，下达作战指令。

2）各单位完成情况

各消防中队、医疗急救队伍、公安警力等迅速赶赴现场，向现场指挥部报到。现场指挥部与各参战单位之间的通信畅通，指挥指令传达准确、及时，各单位按照指令迅速展开行动，有序开展救援工作。

2. 人员疏散与救援

1）科目设置

楼内疏散引导：高层建筑内的物业工作人员和保安人员迅速按照预定的疏散预案，使用手电筒、扩音器等工具，引导人员通过疏散楼梯向楼下疏散。在疏散过程中，工作人员要注意检查疏散通道是否畅通，帮助行动不便的人员（如老人、儿童、残疾人等）逃生，同时提醒疏散人员用湿毛巾捂住口鼻，低姿弯腰前行，避免吸入浓烟。

外部救援：消防救援人员利用登高平台消防车、云梯消防车在建筑外部对被困在较高楼层的人员进行救援。对于无法通过楼梯疏散且外部救援设备无法直接到达的被困人员，利用系留无人机携带救援绳索、救生篮等装备，靠近被困人员所在位置，实施救援。

人员就地避难：当疏散通道被烟火阻断或因特殊情况无法及时疏散时，楼内人员在工作人员的指挥下，迅速寻找相对安全的房间进行就地避难。避难人员关闭房门，用湿布、毛巾等封堵门缝，防止烟雾侵入。同时，避难人员利用屋内的水源浸湿衣物，覆盖在身上降温，并通过窗户向外界发出求救信号，如挥舞鲜艳衣物、使用手电筒闪烁等，保持冷静等待救援人员到来。

2）各单位完成情况

物业和保安人员有序组织人员疏散，疏散通道保持畅通，人员疏散有序进行，未出现拥挤、踩踏等现象。大部分人员能够在引导下安全疏散至楼下的临时避难区域。

消防救援人员熟练操作登高平台消防车和云梯消防车，成功解救了部分被困在较高楼层的人员。系留无人机操作小组准确操控无人机到达指定位置，成功向被困人员投放救援绳索和救生篮，将被困人员安全转移至地面。

在人员就地避难环节，工作人员能够及时指挥楼内人员正确实施就地避难措施，避难人员积极配合，有效利用室内资源进行自我防护并发出求救信号，坚守待援过程中保持良好的秩序与心态，最大程度地保障自身安全直至被救援人员发现并解救。

3. 灭火作战

1）科目设置

初期扑救：最先到达现场的消防中队利用建筑周边的消火栓，铺设水带，对火势进行初期控制，阻止火势蔓延。同时，另一组消防人员携带灭火器进入建筑底层，对火灾蔓延方向的火势进行压制。

高喷灭火无人机作业：高喷灭火无人机起飞，飞至火灾楼层上方，对火势较大、人员难以靠近的着火点喷射干粉或消防泡沫，压制火势，为后续救援工作创造条件。

高层建筑压缩空气泡沫垂直长距离输送灭火：启动高层建筑压缩空气泡沫垂直长距离输送系统，将泡沫灭火剂输送至着火楼层，覆盖着火区域，扑灭明火，并防止火势复燃。

导弹灭火技术应用（模拟）：在火势凶猛且常规灭火手段难以有效控制火势蔓延的情况下，模拟使用导弹灭火技术（可使用模拟弹或其他替代方式），对建筑高层的火势核心区域进行精准灭火，展示其在极端情况下的灭火能力。

2）各单位完成情况

消防人员在初期扑救过程中操作熟练，有效控制了火势的初期蔓延，为后续救援工作争取了时间。

高喷灭火无人机准确飞至目标区域，按照预定方案喷射灭火干粉或泡沫，对火势起到了明显的压制作用。无人机飞行稳定，灭火操作顺利。

高层建筑压缩空气泡沫垂直长距离输送系统运行正常，泡沫灭火剂准确输送至着火楼层，有效扑灭了大部分明火，系统输送过程稳定，灭火效果良好。

在模拟导弹灭火环节，相关设备模拟操作准确，展示了导弹灭火技术在应对高层建筑复杂火势时的独特优势，各相关操作和配合环节符合预定方案。

4. 医疗救护

1）科目设置

在临时避难区域和消防救援现场附近设置医疗救护点，医疗急救人员对疏散出来的受伤人员（模拟不同程度的烧伤、吸入性损伤、骨折等伤情）进行分类处理、急救处理。对重伤员进行心肺复苏、止血、包扎、固定等急救措施后，迅速用救护车送往附近医院进行进一步治疗。

2）各单位完成情况

医疗救护点布置合理，急救人员迅速对伤员进行了分类和急救处理。急救设备齐全且使用熟练，重伤员得到及时、有效的初步救治，并被安全、快速地送往医院。医疗转运过程顺利，与医院之间的交接工作有序。

5. 环境监测与火灾调查

1）科目设置

环保部门派出环境监测人员，在火灾现场周边设置多个监测点，对空气质量（包括烟雾中的有害物质浓度）、水质（如消防废水排放对周边水体的影响）等进行实时监测。火灾调查人员在火灾扑灭后，及时进入现场，对火灾原因进行调查，收集证据，确定起火点和起火原因。

2）各单位完成情况

环境监测人员按时到达现场，准确设置监测点，监测设备运行正常，能够及时获取环境数据，并将数据反馈给现场指挥部。火灾调查人员在确保安全的前提下，迅速开展调查工作，按照规定程序收集证据，对火灾现场进行详细勘察，初步判断起火点和起火原因，并做好记录。

6. 资源保障

1）科目设置

后勤保障组根据现场救援需求，调配应急物资（如灭火器、消防水带、救援绳索、防护装备等）、设备（如消防车、救护车、无人机等）和人员（包括志愿者、增援的消防和医疗人员等）。同时，保障现场的通信、电力供应和饮食、饮水供应。

2）各单位完成情况

后勤保障组及时响应，物资调配迅速准确，确保了救援工作所需的物资和设备充足。通信和电力供应稳定，未出现因物资、设备短缺或能源供应问题影响救援工作的情况。饮食、饮水供应及时，满足了现场救援人员和疏散群众的基本需求。

（三）应急演练结束与中止

经过各方力量的共同奋战，火灾被完全扑灭，被困人员全部获救，受伤人员得到妥善救治，火灾现场得到妥善处理，环境监测数据显示周边环境恢复正常。现场指挥部根据情况，宣布应急演练结束。各小组按照指挥部指令，有序撤离现场，将使用的设备和物资进行清点、整理和归还。对演练过程中出现的问题进行收集和整理，各单位组织召开内部总结会议，对本单位在演练中的表现进行评估，提出改进措施和建议，并将相关情况上报给演练记录与评估组。

五、演练总结

本次高层建筑物火灾应急演练圆满完成。通过模拟真实火灾场景，全面检验了高层建筑物火灾应急管理体系的有效性，验证了应急预案在应对此类复杂突发事件时的科学性和实用性。演练过程中，各部门和单位紧密协作，协调一致，充分展示了在指挥与协调、人员疏散、灭火救援、医疗救护、环境监测、资源保障等各个环节的应急处置能力。新型灭火救援技术装备（高喷灭火无人机、系留无人机、高层建筑压缩空气泡沫垂直长距离输送技术、导弹灭火技术等）在演练中得到了有效应用和检验，为今后在实际火灾救援中的推广使用积累了宝贵经验。同时，通过演练也发现了一些问题和不足之处，如部分人员对新型装备的操作不够熟练、个别环节的协调沟通还需进一步加强等。针对这些问题，各单位将认真分析原因，制定改进措施，进一步完善应急预案和应急管理体系，提高应对高层建筑物火灾的能力。此次演练不仅增强了参演人员的应急救援技能和实战经验，也向社会公众普及了高层建筑火灾防范和自救知识，增强了公众的消防安全意识，为保障城市安全和人民生命财产安全作出了积极贡献。

第三节　地震和其他地质灾害应急救援演练

本案例属于实战演练案例，在演练推演过程中采用标准模式设计演练情景，设置了5个科目，每个科目又划分成多个子科目，各个科目之间既有独立关系也有依存关系，在实施过程中采用按照时间顺序以单一科目单线进行的方式进行推演。本演练案例的脚本详见附录B中地震和地质灾害应急救援演练脚本。

一、演练背景与目的

随着全球气候变化和地壳活动加剧，地震和其他地质灾害的频发性与破坏性日益增强，对人民生命财产安全构成严重威胁。A省作为我国中部地区的重要省份，地形地貌复杂多变，地震和地质灾害风险较高。为了应对此类自然灾害，提升A省在地震和其他地质灾害面前的应急响应能力，确保在真实灾害发生时能够有效组织救援，减少损失，决定在A省Z县开展地震和其他地质灾害应急救援综合演练活动。

通过演练，检验和提高省、市、县三级应急管理体系的科学性和可操作性，确保在灾害发生时能够迅速、有序地进行应急响应和指挥调度。通过模拟真实灾害情景，加强各级救援队伍之间的协作与磨合，提高救援队伍的协同作战能力和现场处置能力。利用演练机会，对现有的应急救援技术装备进行全面检验，确保在关键时刻能够发挥其应有的作用。通过演练活动，向公众普及地震和其他地质灾害的防范知识，增强公众的防灾减灾意识和自救互救能力。通过实际演练，发现应急预案中存在的问题和不足，及时进行修订和完善，提高预案的适用性和针对性。培养和锻炼一批专业的应急管理和救援人才，为A省应急管理和救援工作提供人才保障。

二、演练情景

据中国地震台网中心测定，××××年××月××日10时00分，A省Z县发生了一次4.9级地震，震源深度为10km。震源较浅，Z县及其周边地区震感强烈，部分老旧建筑出现裂缝，一些山区发生滑坡和泥石流，导致交通中断和通信受阻。

本次演练设定在地震发生后，Z县及周边地区立即启动应急预案，进行地震和其他地质灾害应急救援行动。演练将模拟地震发生后的24小时内，各级政府、救援队伍和相关部门的响应和处置工作。

三、演练领导机构

本次演练由A省应急管理厅主办，Y市应急管理局协办，A省地质环境总站、Z县人民政府和Z县应急管理局承办。

后方指挥中心和现场观摩的嘉宾还有来自A省应急管理厅-应急指挥中心处长，应急救援中心主任，A省自然资源厅的领导同志、A省地质局的领导同志和A省地震局的领导同志……及上述相关厅局的有关负责同志。

参加现场演练的单位有：A省地震局、A省气象局、A省地质局水文地质工程地质大队、A省地质环境总站、电力公司、移动公司、Z县公安局、Z县交通运输局、Z县人民武装部、Z县民政局、Z县住房和城乡建设局、Z县消防救援大队、Z县卫生健康局、Z县疾控中心等有关单位和部门。

四、演练过程

演练过程包括演练启动、演练执行、演练结束等环节，如图6-1所示。

(一) 演练启动

在××××年××月××日上午10时至10时02分，地震和地质灾害应急救援演练在A省应急管理厅指挥大厅正式启动。演练的地点设在地震和地质灾害应急救援指挥部及Z县。参与演练的有总指挥、前方指挥、相关领导和观摩嘉宾等。

在演练的首个环节，前方指挥通过话筒向在场的所有人致以问候，并说明了演练目的：提高应急管理与指挥的科学性和可操作性，磨合救援队伍，检验技术装备。

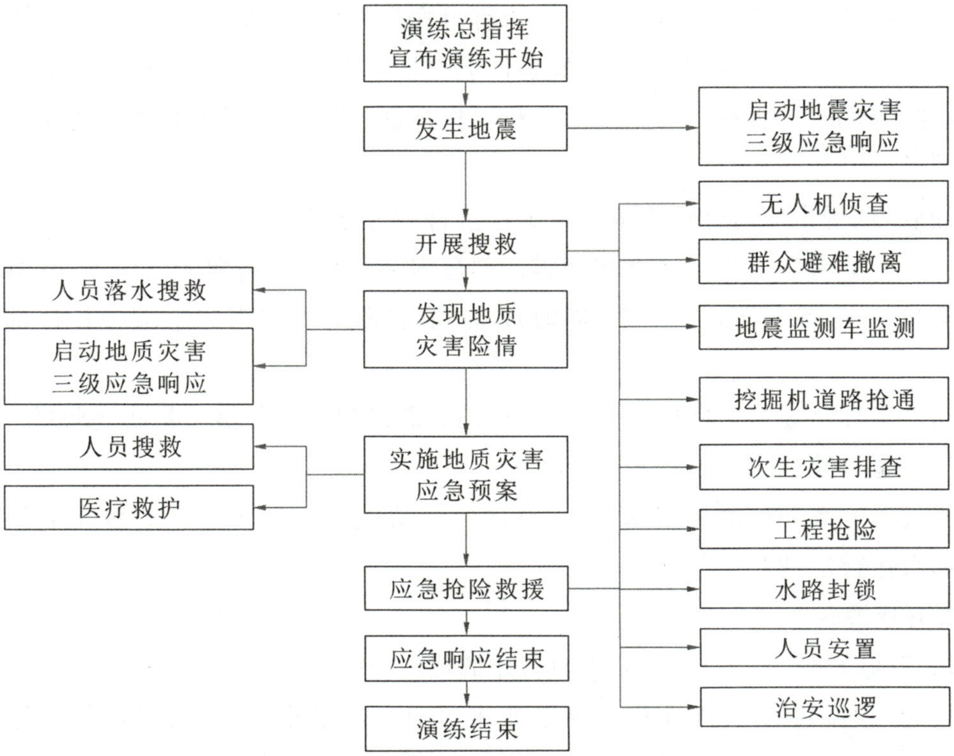

图 6-1　演练流程图

随后，宣布演练准备工作已经完成，并请求总指挥发出开始指令。

紧接着，镜头转向总指挥，通过话筒宣布："我宣布：演练开始！"地震和其他地质灾害应急救援综合演练活动正式开启。

（二）演练执行

1. 发生地震

在演练的第二幕中，展现地震发生的情景。

首先，地震台发布监测信息，大屏幕上播放地震发生时地动山摇的视频。在10:02至10:03这一分钟内，现场解说员（男声）通报了地震的具体情况："据中国地震台网中心测定，××××年××月××日10时00分，在Y市Z县发生了4.9级地震，震源深度10km，A省Y市Z县震感明显。"

紧接着，展现地震发生场面，大屏幕继续播放地震后的破坏视频，展示房屋倒塌和交通、通信中断的紧急情况。这一场景从10:03持续到10:05，在地震和地质灾害应急救援指挥部进行，参演人员包括前方指挥和现场指挥。

单兵一的镜头从现场指挥部全景缓慢推进至现场指挥。现场解说员(女声)描述震中Z县的紧急情况:“震中Z县出现部分房屋倒塌、交通、通信中断等情况,Z县人民政府根据《中华人民共和国突发事件应对法》《A省防震减灾条例》等相关法律法规,立即成立‘地震和地质灾害应急救援指挥部’,指挥协调各方救援力量开展应急救援。”

随后,现场指挥通过话筒报告情况:“报告前方指挥,××××年××月××日10时,A省Y市Z县发生4.9级地震。部分房屋倒塌,道路和通信中断,我县已启动地震灾害三级应急响应预案,同时成立‘地震和地质灾害应急救援指挥部’,请指示!”

前方指挥迅速作出回应:“好的,请你们立即组织各方救援力量实施救援。”

现场指挥简洁、有力地回答:“是!”

通过这一系列的动作和指令,演练的第二幕生动地展示了地震发生后的应急响应和救援行动的启动过程。

2. 开展搜救

在演练的第三幕中,展现紧张而有序的搜救行动。

10:05至10:06,在地震和其他地质灾害应急救援指挥部,现场指挥通过话筒发出指令:“请各抢险救援小组按各自职责,迅速开展应急抢险搜救工作,排查隐患,保护人民生命财产安全,遇到情况及时报告。”随后,避险撤离组、交通治安管制组、消防救援队、水上救援组、应急调查组、医疗救护组、灾民安置组、无人机组及工程抢险救援组集体回应“是”,准备迅速行动。

10:06至10:07,各救援小组根据指令分散奔赴现场,开始执行应急救援任务。现场解说员描述说:“各救援小组迅速执行应急预案,按照各自职责奔赴现场开展搜救。”

10:07至10:08,为了快速掌握灾情,无人机操作员接到指令,立即操作无人机起飞进行全域搜寻,通过航拍获取灾情信息。

10:08至10:09,避险撤离组在居民集中处组织群众有序撤离到安全地带。

10:09至10:10,A省地震局的相关人员使用地震监测车进行地震监测,确保能够及时了解余震活动情况。

10:10至10:11,工程抢险救援组使用挖掘机对阻塞的道路进行抢通,确保救援通道畅通。

10:11至10:12,无人机组和应急调查组在滑坡附近迅速开展次生灾害巡排查,防止地震引发的次生灾害。

整个第三幕通过有序的指挥和各小组的紧密协作，展示在地震发生后，如何迅速、有效地开展搜救和救援工作，确保人民生命财产的安全。

3. 发现地质灾害险情

在演练的第四幕中，展现地质灾害险情被及时发现和应急救援人员迅速响应的场景。

10:12 至 10:14，在滑坡现场，无人机组和应急调查组发现了紧急情况。无人机摄像头捕捉到滑坡导致房屋倒塌，一人落水的画面。无人机组组长立即向现场指挥报告了这一情况："报告现场指挥，无人机在搜寻过程中发现东侧有一区域发生滑坡，造成房屋倒塌，滑坡下方水域有一人落水。"现场指挥迅速作出反应，指示水上救援组和应急调查组分别进行救援和调查。

10:14 至 10:17，在滑坡东侧水库，水上救援组接到指令后，迅速驾驶冲锋舟到达落水人员位置进行救援。经过努力，落水人员被成功救出并送去医疗救护。

10:17 至 10:21，应急调查组和无人机组在滑坡现场进行了详细的调查。应急调查组身穿专业服装，使用工具进行现场测量和记录，而无人机则提供了实时的影像资料。应急调查组组长向现场指挥汇报了初步调查结果，并请求支援："报告现场指挥，应急调查组经对滑坡进行初步调查，建议立即组织撤离，并启动地质灾害应急预案三级响应。"

现场指挥随即向前方指挥报告情况，并得到启动应急预案三级响应的指示。同时，现场指挥也指示消防救援组在保证安全的情况下组织救援。

整个第四幕通过无人机的高效侦察、各救援组的迅速响应和专业调查，展示在地质灾害发生时，如何快速发现险情并采取有效措施进行救援和防范，确保了人员的安全，减少了灾害损失。

4. 实施地质灾害应急预案

在演练的第五幕中，展现地质灾害应急预案的实施。

10:21 至 10:24，在滑坡现场，消防救援组迅速响应现场指挥的指示，携带生命探测仪和搜救犬，紧急前往倒塌房屋进行搜救。利用破拆工具对被困人员进行施救。消防救援组组长通过无线电报告现场指挥："报告现场指挥，发现两名被困人员，一人轻伤，一人腿部受伤，需要医疗救护组支援。"现场指挥迅速作出反应，指示医疗救护组立即对伤员进行救治。

10:24 至 10:27，在滑坡现场，消防队员成功救出被困人员。医疗救护人员迅速行动，从救护车上取出担架，将伤员抬上担架并转移到救护车上。救护车随即拉响警笛，快速驶离现场，将伤员送往医院进行救治。医疗救护组组长通过无线电向现场指挥报告:“报告现场指挥,两名被困人员已成功救出,一名轻伤,另一名腿部受伤严重,无生命危险,目前正准备送往中心医院救治。”现场指挥回复医疗救护组:“好的,路上注意安全。”

整个第五幕通过消防救援组和医疗救护组的紧密协作,展示在地质灾害发生后,如何迅速、有效地实施应急预案,进行人员搜救和医疗救治,确保了伤员得到及时救治,减少了灾害造成的损失。

5. 应急抢险救援

在演练的第六幕中,展现应急抢险救援行动过程。

10:27 至 10:30,在滑坡现场,工程抢险救援组根据地质专家确定的应急处置方案,迅速采取行动。对滑坡体采取反压坡脚、裂缝回填、开挖截排水沟等措施,以稳定滑坡体并防止进一步变形。与此同时,应急调查组加强对滑坡体的变形监测,确保救援工作的安全。现场解说指出:“受地震影响,滑坡后缘新出现了一条拉张裂缝,滑坡体目前正处于加速变形期。工程抢险救援组和应急调查组正协同工作,采取应急处置措施并进行监测。”

10:30 至 10:31,在滑坡前缘水上航道,水上救援组执行封锁任务。两艘冲锋舟在水上巡逻,防止船只和人员进入滑坡影响区域,避免因涌浪造成二次伤害。

10:31 至 10:32,在灾民安置点,灾民安置组、卫生防疫人员和民政人员共同协作,确保灾民的基本生活需求得到满足。卫生防疫人员对安置区进行消毒,防止疫情发生,而灾民安置组则向灾民发放面包、水等生活物资。

10:32 至 10:33,在居民集中处,交通治安管制组加强治安巡逻,维护安置点及其周边区域的秩序。

整个第六幕展示了在地质灾害发生后,如何通过多部门的协调合作,迅速、有效地开展应急抢险救援行动,保障人民生命财产安全,减少灾害带来的损失。

(三)应急演练结束与中止

在演练的第七幕中,展现随着应急救援行动深入进行,各项紧急情况得到有效控制,最终实现了应急救援的圆满结束。

10:33 至 10:34,在地震和其他地质灾害应急救援指挥部,所有参与救援的单位经过不懈努力,成功完成了救援任务。现场解说指出:“滑坡威胁区所有群众已安全转移,伤员得到救治,灾后工作正常开展,受灾群众得到妥善安置。电力、通信、交通已逐步恢复正常。”

10:34 至 10:36,各救援小组向现场指挥汇报工作情况。避险撤离组、抢险救援组、医疗救护组和灾民安置组依次报告了他们的工作成果，现场指挥对大家的努力表示感谢，并提醒大家继续做好后续工作。

10:36 至 10:39，在会商中心，现场指挥要求应急调查组汇报滑坡的最新情况。应急调查组报告了滑坡经过应急处置后已基本稳定，险情得到控制。随后，会商专家组对现场监测资料和最新监测数据进行分析，一致认为滑坡已处于基本稳定状态，可以解除警报。

10:39 至 10:40，在地震和其他地质灾害应急救援指挥部，前方指挥根据专家会商意见和建议，宣布解除警报，响应中止。同时，要求相关单位继续做好后续工作。

随着整个第七幕各救援小组汇报、专家会商讨论及最终警报解除的完成，应急救援行动圆满结束。整个应急救援过程体现了各参与单位的高效协作和专业能力，确保了人民群众的生命财产安全。

五、总结点评

在演练的第八幕，总结讲评环节，所有参与人员和单位在地震和其他地质灾害应急救援指挥部集合，标志着本次演练活动接近尾声。

10:40 至 10:45，在地震和地质灾害应急救援指挥部，现场指挥通过话筒发出指令："请各参演单位及相关人员到指定位置集合。"随着指令的发出，所有参演人员迅速行动，到指挥部前集合。

10:45 至 10:50，在地震和其他地质灾害应急救援指挥部及省应急管理厅指挥大厅，现场指挥向前方指挥报告："报告前方指挥，各参演单位已集合完毕。请指示！"前方指挥随即邀请总指挥 A 省应急管理厅厅长进行点评总结："现在请总指挥 A 省应急管理厅厅长××同志对本次演练进行点评总结。"

镜头切换至省应急管理厅指挥大厅，总指挥 A 省应急管理厅厅长××同志开始对本次演练进行详细的点评和总结。

最后，在总结讲话的尾声，总指挥宣布："现在，我宣布 A 省地震和其他地质灾害应急救援演练圆满结束。"

整个第八幕通过集合参演人员、演练总结和领导点评，展现对本次地震和其他地质灾害应急救援演练的全面回顾和深入分析，为今后进一步提升应急救援能力提供了宝贵的经验和教训。

六、演练总结

本次 A 省地震和其他地质灾害应急救援演练已圆满结束，通过这一系列的模拟行动，成功地检验了应急预案的有效性，加强了救援队伍之间的协调合作，确保了技术装备的可靠性，并提升了公众的防灾减灾意识。演练过程中，优化了应急流程，发现了需要改进的地方，并借此机会培养了应急救援的专业人才。跨部门的沟通与协作得到了加强，信息发布与沟通的流程也得到了检验和完善。在演练结束后，通过总结讲评，总结了经验，吸取了教训，为未来可能发生的灾害事件做了更充分的准备。这次演练不仅提高了各级政府和相关部门的应急管理水平，也增强了公众的安全意识。后续将继续定期举行类似的演练活动，以不断提升应急救援能力，确保在面对真实灾害时能够有效地保护人民的生命财产安全。

第四节　低温雨雪冰冻灾害应急演练

本案例属于桌面演练和实战演练相结合的案例，在演练推演过程中采用标准模式设计演练情景，设置了 7 个科目，各个科目之间既有独立关系也有依存关系，在实施过程中采用按照单一科目单线进行的方式进行推演。本演练案例的脚本详见附录 B 中低温雨雪冰冻灾害演练脚本。

一、演练背景与目的

随着全球气候变暖，极端天气事件频发，给人们的生产生活带来极大的影响。特别是在 A 省，低温雨雪冰冻灾害已经成为一种常见的自然灾害。为了检验 A 省电力有限公司及各市县级供电企业应对低温冰冻灾害天气的供电保障应急能力和水平，提高 A 省电力有限公司在应对低温雨雪冰冻灾害方面的能力，确保电力系统安全稳定运行，A 省电力有限公司举办低温雨雪冰冻灾害应急演练。

本次演练的核心目的是深入学习和贯彻党的二十大精神，同时执行公司党组的决策部署。致力于提前规划，确保公司冬季电力供应的安全与稳定，这是一项至关重要的任务。通过专注于实战演练、结合平时与战时的应急准备，并以实战检验促进平时工作完善，旨在检验公司的系统应急预案、加强团队训练、优化应急响应机制，并最终提升整体的应急处理能力。

二、演练情景

本次演练情景的设定充分考虑了实际低温雨雪冰冻灾害发生时可能出现的各种复杂情况，以确保演练的实战性和针对性。情景模拟中涵盖了极端天气条件下电力设备的运行状态，以及电力供应中断后的应急响应措施。情景设计还包含灾害发生后对公众的预警信息传递，确保信息的准确性和及时性。演练将通过模拟真实灾害场景，检验电力系统在极端天气条件下的稳定性和供电保障能力。本次演练以××××年××地遭遇的2019年以来最严重的多轮雨雪冰冻灾害为背景，聚焦预警发布、启动响应、无人机勘灾、卫星通信、通信车使用等关键情景。

三、演练主要机构及主要职责

为确保演练工作顺利进行，临时成立演练领导组、策划部、评估组、安全监督组、技术支持组和后勤保障组，各组成员由公司内部具有丰富经验的员工担任，确保演练的高效和专业。

1. 领导小组

组长：[相关领导]。

副组长：[相关领导]。

成员：[各相关部门经理]。

主要职责：负责领导演练的筹备和实施，负责审批演练方案和演练评估报告，指定演练总指挥人选及决定演练的其他重要事项等。

2. 策划部

组长：[安监部经理]。

副组长：[安监部分管副经理、生技部分管副经理、市场部副经理、调度中心副经理]。

成员：[各专业业务骨干]。

主要职责：落实演练领导组部署的各项工作；编制演练方案，并按照演练方案组织相关部门、单位参演；负责协调解决演练相关事宜。

3. 评估组

组长：[安监部经理]。

副组长：[安监部分管副经理]。

组员：[相关应急专家]。

主要职责：编制演练评估标准，根据评估标准对演练全过程进行评估；提出本次演练所取得的成效、存在的问题及其改进建议；编制本次演练评估报告。

4. 技术支持组

组长：[调度中心经理]。

副组长：[信息中心分管副经理]。

组员:[调度中心、信息中心业务骨干]。

主要职责:为演练活动提供必要的技术支持,确保演练过程的通信装备能正常使用并符合网络安全要求。

5. 后勤保障组

组长:[安监部分管副经理、综合服务中心经理]。

组员:[各市县级供电企业相关人员、综合服务中心相关人员]。

主要职责:对演练全过程进行安全监督,及时制止演练实施过程中的违规行为,确保演练活动安全顺利开展;负责做好参演人员后勤安排;根据演练需要调配车辆,做好交通运输保障。

6. 参演队伍和人员

参演队伍包括来自 A 省电力有限公司及各市县级供电企业的专业技术人员、应急管理人员、一线操作人员等,分别承担不同的角色和职责,确保演练的各个环节能够顺利进行。

四、演练过程

本次演练采取了检验性的实战演练(双盲)模式,确保了演练策划工作的严格保密性。策划团队遵循最小单位控制原则,由未参与实际演练的人员组成。演练的策划遵循规范,指导思想清晰,组织工作严谨。演练中,信息的传递采用了最短时间内的超前触发、即时提问和实时互动等方法。此外,设置了总指挥、主持人、导调员、信息员、技术保障人员和评估人员等关键角色,以确保演练顺畅进行。这些措施对于推动应急管理的改进和能力提升具有重要的意义。

参演各单位收到公司预警响应信息后,立即按照应急预案要求开展处置工作,导演组根据演练进程适时出题考问,真实检验参演单位的应急处置能力。演练内容充实,演练过程紧张、有序,有效解决了演习变成形式主义"演戏"的问题。演练流程如图 6-2 所示。

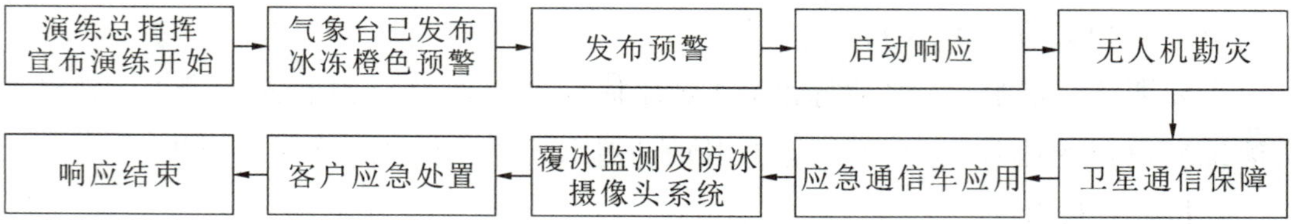

图 6-2 演练流程图

（一）演练启动

1. 科目设置

11 月底至 12 月 5 日，受持续强冷空气影响，A 省北部地区出现雨夹雪、冻雨、冰冻及道路结冰现象，气温降至 0℃，局部高寒山区气温降至－1℃。预计未来 3 日，低温冰冻天气还将持续，A 省气象台已发布冰冻橙色预警。鉴于天气情况，A 省电网公司发布低温雨雪冰冻灾害橙色预警，相关单位逐级发布预警。事件名称“202×年×月×日 A 省冰灾”。要求预警范围内各市、县供电局进行研判，并根据应急预案的要求在应急指挥平台发布相关预警。

2. 各单位完成情况

在接收到信息后，按应急流程组织所属单位逐级在电网管理平台发布预警。经查阅电网管理平台，参与演练的 5 个地市级单位中，7 个县级单位在系统里发布预警。

（二）演练执行

1. 发布预警

科目设置：11 月底至 12 月 5 日，受持续强冷空气影响，A 省北部地区出现雨夹雪、冻雨、冰冻及道路结冰现象，气温已降至 2－3℃，局部高寒山区气温已降至－1℃。预计未来 3 日，低温冰冻天气还将持续，气象台已发布冰冻橙色预警。鉴于天气情况，公司发布低温雨雪冰冻灾害橙色预警，相关单位逐级发布预警。事件名称为“202×年×月×日冰灾”。请预警范围内各市、县供电局研判，根据应急预案的要求在应急指挥平台发布相关预警，关联冰灾事件。

各单位完成情况：××供电局在接收到信息后，按应急流程组织所属单位逐级在电网管理平台发布预警。

2. 启动响应

科目设置：A 省北部区域的低温天气持续，局部高寒山区气温已降至－3℃。上述单位管辖区域已连续 3 天出现覆冰比值 0.5 以上的主网线路，并且覆冰比值开始超过 0.75，未来 3 天还将持续低温雨雪冰冻天气。启动低温雨雪冰冻灾害应急响应。响应范围：A 省电网公司及所属市县公司，11 点后在电网管理平台发布响应信息，12 点前完成信息上报。

各单位完成情况：各市、县供电局研判，根据应急预案的要求，在应急指挥平台启动响应。

3. 无人机勘灾

科目设置:受冰灾影响,部分线路覆冰,部分区域出现跳闸断电现象,须尽快确定供电失效区域及整体灾情。××供电局分别使用无人机对输电线路进行巡视工作。

各单位完成情况:各参演单位均能够完整、全面地汇报巡线情况。

4. 卫星通信

科目设置:××等单位的工作人员,前往山区进行线路巡视。由于山区信号被遮挡,手机通信受到干扰,需要使用卫星电话与指挥中心保持联系,汇报输电线路的巡视情况。

各单位完成情况:××供电局通过卫星电话拨打进指挥中心并汇报输电线路巡视情况,××供电局未拨打成功。

5. 应急通信车应用

科目设置:××供电局进入被冰雪覆盖的高寒山区进行先期处置。受极端天气影响,通信信号遭到严重干扰,需通过应急通信车与指挥中心汇报输电线路运行情况。

各单位完成情况:应急通信车回传视频画面清晰流畅,音质清楚,演练人员操作通信车设备熟练,设备操作步骤详细。

6. 覆冰监测及防冰摄像头系统

科目设置:受冷空气影响,××市北部高寒山区迎来今年入冬以来的第一场雪。12 月 5 日,高寒山区最低气温达到零下 6℃,需对 110kV××线#×杆塔进行观冰。

各单位完成情况:防冰摄像头系统回传画面清晰度不足,有卡顿感,汇报场景单一。

7. 客户应急处置

科目设置:持续低温天气使部分山区出现雨雪冰冻灾害,导致××市等地部分乡镇的供电线路反复覆冰,部分电网严重受损后,导致大范围停电,大量客户集中拨打 95598 咨询停复电信息,话务量突增,请客服中心处置。以此检验发生大规模的用户停电及影响民生的重要用户停电后的客户应急服务水平。

各单位完成情况:客服中心整体回答完整,材料提交及时。

五、演练总结

(1) 演练的严谨性和规范性是确保演练顺利进行的关键。

在策划演练工作时，严格遵循最小单位的控制原则，并由非参演单位的人员构成策划团队。这一做法确保了演练的真实性和有效性，防止了内部人员的介入可能对演练结果产生的不利影响。此外，演练的实施过程严格依照既定的演练策划规范进行，以保障演练顺畅进行。

(2)“双盲”演练是验证能力的有效手段。

本次演练采用了检验性的双盲实战模式，仅制定了演练控制脚本，未公开具体内容和场景设置。演练方案于启动时通过“一问一答”的形式发布，显著提升演练难度，强化突发性和真实性特征。该模式有效克服形式化倾向，客观评估基层单位的应急响应能力，并揭示参演单位在低温雨雪冰冻灾害应急处置方面可能存在的问题。此外，这种保密性的演练方法确保了在没有外界干扰的情况下，系统检验应急预案的完备性及实操能力。

(3) 应急通信技术是实现穿透性应急指挥的有效手段。

各参演单位均配置了卫星通信车、卫星便携站、卫星电话，打造了一体化的卫星应急通信系统，此外还在演练中使用了通信软件，多手段、多途径地将现场情况快速回传各级指挥中心，使指挥中心能快速、实时、穿透性地了解现场情况，能有效提高应急指挥决策和应急抢修工作效率。

(4) 技术保障是顺利实现演练目标的必要支撑。

在演练过程中，充分利用了电网管理平台、公网视频会议系统和卫星通信等多种手段，有效地完成了应急指挥、信息报告和展示任务。这些手段的运用，不仅检验了演练的完成情况，还为演练指挥、控制和评估提供了坚实的技术支持，也为远程应急通信和指挥协调的探索与研究提供了宝贵的经验。

(5) 提高信息传递的及时性，对于提升应急处置的决策效率具有重要意义。

在演练过程中，采取了合理且最小化的时间提前触发、即时提问和实时互动等策略，以确保各类信息的及时传递和有效处理。这种高效的信息传递方式不仅保障了信息的时效性，还提升了信息的效用，能够迅速作出准确的决策。此外，实时互动也能够及时识别并解决问题，从而增强了演练的整体效果。

第五节 防汛抢险救援综合演练

本案例属于实战演练案例，在演练推演过程中采用标准模式设计演练情景，设置了 11 个科目，各个科目之间既有独立关系也有依存关系，在实施过程中采用按照时间顺序单一科目单线进行的方式进行推演。本演练案例的脚本详见附录 B 中防汛抢险救援综合演练脚本。

一、演练背景与目的

1. 演练背景

为深入贯彻习近平总书记关于防汛救灾工作重要指示精神，落实全国、全省防汛抗旱工作电视电话会议要求，强化各级防范应对特大洪涝灾害、山洪地质灾害和次生灾害能力，A省防办拟于6月上旬组织A省防汛抢险救援综合演练。为高标准、高质量地完成演练工作，制定本方案。

2. 演练目的

以习近平新时代中国特色社会主义思想为指导，深入学习贯彻党的二十大精神，按照党中央、国务院关于防灾减灾救灾工作决策部署，坚持人民至上、生命至上，坚持问题导向、实战牵引，汲取特大暴雨等灾害应对处置的经验、教训，突出特大洪涝灾害、山洪地质灾害和次生灾害的应对，真实构设演练环境、确立演练科目，根据A省防汛抢险特点，统筹抗洪抢险救援行动，让“练指挥、练协同、练战法、练保障”贯穿全程，将“数字化、信息化、智能化”支撑系统和“新装备、新技术、新手段、新战法”应用于演练全流程，全面提升综合防范重大风险和有效应对重大险情的能力。

二、演练情景

进入7月以来，受厄尔尼诺现象影响，A省出现极端强降雨，长江发生流域性较大洪水，中游干流沿线多站点超保证水位，省内多条中小河流发生超警戒超保证洪水，多地中小型水库(湖泊)长时间高水位运行。据气象、水文部门预报，近期A省中东部仍有极端强降雨天气发生，大堤发生灾害性风险的可能性极高，S市已遭遇严重洪涝灾害，造成部分道路损毁、桥梁垮塌、电网中断、工厂被淹、群众被困；S市某堤防已出现漏洞、管涌、滑坡、漫溢等险情，有溃口风险。洪涝灾害给人民群众生产生活和生命带来严重威胁，防汛形势十分严峻。经省防汛抗旱指挥部会商研判，A省启动防汛一级应急响应。根据省防汛抗旱指挥部(以下简称“省防指”)要求，省、市、县迅速组织力量展开防范应对处置工作。

三、演练时间和地点

(1) 演练时间：拟定于6月上旬，时间0.5天。

(2) 演练地点：A省S市。

四、组织领导及任务分工

组织领导及任务分工：在省防指领导下，省防办成立演练工作领导小组，由省应急管理厅牵头负责，统筹相关成员单位和J市、S市相关力量参加，演练工作领导小组全面负责演练的组织筹划、综合协调、指挥调度、检查督导、组织实施等工作。

1. 领导小组

组长：[×××]。

副组长：[×××]。

下设综合协调、演练导调、现场指导、通信保障、新闻宣传、后勤保障6个小组，由厅机关相关处室和S市应急管理局相关人员担任各组成员。

2. 协调组

协调组主要负责制定演练工作总体方案和演练实施方案，编写演练脚本和导调文书，演练文书的起草、报送和会务组织，演练背景导入片的审定，协调演练经费保障，梳理汇总演练资料等工作。

3. 导调控制组

导调控制组主要负责建立演练指挥机构、组织现场演练和衔接演练有关工作、协调调派参演力量和装备、组织现场导调等工作。

4. 技术支持组

技术支持组主要负责指导演练场地构设、搭建演练指挥机构和观摩场地；指导分科目排练和全程演练；协调演练空域、水域和航路、航线、航道保障；检查演练相关工作落实；督导参演力量和演练现场安全管理等工作。负责构建指挥信息平台，现场通信、音视频及视频观摩保障等工作。

5. 宣传组

宣传组主要负责把好新闻宣传报道关口，协调邀请中央、省级新闻媒体单位，组织演练前期宣传和后期新闻报道工作。

6. 后勤保障组

后勤保障组主要负责参演力量、观摩人员食宿及车辆保障，组织现场交通指挥和安全保障，组织现场电力和网络保障，组织现场卫生防疫和医疗救治，组织参演车辆、装备油料保障，组织演练应急物资保障。

五、演练组织及类型

演练组织：演练由A省防汛抗旱指挥部办公室、省应急管理厅、省水利厅主办，J市防汛抗旱指挥部协办，S市人民政府承办。

演练类型：实战演练。

六、演练科目

1. 科目一:灾情侦测

(1) 空中侦测:利用先进的卫星遥感技术及长航时无人机,对人员受困、受灾区域进行高效的空中侦测。

(2) 探地侦测:运用探地雷达,对坝体、边坡内部的缝隙、空洞、脱坡、白蚁巢穴等险情进行扫描探测。

(3) 水域探测:针对水域的侦测任务,利用水上无人船对水下地形和实时断面流量进行探测。

(4) 气象水文应急监测:气象、水文监测。针对严峻的防汛形势,气象、水文部门临时加装监测设备,增加监测设备密度,对监测设备采集的数据进行分析,并提出防范应对建议。

2. 科目二:会商研判

市防汛抢险救援现场指挥部启动联合会商机制,现场指挥长组织应急、水利、气象、水文等部门研判形势,制定应对措施。

3. 科目三:临灾叫应

运用一体化预警发布平台发布预警信息,点对点叫应基层责任人,采取应急广播、无人机喊话等方式叫应群众,组织群众转移避险。

4. 科目四:开辟应急通道

利用动力舟桥、机械化桥、应急模块化桥、硬质路面机快速打通应急救援通道。

5. 科目五:应急通信保障

重点演练在通信中断情况下,村镇干部运用应急通信终端(卫星电话、对讲机、北斗短报文等)报送信息;通信保障队伍运用多种方式建立指挥专网、恢复公网通信。

6. 科目六:水域搜救

围绕水面搜救、孤岛群众转移任务,利用水上指挥平台调度舟艇、无人机、动力舟桥、直升机等多种装备,实施人员转移搜救。

7. 科目七:救援安置

演练转移灾区群众,按“十二有”要求(有饭吃、有干净水喝、有衣穿、有临时安全住所、有卫生淋浴间、有医疗服务、有治安点、有标识、有专门管理人员、有受灾群众台账、有临时党支部、有文化活动)安置人员。

8. 科目八:内涝救援

针对城市内涝险情,演练各救援队伍运用多种装备,采取多种方式,搜救转移被困群众，动用大型排涝装备紧急排涝。

9. 科目九：堤防险情处置

主要演练突击力量和防汛专业力量，运用传统和新型抢险技术、制式和简易装备器材来处置管涌、漏洞、脱坡、漫溢等常规险情。

10. 科目十：工程抢险

演练空中、陆上、水面救援力量协同处置崩岸、决口、淤堵等险情。

11. 科目十一：次生灾害处置

针对暴雨洪涝导致的次生灾害，演练矿山透水和化学品燃爆事故救援处置流程。

七、工作日程安排

1. 演练筹划阶段

5 月上旬，完成演练场地勘察，精心筹划确定演练科目、参演单位、装备和人员，拟定演练工作方案报省防指审批。

2. 演练准备阶段

5 月中旬，完成演练科目设计，拟定演练实施方案、计划、演练规定等文书，召开演练部署会。5 月下旬，构设演练场地，准备演练所需物资器材，完成演练脚本编写，指导相关参演单位开展针对性专项训练。5 月下旬，完成指挥部开设、观摩区搭建和指挥信息系统调试等工作；组织人员装备进场，开展分课目训练、分阶段合练。

3. 演练实施阶段

6 月上旬，根据演练实施计划，组织相关部门、单位人员参加演练，按全要素、全流程地组织 2 次以上预演练；正式组织演练，组织现场观摩和视频观摩。

4. 演练总结阶段

6 月中旬组织各参演单位进行演练评估和反思总结，查找存在的问题，收集汇总资料，进行演练总结。

八、有关保障

1. 组织保障

演练工作领导小组人员从省应急管理厅机关和省防指相关成员单位抽调，组成专班专司演练筹备和组织实施工作。

2. 装备保障

装备按科目需要以建制单位携带为主，不足部分由省防办负责协调保障。

3. 场地保障

演练场地的构设由演练工作领导小组指导S市政府完成。

4. 经费保障

演练经费初步概算约×××万元。

5. 其他保障

演练现场的电力保障、网络保障、医疗保障、安全保障由S市人民政府负责。

九、有关要求

1. 加强组织领导

各相关部门要把此次演练作为当前阶段性重点工作来抓，各任务单位（处室）负责人要亲自筹划，明确任务分工、指定专职人员，全体参演人员要积极推动、狠抓落实，确保演练各项工作有序展开、有力推进、有效落实。

2. 坚持从难从严

根据流域洪水、城市内涝、山洪灾害链的特点，模拟真实场景设置演练科目，尽力使参演单位和人员在逼真的环境、复杂的条件、困难的局面中摔打锤炼，着力提升防大汛、抗大洪、抢大险、救大灾的能力。

3. 密切协同配合

机关各业务处室要充分发挥综合统筹职能，主动做好部门间、军地间、队伍间协调联动，实时掌握工作进度，及时协调解决困难问题，确保演练工作上下贯通、有力有序。各任务单位要将此次演练工作作为巩固应急联动机制的有力抓手，按照任务分工加强沟通对接，密切配合，协同协力推动演练工作落实。

4. 严格安全管理

参演单位、现场组织人员要切实强化安全意识、底线思维，认真组织安全风险评估，严格落实分训与合练、综合演练等环节的安全防范工作，确保演练全程安全。

附录 A

应急演练各步骤参考模板表

表 A.1 应急演练需求调研表(示例)

序号	调 研 内 容	调研反馈
1	应急演练组织单位名称	
2	应急演练参演单位名称	
3	上级部门或领导对本次开展应急演练是否有相关要求?	
4	本部门是否有系列的演练规划?	
5	是否有涉及的相关的资助协议或合作协议要求?	
6	列举本次开展应急演练所依据的法律法规和政策文件。这些法律法规和政策文件对应急演练有哪些具体要求?	
7	本次应急演练涉及的突发事件类型有哪些?	
8	过去是否发生过相关的突发事件?如果有,请简述事件的经过、原因和处理结果或提供相关调查报告	
9	是否有演练区域的风险评估报告?	
10	当前期待的应急演练场景包括哪些?	
11	预计开展应急演练的日期、时间和时长是多少?	
12	预计开展应急演练的地理区域或场所是哪些?	
13	期望演练开展的形式是什么?	
14	提供与应急演练场景相关的突发事件应急预案	
15	应急管理体系的组织架构及职责人员情况,包括部门职责、部门组织机构设置和人员配置等	
16	突发事件发生后主要业务、工作机制与应急处置流程	
17	应急资源和应急力量情况	
18	以往开展过的相关应急演练记录、应急演练方案、应急演练脚本等文件	
19	对演练效果、呈现方式有哪些具体期望?	
20	是否有其他特殊的需求或考虑因素?	

表 A.2 应急演练人员设计表

组名		姓名	职务/职称	联系方式	职责内容	备注
演练领导小组	组长					
	副组长					
策划部	总策划					
	副总策划					
	文案组					
	协调组					
	导调控制组					
	宣传组					
保障部	技术支持组					
	后勤保障组					
评估组						
观摩组						
参演队伍和人员	演练总指挥					
	演练现场指挥					
	演练分指挥					
	参演实施组					
其他：						

表A.3 应急演练情景设计表

<table>
<tr><td colspan="3">事件信息</td></tr>
<tr><td>演练时间</td><td colspan="2"></td></tr>
<tr><td>演练地点</td><td colspan="2"></td></tr>
<tr><td>初始触发事件</td><td colspan="2"></td></tr>
<tr><td rowspan="6">事件体系(事件链)</td><td colspan="2">事件1：</td></tr>
<tr><td>(事件类别)</td><td>(详情)</td></tr>
<tr><td>事件2：</td><td></td></tr>
<tr><td>(事件类别)</td><td>(详情)</td></tr>
<tr><td>事件3：</td><td></td></tr>
<tr><td>(事件类别)</td><td>(详情)</td></tr>
<tr><td colspan="3">场景信息</td></tr>
<tr><td colspan="3">事件1：</td></tr>
<tr><td>区域自然场景</td><td colspan="2"></td></tr>
<tr><td>区域社会场景</td><td colspan="2"></td></tr>
<tr><td>事件初始影响</td><td colspan="2"></td></tr>
<tr><td>区域应急救援力量</td><td colspan="2"></td></tr>
<tr><td>先期处置情况</td><td colspan="2"></td></tr>
<tr><td colspan="3">事件2：</td></tr>
<tr><td></td><td colspan="2"></td></tr>
<tr><td colspan="3">事件3：</td></tr>
<tr><td></td><td colspan="2"></td></tr>
</table>

表 A.4　应急演练科目设计表

科目编号	科目名称	科目描述	所需资源	所需应急能力	与目标的关联性	优先级
结论:此次应急演练开展的科目包括××××,备选科目包括××××						

注 1:科目编号,一般采用科目一、科目二、科目三等的表述方式。

注 2:所需资源,指完成对应的科目内容需要的物资、技术等资源情况。

注 3:所需应急能力,指完成对应的科目内容需要的应急救援力量的情况。

注 4:与目标的关联性,指该科目内容与此次演练目标的关联程度。

注 5:优先级,指在有限的资源力量情况下,开展该科目的优先级。

表 A.5　应急演练工作方案设计表

<table>
<tr><td colspan="7">演 练 概 要</td></tr>
<tr><td>演练方式</td><td colspan="2">□桌面演练 □实战演练</td><td colspan="2">□综合演练 □单项演练</td><td colspan="2">□检验性演练 □示范性演练 □研究性演练</td></tr>
<tr><td colspan="2">地域范围</td><td colspan="5">主会场:×××分会场 1:×××分会场 2:×××</td></tr>
<tr><td colspan="2" rowspan="4">日程计划</td><td>筹划阶段</td><td colspan="4">×年×月×日—×年×月×日</td></tr>
<tr><td>准备阶段</td><td colspan="4">×年×月×日—×年×月×日</td></tr>
<tr><td>实施阶段</td><td colspan="4">×年×月×日—×年×月×日</td></tr>
<tr><td>总结阶段</td><td colspan="4">×年×月×日—×年×月×日</td></tr>
<tr><td colspan="2">演练情景</td><td colspan="5"></td></tr>
<tr><td colspan="2">组名</td><td>姓名</td><td>职务/职称</td><td>联系方式</td><td>职责内容</td><td>备注</td></tr>
<tr><td rowspan="2">领导小组</td><td>组长</td><td></td><td></td><td></td><td></td><td></td></tr>
<tr><td>副组长</td><td></td><td></td><td></td><td></td><td></td></tr>
<tr><td rowspan="10">策划部</td><td>总策划</td><td></td><td></td><td></td><td></td><td></td></tr>
<tr><td>副总策划</td><td></td><td></td><td></td><td></td><td></td></tr>
<tr><td rowspan="2">文案组</td><td></td><td></td><td></td><td></td><td></td></tr>
<tr><td></td><td></td><td></td><td></td><td></td></tr>
<tr><td rowspan="2">协调组</td><td></td><td></td><td></td><td></td><td></td></tr>
<tr><td></td><td></td><td></td><td></td><td></td></tr>
<tr><td rowspan="2">导调
控制组</td><td></td><td></td><td></td><td></td><td></td></tr>
<tr><td></td><td></td><td></td><td></td><td></td></tr>
<tr><td rowspan="2">宣传组</td><td></td><td></td><td></td><td></td><td></td></tr>
<tr><td></td><td></td><td></td><td></td><td></td></tr>
</table>

续表

<table>
<tr><td colspan="7">演练概要</td></tr>
<tr><td rowspan="4">保障部</td><td rowspan="2">技术
支持组</td><td></td><td></td><td></td><td></td><td></td></tr>
<tr><td></td><td></td><td></td><td></td><td></td></tr>
<tr><td rowspan="2">后勤
保障组</td><td></td><td></td><td></td><td></td><td></td></tr>
<tr><td></td><td></td><td></td><td></td><td></td></tr>
<tr><td colspan="2" rowspan="2">评估组</td><td></td><td></td><td></td><td></td><td></td></tr>
<tr><td></td><td></td><td></td><td></td><td></td></tr>
<tr><td colspan="2" rowspan="2">观摩组</td><td></td><td></td><td></td><td></td><td></td></tr>
<tr><td></td><td></td><td></td><td></td><td></td></tr>
<tr><td rowspan="4">参演队伍
和人员</td><td>演练总指挥</td><td></td><td></td><td></td><td></td><td></td></tr>
<tr><td>演练
现场指挥</td><td></td><td></td><td></td><td></td><td></td></tr>
<tr><td>演练分指挥</td><td></td><td></td><td></td><td></td><td></td></tr>
<tr><td>参演实施组</td><td></td><td></td><td></td><td></td><td></td></tr>
<tr><td>演练内容</td><td colspan="6">演练背景：
演练目的：
演练目标：
经费预算：
其他准备事项：
工作要求：
其他：</td></tr>
<tr><td rowspan="4">演练科目</td><td>科目编号</td><td colspan="2">科目名称</td><td colspan="3">科目描述</td></tr>
<tr><td></td><td colspan="2"></td><td colspan="3"></td></tr>
<tr><td></td><td colspan="2"></td><td colspan="3"></td></tr>
<tr><td></td><td colspan="2"></td><td colspan="3"></td></tr>
</table>

表 A.6 应急演练脚本设计表

<table>
<tr><td colspan="10">××××应急演练脚本</td></tr>
<tr><td colspan="10">演 练 概 要</td></tr>
<tr><td>演练方式</td><td colspan="3">□桌面演练 □实战演练</td><td colspan="3">□综合演练 □单项演练</td><td colspan="3">□检验性演练 □示范性演练 □研究性演练</td></tr>
<tr><td colspan="2">地域范围</td><td colspan="8">主会场:××× 分会场 1:××× 分会场 2:×××</td></tr>
<tr><td colspan="2">演练时间</td><td colspan="8"></td></tr>
<tr><td colspan="10">演练方案剧本</td></tr>
<tr><td>演练进程</td><td>科目编号</td><td>科目名称</td><td>事件场景</td><td>处置行动</td><td>执行人员</td><td>指令与对白</td><td>视频背景与字幕</td><td>解说词/同期声</td><td>时间控制</td></tr>
<tr><td></td><td></td><td></td><td></td><td></td><td></td><td></td><td></td><td></td><td></td></tr>
<tr><td></td><td></td><td></td><td></td><td></td><td></td><td></td><td></td><td></td><td></td></tr>
<tr><td></td><td></td><td></td><td></td><td></td><td></td><td></td><td></td><td></td><td></td></tr>
<tr><td></td><td></td><td></td><td></td><td></td><td></td><td></td><td></td><td></td><td></td></tr>
<tr><td></td><td></td><td></td><td></td><td></td><td></td><td></td><td></td><td></td><td></td></tr>
</table>

表 A.7 应急演练保障工作设计表

<table>
<tr><td colspan="4">演 练 概 要</td></tr>
<tr><td>保障对象</td><td></td><td>保障范围</td><td></td></tr>
<tr><td>保障需求</td><td colspan="3"></td></tr>
<tr><td>保障目的</td><td colspan="3"></td></tr>
<tr><td>牵头单位/部门</td><td></td><td>配合单位/部门</td><td></td></tr>
<tr><td rowspan="7">演练保障</td><td colspan="3">人员保障:</td></tr>
<tr><td colspan="3">经费保障:</td></tr>
<tr><td colspan="3">场地保障:</td></tr>
<tr><td colspan="3">物资和器材保障:</td></tr>
<tr><td colspan="3">安全保障:</td></tr>
<tr><td colspan="3">信息化保障:</td></tr>
<tr><td colspan="3">餐饮保障:</td></tr>
</table>

表 A.8 演练评估表

<table>
<tr><td>评估员信息</td><td colspan="5">姓名：　　　　电话：　　　　负责区域：</td></tr>
<tr><td>演练信息</td><td colspan="5">时间：　　　　地点：　　　　类型：</td></tr>
<tr><td colspan="6">演练背景：</td></tr>
<tr><td colspan="6">演练目的：</td></tr>
<tr><td colspan="6">演练目标：</td></tr>
<tr><td>一级指标</td><td>二级指标</td><td>三级指标</td><td>参考评估标准</td><td>得分</td><td>存在的问题</td></tr>
<tr><td rowspan="6">评估指标 1
（×× 分）</td><td rowspan="2">评估指标 1.1（××分）</td><td>评估指标 1.1.1（××分）</td><td>×××</td><td></td><td></td></tr>
<tr><td>评估指标 1.1.2（××分）</td><td>×××</td><td></td><td></td></tr>
<tr><td rowspan="4">评估指标 1.2（××分）</td><td rowspan="2">评估指标 1.2.1（××分）</td><td>×××</td><td></td><td></td></tr>
<tr><td>×××</td><td></td><td></td></tr>
<tr><td rowspan="2">评估指标 1.2.2（××分）</td><td>×××</td><td></td><td></td></tr>
<tr><td>×××</td><td></td><td></td></tr>
<tr><td>评估指标……</td><td>评估指标……</td><td>评估指标……</td><td>×××</td><td></td><td></td></tr>
</table>

附录 B

应急演练脚本实例资料

附录 B.1　地震和其他地质灾害应急救援演练脚本

第一幕　演练启动

时间:2020 年××月××日,9:25—10:00。

9:25—9:45,参加演练人员在 Y 市 Z 县指定区域集合完毕。

9:45—9:52,播放迎宾曲,工作人员引领观摩演练的领导、嘉宾就座完毕;主持人准备就绪。

9:52—9:57,简单介绍人文地理和地质灾害情况。

介绍 Y 市 Z 县人文地理情况及 Y 市地震和其他地质灾害基本情况与应急管理工作情况(刻录 DVD,共 5 分钟,现场大屏播放)。

【起始镜头】单兵一,拍摄演练现场全景,以及 Z 县演练现场观摩台、地震和其他地质灾害应急救援指挥部。

时间:2020 年××月××日,9:57—10:00。

现场解说(男):"各位领导、各位嘉宾,上午好。这里是 A 省地震和其他地质灾害应急救援演练现场。本次演练由 A 省应急管理厅主办,Y 市应急管理局协办,A 省地质环境总站、Z 县人民政府和 Z 县应急管理局承办。演练总指挥由 A 省应急管理厅厅长××同志担任,前方指挥由 Y 市副市长××同志担任,现场指挥由 Z 县副县长××同志担任。"

现场解说(女):"今天在后方指挥中心和现场观摩的嘉宾还有来自 A 省应急管理厅一应急指挥中心处长,应急救援中心主任,A 省自然资源厅的领导××同志、A 省地质局的领导××同志和 A 省地震局的领导××同志……以及上述相关厅局的有关负责同志。"

现场解说(男):参加现场演练的单位有省地震局、省气象局、省地质局水文地质工程地质大队、省地质环境总站、Z 县公安局、Z 县交通运输局、Z 县人武部、Z 县民政局、Z 县住建局、Z 县消防救援大队、Z 县卫健局、Z 县疾控中心等有关单位和部门。

现场解说(女):“目前地震和地质灾害应急救援演练各项工作已准备就绪。”

场景一:演练启动

时间:2020 年××月××日,10:00—10:02。

地点:地震和地质灾害应急救援指挥部、省应急管理厅指挥大厅。

参加人员:×××(总指挥)、×××(前方指挥)、相关领导及观摩嘉宾。

【镜头 1,时间 100 秒】单兵一,拍摄演练现场全景,镜头逐渐聚焦到前方指挥××。

前方指挥××(话筒):“各位领导、专家、同志们,大家上午好!为提高我省省、市、县三级应急管理与指挥的科学性和可操作性,磨合应急救援队伍,检验应急救援处置技术装备,今天,我们在 Z 县组织开展地震和其他地质灾害应急救援综合演练活动。现在,地震和其他地质灾害应急救援演练各项工作已准备就绪,请总指挥发布演练指令。”

【镜头 2,时间 20 秒】省应急管理厅摄像头,镜头聚焦到总指挥××。

总指挥××(话筒):“我宣布:演练开始!”

第二幕　发生地震

场景二:地震台发布监测信息

(大屏幕播放视频:地动山摇,屏幕显示震中在地图上闪烁。)

时间:10:02—10:03

现场解说(男):“据中国地震台网中心测定,2020 年××月××日 10 时 00 分,在 A 省 Y 市 Z 县发生 4.9 级地震,震源深度 10km,Z 县震感明显。”

场景三:地震发生场面

(大屏幕播放视频:房屋倒塌,交通、通信中断。)

时间:10:03—10:05。

地点:地震和地质灾害应急救援指挥部。

参演人员:前方指挥、现场指挥。

【镜头 3,时间 120 秒】单兵一,镜头由现场指挥部全景慢推至现场指挥。

现场解说(女):“震中 Z 县出现部分房屋倒塌、交通、通信中断等情况,Z 县人民政府根据《中华人民共和国突发事件应对法》《A 省防震减灾条例》等相关法律法规立即成立“地震和其他地质灾害应急救援指挥部”指挥协调各方救援力量开展应急救援。”

现场指挥××(话筒):“报告前方指挥,2020年××月××日10时,A省Y市Z县发生4.9级地震。部分房屋倒塌,道路和通信中断,我县已启动地震灾害Ⅲ级应急响应预案,同时成立‘地震和其他地质灾害应急救援指挥部’,请指示!”

前方指挥××(话筒):“请你们立即组织各方救援力量实施救援。”

现场指挥××(话筒):“是!”

第三幕　开展搜救

场景四:现场指挥发布指令

时间:10:05—10:06。

地点:地震和地质灾害应急救援指挥部。

参演人员:现场指挥、各抢险救援小组等。

【镜头4,时间60秒】单兵一,拍摄现场指挥发布命令。

现场指挥××(话筒):“请各抢险救援小组按各自职责,迅速开展应急抢险搜救工作,排查隐患,保护人民生命财产安全,遇到情况及时报告。”

避险撤离组、交通治安管制组、消防救援队、水上救援组、应急调查组、医疗救护组、灾民安置组、无人机组和工程抢险救援组、集体同时回答“是”(话筒)。

场景五:各救援组分散奔赴现场,开展应急救援

时间:10:06—10:07。

地点:地震和地质灾害应急救援指挥部。

参演人员:各抢险救援小组。

【镜头5,时间60秒】单兵一,正对各救援小组,拍摄各小组分散奔赴现场,开展应急救援的画面。

现场解说(男):“各救援小组迅速执行应急预案,按照各自职责奔赴现场开展搜救。”

场景六:无人机搜救起飞画面

时间:10:07—10:08。地点:地震和其他地质灾害应急救援指挥部。参演人员:无人机操作员。现场解说(男):为了全面、快速地掌握震区灾情,安排无人机立即起飞,对震区开展全域搜寻,通过航拍获取灾情险情。”

【镜头6,时间60秒】单兵一,拍摄无人机操作员操作无人机,跟踪无人机起飞航拍。

场景七:人员疏散

时间:10:08—10:09。

地点:居民集中处。

参演人员:避险撤离组。

【镜头 7,时间 60 秒】单兵四,拍摄人员撤离画面。

现场解说(男):“避险撤离组正在设置撤离标识,并组织群众有序向平坦开阔的场所集中。”

场景八:开展地震监测

时间:10:09—10:10。

地点:地震和其他地质灾害应急救援指挥部周围。

参演人员:A 省地震局相关人员。

【镜头 8,时间 60 秒】单兵二,拍摄地震监测车监测画面。

现场解说(女):“A 省地震局的地震监测车正在进行监测。”

场景九:道路抢通

时间:10:10—10:11。

地点:道路阻塞处。

参演人员:工程抢险救援组。

【镜头 9,时间 60 秒】单兵三,拍摄挖掘机抢通道路画面。

现场解说(女):“工程抢险救援组正在使用挖掘机对阻塞道路进行抢通。”

场景十:次生灾害巡排查

时间:10:11—10:12。

地点:滑坡附近。

参演人员:无人机组,应急调查组。

【镜头 10,时间 60 秒】单兵三,拍摄无人机组和应急调查组进行次生灾害巡排查。

现场解说(女):“为应对地震可能产生的次生灾害,无人机组和应急调查组在震区内迅速开展次生灾害巡排查。”

第四幕　发现地质灾害险情

场景十一:无人机发现地灾险情

时间:10:12—10:14。

地点:滑坡现场。

参演人员:无人机组、应急调查组。

【镜头 11,时间 60 秒】无人机摄像头,无人机发现滑坡,房屋倒塌,人员落水。

现场解说(男):“无人机发现东侧有一区域发生滑坡,造成房屋倒塌,有一人落水,无人机组组长××立即向现场指挥报告。”

【镜头 12,时间 60 秒】单兵一,拍摄现场指挥部。

无人机组组长(话筒):“报告现场指挥,无人机在搜寻过程中发现东侧有一区域发生滑坡,造成房屋倒塌,滑坡下方水域有一人落水。”

现场指挥(话筒):“收到!”

现场指挥(话筒):“水上救援组,请你们立即对落水人员进行救援!”

水上救援组(话筒):“是!”

现场指挥(话筒):“应急调查组,东侧有一区域发生滑坡,请你们迅速查明情况。”

应急调查组(话筒):“是!”

场景十二:水上救援(加音效)

时间:10:14—10:17。

地点:滑坡东侧水库。

参演人员:无人机组、水上救援组。

【镜头 13,时间 180 秒】无人机摄像头,水上救援组驾驶冲锋舟对落水人员进行救援,并载着落水人员驶离现场。

现场解说(女):“水上救援组收到命令后立即驾驶冲锋舟行驶到人员落水位置,对落水人员进行救援。经过救援人员的努力,落水人员已被成功救出,现正送去医疗救护。”

场景十三:地质灾害应急调查

时间:10:17—10:21。

地点:滑坡现场。

参演人员:应急调查组、无人机组。

现场解说(女):“据现场最新情况报道,受此次地震影响,有 1 栋危房倒塌,经各方救援力量的努力救援,暂无人员伤亡。地震专家经分析研判后,认为发生余震的概率较小,震情基本稳定。无人机组和应急调查组正在对受震情影响区域是否存在次生灾害进行巡排查。在此过程中,无人机组发现东侧有一处因地震引发的滑坡,便立即向现场指挥部汇报情况,应急调查组立即根据现场指挥部的指示,奔赴滑坡现场,开展应急调查。”

【镜头 14,时间 30 秒】单兵三,拍摄应急调查组人员身穿地灾应急服装到达滑坡灾害现场进行调查。

现场解说(男):应急调查组正组织人员在滑坡现场进行调查。

【镜头15,时间30秒】单兵三,拍摄应急调查组调查情况。

现场解说(女):“无人机正在对滑坡区进行实时影像采集”。

【镜头16,时间60秒】无人机航拍视频。

现场解说(男):“现场地质灾害应急调查组专家正在大型方舱应急通信指挥车内研究调查资料和无人机传输的资料。”

【镜头17,时间30秒】大型方舱应急通信指挥车内置摄像头,拍摄现场应急专家查看历史资料和无人机传输的资料。

【镜头18,时间60秒】单兵三,镜头聚焦至应急调查组组长。

应急调查组组长(话筒):“报告现场指挥,应急调查组已对滑坡进行初步调查,该滑坡位于东侧,长约150m,宽约200m,厚约5m,方量约15万立方米,威胁房屋10余栋、居民50余人。目前,滑坡体后缘拉裂已造成一房屋倒塌,有一名人员被困,请求立即支援。另外,滑坡中部公路挡墙垮塌,道路损毁;滑坡前缘部分堆积体已侵入河流,初步判断滑坡有进一步扩大的趋势,东侧避险场所受滑坡威胁,建议立即组织撤离,并启动地质灾害应急预案三级响应。”

现场指挥××(话筒):“收到,请你们继续开展调查和监测预警工作。”

应急调查组组长××(话筒):“是!”

现场指挥××(话筒):“报告前方指挥,东侧发现一起滑坡地质灾害险情,有进一步发展趋势,建议启动地质灾害应急预案三级响应,请指示。”

【镜头19,时间30秒】单兵一,镜头聚焦到前方指挥××。

前方指挥××(话筒):“同意启动地质灾害应急预案三级响应,请你们做好人员搜救与救治、灾害调查监测工作。同时,联系技术支撑单位,组织专家组会商。”

现场指挥(话筒):“是!”

【镜头20,时间30秒】单兵一,镜头聚焦至现场指挥。

现场指挥××(对讲机):“消防救援组,东侧发现一起滑坡,造成一房屋倒塌,有人员被困,请你们在保证安全的情况下组织救援。”

消防救援组组长(对讲机):“是!”

第五幕　实施地质灾害应急预案

场景十四:滑坡救援现场,人员搜救

时间:10:21—10:24。

地点：滑坡现场。

参演人员：现场指挥、消防救援组。

现场解说（女）："启动地质灾害应急预案Ⅲ级响应后，消防救援组立即根据指挥部的指示，带着生命探测仪、牵着搜救犬迅速出发前往倒塌房屋，搜救被困人员。"

【镜头21，时间180秒】单兵二，拍摄消防救援组队员利用破拆工具对人员施救画面。

消防救援组组长（对讲机）："报告现场指挥，发现两名被困人员，一人轻伤，一人腿部受伤，需要医疗救护组支援。"

现场指挥××（对讲机）："请医疗组马上对伤员进行救治。"

医疗救护组组长（对讲机）："是。"

场景十五：医疗救治

时间：10:24—10:27。

地点：滑坡现场。

参演人员：消防救援组、医疗救护组。

【镜头22，时间180秒】单兵二，拍摄消防队员将被困人员救出，医疗救护人员从救护车上取出担架，将伤员抬上担架，转移到救护车上，救护车拉响警笛驶离。

现场解说（女）："经过消防队员的努力，倒塌房屋内的被困人员已被成功救出，医疗救护人员从救护车上取出担架，将伤员抬上担架，转移到救护车上，前往医院救护。"

医疗救护组组长（对讲机）："报告现场指挥，两名被困人员已成功救出，一名轻伤，一名腿部受伤严重，无生命危险，目前正准备送往中心医院救治。"

现场指挥（对讲机）："好的，路上注意安全。"

第六幕　应急抢险救援

场景十六：滑坡应急抢险救援

时间：10:27—10:30。

地点：滑坡现场。

参演人员：工程抢险救援组。

【镜头23，时间180秒】单兵三，拍摄工程抢险救援组正在对滑坡体进行工程应急处置，拍摄应急调查组正在进行监测工作。

现场解说（女）："根据应急调查组的调查，受地震影响，滑坡后缘新出现了一条拉张裂缝，长 28m，造成一房屋倒塌，后缘裂缝监测资料反映，裂缝宽度由 32cm 扩展到 36cm；滑坡中部公路挡墙垮塌，道路损毁；滑坡前缘少量堆积体已推入库区。经综合分析，该滑坡体目前正处于加速变形期。根据地质专家们确定的应急处置方案，工程抢险救援组正在对滑坡体进行反压坡脚、裂缝回填、开挖截排水沟等应急处置措施。应急调查组正加强对滑坡体的变形监测，保障救援工作安全、有序地进行。”

场景十七：水面禁航

时间：10：30—10：31。

地点：滑坡前缘水上航道。

参演人员：水上救援组。

【镜头 24，时间 60 秒】无人机摄像头，拍摄两艘冲锋舟在水上来回巡逻画面。

现场解说（女）：“水上救援组正在对水上航道进行封锁，两艘冲锋舟在水上进行巡逻，防止船只和人员进入滑坡影响范围，避免涌浪造成二次伤害。”

场景十八：灾民安置

时间：10：31—10：32。

地点：灾民安置点。

参演人员：灾民安置组、卫生防疫人员、民政人员。

【镜头 25，时间 60 秒】单兵四，卫生防疫人员正在对安置区进行消毒。灾民安置组在安置点处给灾民发放面包、水等物资。

现场解说（男）：“灾民安置组已在安置点搭好帐篷，卫生防疫人员正在喷洒消毒液，工作人员正在发放水和食物。”

场景十九；治安巡逻

时间：10：32—10：33。

地点：居民集中处。

参演人员：交通治安管制组。

【镜头 26，时间 60 秒】单兵二，拍摄治安巡逻画面。

现场解说（女）：交通治安管制组正在加强安置点及其周边区域的治安巡逻。

第七幕　应急救援终止

场景二十：医疗救治、灾民安置、公路、电力、通信恢复正常

时间：10：33—10：34。

地点：地震和其他地质灾害应急救援指挥部。

参演人员：地震和其他地质灾害应急救援指挥部成员。

【镜头 27，时间 60 秒】单兵四，拍摄电力（射灯照亮）、通信（信号杆竖起）、交通（车辆通行）已恢复正常的画面。

现场解说（女）："经过各抢险救援单位的共同努力，滑坡威胁区所有群众已撤离完毕，全部安全转移至安全场所，伤员已得到救治，灾后相关工作正常开展，受灾群众得到妥善安置。电力、通信、交通已逐步恢复正常。"

场景二十一：各小组汇报工作

时间：10:34—10:36。

地点：地震和地质灾害应急救援指挥部。

参演人员：前方指挥、现场指挥、各救援小组组长。

【镜头 28，时间 120 秒】单兵一，拍摄各小组向现场指挥汇报工作。

现场指挥××（话筒）："各小组注意，请报告工作情况。避险撤离组！"

避险撤离组组长××（话筒）："报告现场指挥，已对滑坡威胁区进行全方位搜救，群众已全部撤离至安全区域。报告完毕！"

现场指挥××（话筒）："抢险救援组！"

抢险救援组组长××（话筒）："报告现场指挥，应急处置工作已完成。报告完毕！"

现场指挥××（话筒）："医疗救护组！"

医疗救护组组长××（话筒）："报告现场指挥，伤员已得到紧急处理，临时医疗点已建立，安置区已进行了安全消毒。报告完毕！"

现场指挥××（话筒）："灾民安置组！"

灾民安置组组长××（话筒）："报告现场指挥，已设置灾民临时安置点，受灾群众已安置妥当，情绪稳定。报告完毕！"

现场指挥××（话筒）："大家辛苦了，但还不能放松警惕，继续做好相关后续工作。"

场景二十二：专家会商讨论，警报解除

时间：10:36—10:39。

地点：会商中心。

参演人员：现场指挥，应急调查组组长，会商专家组。

【镜头 29，时间 60 秒】单兵一，拍摄应急调查组向现场指挥汇报工作。

现场指挥××（话筒）："请应急调查组汇报滑坡的最新情况。"

应急调查组组长××（话筒）："受此次地震影响，滑坡后缘出现新的拉张裂缝，滑坡前缘少量堆积体已推入库区，经过应急处置措施，监测数据显示，目前滑坡已基本稳定，险情已得到控制。”

现场指挥××：“请把现场监测资料传输到会商中心，请会商中心组织专家组进行会商，确定是否可以解除警报。”

应急调查组组长××(话筒)：“是。”

【镜头 30，时间 60 秒】会商中心，拍摄大屏幕上应急处置后的画面。

【镜头 31，时间 60 秒】会商中心，拍摄专家汇报画面。

会商专家组组长：“通过专家组对现场传过来的影像资料和最新监测数据分析，经过应急处置后，该滑坡变形速率呈降低趋势，并逐步平稳。根据各方专家意见，专家组一致认为，目前该滑坡已处于基本稳定状态，可以解除警报。报告完毕！”

场景二十三：解除警报，响应终止

时间：10:39—10:40。

地点：地震和其他地质灾害应急救援指挥部。

参演人员：前方指挥。

【镜头 32，时间 60 秒】单兵一，聚焦前方指挥，半身定格。

前方指挥××(话筒)：“好。根据专家会商意见和建议，我宣布，解除警报，响应终止。请相关单位继续做好后续工作。”

第八幕　总结讲评

场景二十四：全员集合

时间：10:40—10:45。

地点：地震和其他地质灾害应急救援指挥部。

参演人员：全体人员。

【镜头 33，时间 300 秒】单兵一，拍摄现场参演人员到指挥部前集合。

现场指挥××(话筒)：“请各参演单位及相关人员到指定位置集合。”

场景二十五：演练总结

时间：10:45—10:50。

地点：地震和其他地质灾害应急救援指挥部、省应急管理厅指挥大厅。

参演人员：总指挥、前方指挥、现场指挥、相关领导、专家及观摩嘉宾、群众。

【镜头 34，时间 300 秒】单兵一，镜头由全景慢推至前方指挥××。

现场指挥××(话筒)：“报告前方指挥，各参演单位已集合完毕。请指示！”

前方指挥××(话筒):“现在请总指挥 A 省应急管理厅厅长××同志对本次演练进行点评总结。”

【镜头 35,时间 60 秒】省应急厅指挥大厅摄像头,镜头由指挥大厅全景慢推至总指挥××。

总指挥 A 省应急管理厅厅长××同志点评总结(材料另附)。

总指挥××:“现在,我宣布 A 省地震和其他地质灾害应急救援演练圆满结束。”

附录 B.2 低温雨雪冰冻灾害演练脚本

第一阶段 演练准备

主持人:“各位领导、各位同事,大家好!今天我们在这里举行 202×年电力有限公司低温雨雪冰冻灾害应急演练。本次演练总指挥由电力公司总经理××担任。参演单位和部门有:××供电局。另外,今天我们邀请到××教授作为专家指导。各参演单位和部门将按照应急预案,在设定情景下开展演练,演练内容将通过屏幕逐个呈现。”

【推送画面】主流(右):应急指挥中心;辅流(左):PPT 画面。

主持人:“请问××供电局,演练各项准备工作是否已就绪?”

【推送画面】主流(右):应急指挥中心。辅流(左):PPT 画面。

××供电局:“报告总指挥,××供电局准备就绪。”

主持人:“报告演练总指挥,各参演单位已准备就绪,请指示?”

总指挥:“下面我宣布:××电网 202×年低温雨雪冰冻灾害应急演练现在开始。”

第二阶段 发布预警

主持人:“11 月底至 12 月 5 日,受持续强冷空气影响,××省北部地区出现雨夹雪、冰雨、冰冻及道路结冰现象,气温已降至 2～3℃,局部高寒山区气温已降至－1℃。预计未来 3 日,低温冰冻天气还将持续,气象台已发布冰冻橙色预警。”

主持人:“鉴于天气情况,公司发布低温雨雪冰冻灾害橙色预警,相关单位逐级发布预警。事件名称为“202×年×月×日冰灾”。”

预警范围:××供电局。

请预警范围内各市、县供电局研判,根据应急预案的要求在应急指挥平台发布相关预警,关联冰灾事件(已超前触发)。”

第三阶段 启动响应行动

主持人:“××北部区域的低温天气持续,局部高寒山区气温已降至－3℃。上述单位管辖区域已连续 3 天出现覆冰比值 0.5 以上的主网线路,并且覆冰比值开始超过 0.75,未来 3 天还将持续低温雨雪冰冻灾害天气。

电力公司已启动低温雨雪冰冻灾害四级应急响应。

响应范围：××供电局。

请响应范围内各市、县供电局进行研判，根据应急预案的要求在应急指挥平台启动响应。”（已超前触发）

主持人：“受冰灾影响，部分线路覆冰，部分区域出现跳闸断电现象，需尽快确定供电失效区域及整体灾情。××公司和××供电局分别应用无人机对输电线路进行巡视工作。

请××公司运用固定翼无人机对某 110kV 线路进行勘灾，并汇报勘灾结果。”

××公司：“报告应急指挥中心，我是××，目前正在现场组织开展运用固定翼无人机对某 110kV 线路进行覆冰灾情勘察。现在使用××与公司应急指挥中心视频连线，回传无人机视频，目前已完成视频通道联调工作，现场无人机起飞工作已全部准备就绪，请指示。”

应急指挥中心：“同意，可以开展无人机勘灾。”

现场演练联系人：“收到。”

无人机起飞，对线路进行巡视，匀速巡视 2 档线路，即飞一个来回，2 分钟内，中途进行简要讲解。

现场勘灾解说：“现在无人机正在起飞前往某线路 60 号杆开始任务，目前现场天气稳定，无人机性能参数正常。无人机正盘旋进入航线。本次任务目的是线路覆冰勘察，方法是通过‘四看三重’观冰，‘四看’是指：一看覆冰的类型，二看长径和短径是多少，三看弧垂的变化，四看设备的状态。‘三重’，即重点关注覆冰比值，重点关注天气变化趋势和重点关注特殊地形情况。

利用无人机图传可清晰观看检查输电线路设备，特别是导线、地线、绝缘子的积雪覆冰情况和绝缘子串冰凌桥接情况，查看导地线弧垂变化情况，检查覆冰后导线与架空地线电气距离是否满足要求，检查导线对地对交跨净空距离是否满足要求。

现在无人机任务航线，60 号杆未发现异常……进入 59 号杆……”

现场演练联系人：“报告应急指挥中心，我是××，目前已完成对该线路覆冰灾情的勘察工作，经无人机巡视该线路正常，未发现严重覆冰情况，覆冰比值未超过 0.5，线路弧垂无明显变化，运行线路与邻近树木的安全距离满足要求。当前现场温度 5℃，温度呈逐步回升趋势，短时间内线路无覆冰加剧趋势。汇报完毕！”

主持人：“请××供电局运用多旋翼无人机对某 220kV 线路进行勘察，汇报无人机观冰要点。”

现场演练人员："您好，我是××供电局输电所××，我现在在 220kV××线××塔，现场无人机已准备就绪，申请对 220kV 线进行无人机勘灾巡视。"

应急指挥中心："同意，可以开展无人机勘灾。"

现场演练人员："收到。"

无人机起飞，对线路进行巡视，匀速巡视 1 条线路，即飞一个来回，控制在 2 分钟内，中途进行简要讲解。无人机观冰要点：① 观察导线覆冰厚度，与设计值对比，若比值超过 0.5，则申请启动融冰，未超过则继续观察；② 观察线路弧垂是否有明显变化，是否与邻近树木的安全距离不满足要求等。

现场演练人员："报告应急指挥中心，220kV××线无人机勘灾巡视工作结束，当前现场温度 2℃，经无人机巡视 220kV××线，线路正常，未发现覆冰情况，覆冰比值未超过 0.5，无须启动融冰方案，汇报完毕。"

主持人："××供电局等单位人员，前往山区巡视线路，受山区信号遮挡，手机通信受阻，需通过卫星电话与指挥中心连线汇报输电线路巡视情况。

请各参演单位在 30 分钟内通过卫星电话向公司应急指挥中心汇报线路巡视情况。"

各参演单位："报告应急指挥中心，我是××供电局××，目前正在××现场组织开展××工作，请指示……"

主持人："××供电局应急特勤队进入被冰雪覆盖的高寒山区进行先期处置。受极端天气影响，通信信号遭到严重干扰，需通过应急通信车与指挥中心汇报输电线路运行情况。请××供电局汇报应急通信车的使用方法。"

供电局："报告应急指挥中心，我是××供电局××，现在在冰灾现场开展应急通信车使用操作演练。"

现场看到的是应急通信车，日常运维由××中调负责，目前车辆状态良好，已检查应急车位置停放安全，没有倾斜、溜车风险，现在开始通信应急车操作。

一，启动车的发动机，"发电机控制面板"打开开关，"市电逆变转换开关"选择"逆变""UPS 转换开关"选择"在线"。

二，长按 UPS 电源的"ON/MUTE"，开启 UPS 电源，空气开关排从左往右依次是"总电源""机柜 1""机柜 2""卫星设备""卫星功放""摄像机""照明"，打开开关。

三，建立卫星通信网络。

(1)在"天线控制器"可以看到"天线状态"处于"寻星"，一两分钟后，"天线状态"会变成"锁定"。

(2)在"通信车解调器"中"Rx 1 TRAFFIC"和"Rx 2 TRAFFIC"会任意亮一个

灯，“通信车调制解调器”中“Tx TRAFFIC”和“Rx TRAFFIC”两个灯都会亮，说明卫星通道已经建立。

四，发起视频会议。

(1)点击左右枕屏右下角的开关开启屏幕，屏幕上点击“HDMI”进入界面。

(2)打开车上配的平板电脑，自动连接无线网络“DM20120810”，运行中控软件，控制车上的视频输入和输出。(中控软件与视频会议室操作类似)

(3)将平板电脑通过网线接入车上的网口，车内本地视频终端视频呼叫大楼里的视频终端。或者开启工控机，网页登录，对 IP 发起视频呼叫。

五，关闭电源。

(1)空气开关排从右往左依次是“照明”“摄像机”“卫星功放”“卫星设备”“机柜 2”“机柜 1”“总电源”，关闭各开关。

(2)“发电机控制面板”关闭开关，“市电逆变转换开关”选择“关闭”，“UPS 转换开关”选择“关闭”。

(3)长按 UPS 电源的“OFF/ENTER”，等待响声消失，即关闭 UPS 电源。

供电局：“报告应急指挥中心，应急通信车使用操作项目的演练已完成，请指示。”

主持人：“受冷空气影响，××市北部县份高寒山区迎来今年入冬以来的第一场雪。12 月 5 日，高寒山区最低气温达到－6℃，需对 110kV××线＃×杆塔进行观冰。

请××通过覆冰监测及防冰摄像头系统展示××线＃4 杆塔线路覆冰情况并汇报。”

主持人：“持续低温天气使部分山区出现雨雪冰冻灾害，导致××市等地部分乡镇的供电线路反复覆冰，部分电网严重受损后，大量客户停电，集中拨打 95598 咨询停复电信息，话务量突增，请客服中心处置。”

话务现场管理人员：“报告应急指挥中心，我是 95598 话务现场管理人员××。目前监测到××网区话务突增，原因为××北部一带受冰灾影响故障停电，停电影响客户合计 20 万户，来电客户较多，瞬间等待数已达 21 个。根据客户服务中心话务应急预案，现启动话务应急三级响应，已通知各后台班组支援签入接话，目前人工接通率为×。根据停电户数及天气情况研判，在傍晚期间会有第二次话务高峰，已启动第一梯队备班 10 人在 17 时到岗。已根据提供的停电信息拟定统一答复口径、做好客户解释安抚工作，目前可以满足解释沟通工作的需要。”

受理科科长：“报告应急指挥中心，我是客服中心业务受理科科长××。收到现场话务因××冰灾造成突增的汇报后，中心主要开展以下处理流程：

(1)确保服务渠道畅通，做好客户应答。公司客服中心实时监控、研判话务量，根据需要动态调整话务座席排班和备班人力，话务量突增时按照客户服务中心话务应急预案及时启动话务应急响应。与××地市服调对接现场情况，及时传递大面积停电信息及现场抢修进度信息，滚动修编95598应答口径。

(2)防范服务风险。加强客户诉求监控，关注北部地区突发性、集中性服务事件，关注存在越级风险、舆情风险的服务事件，及时提级督办至供电局主要负责人、分管负责人，并做好风险跟踪闭环工作。

(3)做好信息报送。同步开展对内、对外信息报送，按时限要求报送全区及区域服务信息、话务运营情况、个案处置日报等。

(4)加强长时间停电及相关工单跟进闭环管理。对停电期间客服工单进行监控，督办和通报停电监控不到位、抢修进度不反馈、超时工单未及时办结等问题。汇报完毕。

第四阶段　响应结束

主持人："天气开始回暖，根据气象台预报，本轮低温雨雪冰冻天气已趋于结束，××网区主网保持稳定，再无新增损失，99%以上停电用户也恢复正常供电。按照公司低温雨雪冰冻灾害应急预案规定，经公司应急办研究，决定结束低温雨雪冰冻灾害四级应急响应。"

各参演单位结束响应。

附录 B.3　防汛抢险救援综合演练脚本

演练进程	科目编号	科目名称	处置动作		视频背景与字幕		解说词/同期声
			指挥员/席位	分队行动	左屏	右屏	
演练准备	—	—	—	—	全屏显示“年度防汛抢险救援综合演练”		—
演练准备	—	—	—	—	防汛暖场片		—
演练准备	—	—	—	—	PPT 演练背景图(迎宾曲)		迎宾曲
演练开始	—	—	—	—	全屏幻灯片显示:防汛抢险救援综合演练主画面＋现场画面		解说男:各位领导、各位来宾:防汛抢险救援综合演练由××××单位承办,××××单位协办。此次演练是贯彻习近平总书记关于防灾减灾救灾重要论述精神,落实国家防总和省委、省政府关于防汛救灾工作部署的重要举措,是防范应对暴雨洪涝灾害应急能力的具体检验
	—	—	—	—	领导特写＋观摩席全景画面		解说女:出席今天演练活动的领导有省政府副省长、省防指副指挥长×××,应急管理部防汛抗旱司副司长×××……(对与会人员进行介绍)
	—	—	—	—	PPT 场地布置图无人机航拍(由领导席位慢慢转至演练区域全景)		解说男:为便于各位领导观摩指导,现将演练现场构设情况作简要介绍。我们现在所处的位置为×××演练场,右侧为长江水域主航道,场地设置有水域救援区、工程抢险区、转移安置区、次生灾害处置区等八个演练区域,各类参演队伍 20 支 1500 余人,主要装备 860 余台套
	—	—	—	—	全屏:PPT		解说女:本次演练紧扣今年防汛抗灾形势任务,突出极端暴雨洪涝灾害防御、中小河流防洪、山洪地质灾害和次生灾害应对,围绕指挥决策、应急保障、抢险救援三个课题设置 11 个内容,把“新装备、新技术、新手段、新战法”贯穿全程,重点“练指挥、练协同、练战法、练保障”,全面提升预警叫应、指挥调度、协同联动、应急保障和抢险救援能力

续表

演练进程	科目编号	科目名称	处置动作		视频背景与字幕		解说词/同期声
			指挥员/席位	分队行动	左屏	右屏	
演练开始	—	—	—	—	背景短片(VCR)		解说男:现在的情况是,本年入梅以来,×××市连续遭遇强降雨,境内江河湖库水位相继超警,部分城区受淹,堤防出险;气象、水文部门预报,未来一周仍有强降雨,防汛形势异常严峻,××市启动防汛二级应急响应,××省启动防汛三级应急响应,××市已在××地开设现场指挥部,统筹指挥防汛救灾工作
	—	—	—	—	显示领导画面		解说男:防汛抢险救援综合演练现在正式开始(男女一起)
1	科目一	灾情侦测	—	—	全屏 PPT		解说男:现在展开的是科目一灾情侦测。及时准确掌握险情、灾情是科学研判、精准指挥的重要前提,为此我们运用多类装备、多种手段,从空中、地面、水上立体侦察探测,全域感知灾情态势,通过指挥一张网汇聚信息,为指挥决策提供支撑
2	科目一	灾情侦测	—	—	现场指挥部画面		指挥长:各组注意,迅速对×××湾区域开展侦察。科目指挥员:直升机分队,立即对灾区进行空中侦察。(5 秒)
3	科目一	灾情侦测	—	直升机通场	1. 直升机飞行特写 2. 飞行员画面		解说女:首先看到的是,指挥部派出一架搭载有机载视频和卫通传输设备的 AW−139 直升机,对灾区全域进行侦察。直升机侦察具有快速高效、机动灵活等特点,能够在短时间内对大面积区域进行侦察
4	科目一	灾情侦测	—	—	直升机飞行远景		科目指挥员:无人机分队立即前出侦察灾情
5	科目一	灾情侦测	指示无人机起飞	—	分别拍摄三组无人机起飞画面		解说男:现在,三架无人机正在灾区上空进行侦察。第一组无人机搭载激光雷达、热红外相机等探测设备,快速识别堤坝管涌、渗漏、塌陷等险情隐患。第二组无人机搭载视觉测流和智能浮标测流系统,在水域上空定位险情位置。第三组无人机搭载敏捷吊舱和三光相机,精确捕捉人员和车辆目标,并快速生成可任意角度观测的全景图像

续表

演练进程	科目编号	科目名称	处置动作		视频背景与字幕		解说词/同期声
			指挥员/席位	分队行动	左屏	右屏	
6	科目一	灾情侦测	—	—	探地雷达侦测画面		科目指挥员：探地雷达迅速对堤坝险情进行探测(同期声) 解说女：接下来看到的是，省防汛抗旱机动抢险总队操作自走式探地雷达侦测堤防险情。自走式探地雷达通过发射高频电磁波，对坝体、边坡内部缝隙、空洞、脱坡、白蚁巢穴等险情进行扫描探测，探测深度最大可达 20m，具有探测速度快、分辨率高等特点
7	科目一	灾情侦测	—	—	无人船编队		科目指挥员：无人船立即对×××湾北部水域进行探测；(同期声) 解说男：现在，两艘无人测量船正在对水下地形和实时断面流量进行探测，分别搭载流速仪和水下探测系统，可快速绘制出高分辨率的数字探测图，为研判风险隐患提供数据支撑
8	科目一	灾情侦测	—	—	车辆进场画面，水文设备架设画面，气象站展开画面		科目指挥员：水文、气象分队立即赶赴×××湾监测水文气象情况。(同期声) 解说男：现在，水文监测车、气象应急监测车已经到达指定区域，进行水雨情实时监测。省水文水资源中心应急队员正在架设应急机动水文监测系统，为指挥部提供实时水文数据。该系统由卫星便携站、全站仪、RTK、便携式水文监测一体机等设备组成，可全方位测报水位、降水量、流速、流量等要素。 气象应急监测车搭载的气象站正在展开，可监测温度、风向、风速、雨量等气象要素，同时可实现省、市、县三级视频会商。 水文分队：报告指挥部，长江×××湾断面，今日 15 时水位 40.01m，流量 3.6 万立方米每秒，上涨趋势明显。6 小时降雨量 165mm，降雨仍在持续(同期声)
9	科目二	会商研判	—	—	显示“一张图”灾情态势		解说女：现在开始演练科目二会商研判。现在大屏显示，各类侦察信息已回传至指挥平台，并自动生成灾情、险情态势一张图
10			—	—	指挥部扫拍画面		解说男：市防汛抢险救援现场指挥部启动联合会商机制，现场指挥长组织应急、水利、气象、水文等部门研判形势，制定应对措施

续表

演练进程	科目编号	科目名称	处置动作		视频背景与字幕		解说词/同期声
			指挥员/席位	分队行动	左屏	右屏	
11	科目二	会商研判	—	指挥长发言	指挥长特写		指挥长:根据当前防汛形势,现在召开会商会,请各单位汇报情况
12	科目二	会商研判	—	气象局发言	发言人特写	一张图系统	市气象局:报告指挥长。未来两天,S 市仍有 80~150mm 降雨。城市内涝、中小河流洪水、山洪地质灾害的风险等级较高,请注意防范。报告完毕
13	科目二	会商研判	—	水利局发言	发言人特写	一张图系统	市水利局:报告指挥长。×××区域有房屋被淹,群众受困,多地道路损毁,通信、电力中断;×××湾段堤防出现多处险情;桃花山镇地下矿山进水;石湾化工有限公司仓库受淹;报告完毕
14	科目二	会商研判	—	应急局发言	发言人特写	一张图系统	市应急局:报告指挥长。抢险救援所需的冲锋舟、砂石料、钢板桩、编织袋、救灾帐篷等物资器材缺口较大,水上、空中救援能力不足,须请求上级加强支援。报告完毕
15	科目二	会商研判	—	应急局发言	发言人特写	一张图系统	市防办:报告指挥长。目前已调动军分区、武警、消防、水上救援队等专业救援力量及蓝天救援队等社会救援力量抵达 S 市开展抢险救援工作。已向省防办申请调动专业队伍前来支援,已集结待命。报告完毕
16	科目二	会商研判	—	指挥长发言	指挥长特写		指挥长:综合灾情监测和会商研判,我决定,迅速开辟应急通道,开展救援。省通信保障队迅速抢通道路、恢复通信;×××市应急局配合社区转移安置受灾群众;消防救援机动队前往×××区域处置内涝险情;水上救援队、武警等队伍迅速营救被困群众、处置险情。同时现场指挥部在××指挥船设立分指挥部,协调水上抢险救援工作
17	科目三	临灾叫应	—	—	全屏:PPT		解说女:现在开始演练科目三临灾叫应,运用一体化预警发布平台发布预警信息,点对点叫应基层责任人,采取应急广播、无人机喊话等方式叫应群众,组织群众转移避险
18	科目三	临灾叫应	—	播放提前录制好的临灾叫应短片	播放 VCR		短片带解说

续表

演练进程	科目编号	科目名称	处置动作		视频背景与字幕		解说词/同期声
			指挥员/席位	分队行动	左屏	右屏	
19	科目四	开辟应急通道	—	—	全屏:PPT		解说女:现在开始演练科目四开辟应急通道
20			—	—	水面全景		科目指挥员:舟桥分队、道路抢通分队迅速赶赴×××湾,打通水上、地面应急通道。 舟桥分队:舟桥分队收到。 道路抢通分队:道路抢通分队收到(同期声)
21			—	动力舟桥出发、机械化桥出发、其他装备同步开始作业	动力舟桥、两栖人员运输车(实时画面)无人机全景		解说男:现在看到的是舟桥分队指挥员,旗语指挥6名队员,操控搭载有重型救援装备的动力舟桥,在水中全速抵达灾区,成功开辟水上救援通道 (动力舟桥为重型带式舟桥,可以组合成各种浮式结构,集浮桥渡运于一体,可载重70t重型装备,单次可转移群众数百人)
22			— —		机械化桥开进、架设		解说女:现在看到道路抢通分队,紧急开赴道路损毁区域,到达任务点后,安全员指引操作手现场架设机械化桥和应急模块化桥(机械化桥具有携带运输方便、架设简易快捷等优点,能快速对损毁地段实施抢通,最大可保障60t载重救援装备通过)
23					应急模块化桥架设		(应急模块化桥,主要用于克服中小河流、干沟和沼泽等障碍,保障各种应急车辆和人员快速通过)
24			—		硬质路面铺设(实时画面)		解说男:现在是道路抢通分队正操作硬质路面机,在泥泞路段快速打通陆路救援通道(硬质路面机为铝合金模块化结构,主要用于泥泞、沼泽路面的应急保通,具有作业简便、机动灵活等特点)
25	科目五	应急通信保障	—	—	PPT科目五介绍		解说女:现在展开的是科目五应急通信保障。重点演练在通信中断情况下,村镇干部运用应急通信终端报送信息;通信保障队伍运用多种方式建立指挥专网、恢复公网通信
26			—	—	科目指挥员画面		科目指挥员:1.现在开始群众报灾。2.“请受灾乡镇使用卫星电话、370对讲机和北斗短报文开始报灾。”(同期声)

续表

演练进程	科目编号	科目名称	处置动作		视频背景与字幕		解说词/同期声
			指挥员/席位	分队行动	左屏	右屏	
27	科目五	应急通信保障	—	拨打卫星电话	受灾乡镇负责人使用卫星电话报告灾情		解说男：现在看到的是灾情信息报送场景，乡镇负责人使用卫星电话向上报告灾情信息，请求救援。 “我是×××，现在我村遭遇洪水，有 10 名村民被困，请求支援。”(同期声)
28			—	使用 370 对讲机	受灾乡镇负责人通过 370 下达指令画面		解说女：乡镇负责人使用 370 对讲机对各村、社区及基层救援队伍下达自救及转移避险指令。 “我是×××镇负责人，根据洪水预警，请各村干部及时转移受威胁群众。”(同期声)
29			—	操作北斗手持终端机	基层应急站负责人通过北斗指挥机发送灾情信息和位置		解说男：基层应急站负责人正在使用北斗手持终端向应急及消防部门发送求救短报文和坐标
30			—	—	内涝区域全景		指挥员：各地信息已收到。(同期声) 解说女：刚才我们用三种手段解决“三断”情况下基层报灾难的问题。 指挥员：现在开始建立指挥专网，首先搭建区域链路(同期声)
31			—	—	拍摄三种通信手段作业全景：超视距微波散射通信设备、RIS 相控阵宽带通信设备、宽带自组网设备		解说男：现场通信保障队伍采取超视距微波散射通信设备、RIS 相控阵宽带通信设备和宽带自组网设备建立区域链路，保障灾情实时传输到指挥所
32			—	—	系留浮翼升空设备		解说女：现在通信队员正在利用系留浮翼升空设备挂载自组网基站紧急升空，保障通信链路覆盖更远。 “报告指挥员，区域链路已搭建完成，通信正常。”(同期声) “现在开始搭建指挥链路。”(同期声)
33			—	—	人员搭建卫星相控阵(实时画面)		解说男：接下来是，通信保障队搭建现场指挥所与省市指挥部的卫星通信专网，形成前方与后方一体的指挥调度网络，保障省市防指第一时间掌握灾情信息，开展指挥调度

续表

演练进程	科目编号	科目名称	处置动作		视频背景与字幕		解说词/同期声
			指挥员/席位	分队行动	左屏	右屏	
34	科目五	应急通信保障	—	—	1. 通信车车顶架设半环天线(画面1)		解说女:接下来是,应急、人武部、消防、通管等部门正在联合搭建短波电台,构建军地协同指挥网专网,保障受灾区域多力量协同作战
35					2. 消防队员背负短波电台前突(画面2)		解说女:该短波通信网可覆盖全省,是“断网”情况下的关键保底手段,主要用于解决协同指挥的通信保障问题
36							队长:报告指挥员,指挥链路已恢复(同期声)
37							科目指挥员:现在开始恢复公网(同期声)
38			—	—	无人机俯拍通信车天线画面(实景)		解说男:现在大家看到的是恢复灾区公网场景。省通信管理局调动中国移动、中国电信、中国联通等单位通信车正在搭建公网基站,高效解决灾区群众公网通信中断问题
39			—	固定翼升空	固定翼升空特写+应急标识+无人机航拍(实时画面)		解说女:现在大家看到的是通信队员正在利用固定翼无人机搭载4G、5G公网基站紧急升空,主要用于道路中断情况下公网恢复保障。
40			—	—	通信保障场地全景		通信保障员:报告指挥员,公网链路已恢复正常(同期声)
41							解说男:在通信保障队伍的紧张作业下,现场指挥专网和公共网络全部恢复
42	科目六	水域搜救	—	—	全屏:PPT		解说女:现在开始演练科目六水域搜救。主要围绕水面搜救、孤岛群众转移任务,利用水上指挥平台调度舟艇、无人机、动力舟桥、直升机等多种装备,实施人员转移搜救
43			—	—	1号指挥船前出(实时画面)		解说男:现在大家看到的是,1号指挥船紧急赶赴处置水域,现场指挥调度防汛专业救援队伍和社会救援力量,开展搜救。
44			—	—	1号指挥船外景接1号指挥船会议室画面(实景)		1号指挥船是应急管理部支持我省重点建设的抢险救援指挥船,配备水上综合救援指挥平台和抢险救援作业单元,具备灾情态势感知、水域勘察保障、应急探测搜寻、水下特种搜救、医疗救助、吊升拖带等救援功能
45			—	—	橡皮艇潜水员入水画面		1号指挥船指挥员:×××湾东侧水域有轿车落水,请潜水分队迅速展开营救(同期声)

续表

演练进程	科目编号	科目名称	处置动作		视频背景与字幕		解说词/同期声
			指挥员/席位	分队行动	左屏	右屏	
46	科目六	水域搜救	—	—	救援队入水和水下救援画面(VCR)		解说女:现在看到的是潜水分队,携带生命支持系统和水下破拆设备潜入水中,辨识人员状态,使用水下切割设备,切割变形车辆,构筑人员逃生通道,将生命支持系统提供给幸存者,争分夺秒营救遇险人员
47			—	冲锋舟编队行进	冲锋舟编队行进画面		1号指挥船指挥:×××区域有群众被困孤岛,请舟桥分队、冲锋舟分队迅速展开搜索救援(同期声)
48							解说女:现在看到的是由冲锋舟和指挥艇组成的舟艇救援编队,分别采取"侦察、警戒、越障、防护、营救、转移"等技战术,快速赶赴×××湾水域搜救被困群众。市消防救援支队聚焦防汛抗灾任务,按照"快速反应、机动高效、平战结合"建队标准,强化"个人、团队、舟艇"三大技术,全力锻造水上、水下综合救援能力
49			—	救援无人机出动	岸边救援无人机画面		1号指挥船指挥员:前方水域发现落水人员,请无人机分队迅速对落水群众展开救援(同期声)
50			—	—	1. 无人机喊话、抛投救生圈 2. 水面机器人拖拽落水者画面		解说男:现在无人机发现正前方水域,多名群众落水,舟艇无法靠近,一组无人机分队向落水群众喊话,稳定情绪。另一组无人机分队组成空中集群,精准抛投飞行救生圈、充气式救生圈,帮助落水人员开展自救。岸基操作员遥控水面救援机器人,抵近落水群众,拖拽落水者至安全区域
51			—	—	落水群众戴上救生圈、水上飞翼救援等特写画面		解说女:飞行救生圈具备自主飞行和抛投救生双重功能,能够精准飞行至被困人员周边;与水上飞翼、拉索无人机组合救生,既能为落水者争取充足的脱困时间,又能保障救援人员涉水安全,实现快速、安全、有效救援
52			—	橡皮艇分队行进	橡皮艇分队画面		1号指挥船指挥员:橡皮艇分队迅速前往东侧营救落水群众(同期声)
53			—	开展O形救援	O形救援全景画面		解说男:现在看到的水域多名落水群众漂向下游漩涡,橡皮艇编队按指令到达指定水域,救生员抓住落水者后,操舟手以船尾为轴心,采取O形旋转的方式接近落水者,借用离心力,将落水人员从水中翻转上艇,完成救援任务

续表

演练进程	科目编号	科目名称	处置动作		视频背景与字幕		解说词/同期声
			指挥员/席位	分队行动	左屏	右屏	
54	科目六	水域搜救	—	开展活饵救援	活饵救援全景画面		解说女：现在大家看到水域有多名落水群众招手呼救，舟艇无法靠近，橡皮艇编队采取"活饵救援"的方法施救，攻击手入水，以漂浮绳为自我保护，将被困人员套上防护装备，在艇上副手的协作下，把被困人员营救登艇
55			提醒直升机准备进场	1号指挥船开始吊升救生艇	1. 1号指挥船吊升救生艇(无人机实时画面) 2. 医疗救护人员对被困人员采取医疗急救(实时画面)		解说男：现在看到是潜水队员将车辆落水者带出水面，放入船载救生艇。1号指挥船利用"吊升平台"将救生艇吊升至甲板。船上医护人员迅速将落水者转移至"医疗平台"，紧急展开救护。现在被困人员已转移到船舱医疗区，正在接受紧急医疗救护。1号指挥船"医疗平台"配有专职医护人员，配置呼吸机、供氧器等临时抢救设备，可提供紧急医疗救护保障
56			—	—	直升机画面		1号指挥船指挥员：请空中救援分队快速对水面落水群众展开营救(同期声)
57			—	—	AW139直升机全景和特写画面		解说男：现在临空的是AW139直升机，正在前往指定水域营救水下被困人员。该直升机为多用途中型双发直升机，搭载绞车和全套医疗器械，能够快速转运伤员并进行院前急救。近年来该直升机，被广泛应用于复杂地形或水域的应急救援、医疗转运
58			—	—	AW139直升机，直升机全景和特写画面		解说男：AW139直升机到达被困人员上空后，救生员利用绞车降到遇险群众一侧，利用救援框套固定落水者，通过绞车回升至机舱，进行院前急救，并快速将伤员转运至就近安全区域
59			—	—	米-171直升机救援全景画面(无人机实时画面)		解说女：现在临空的是米-171直升机，正在对×××湾水域落水群众实施救援。直升机采取低空悬停方式，利用绞车装置将救生吊篮下放到落水人员区域，待人员进入吊篮后，提升至舱内进行转运救治。该种救援方法通常在不宜降落的复杂地形或水面使用，尤其适用于对无意识或无行动能力的人员进行应急救援(直升机航空救援能够克服特殊地理环境限制，具有快捷高效、机动性强、救援范围广等特点，与地面救援、水面救援相互配合，能够快速开辟立体救援通道，执行各种复杂环境下抢险救灾、物资调运、应急保障等任务。)

续表

演练进程	科目编号	科目名称	处置动作		视频背景与字幕		解说词/同期声
			指挥员/席位	分队行动	左屏	右屏	
60	科目七	救援安置	—	—	全屏:PPT		解说女:现在展开的是科目七救援安置。主要演练转移灾区群众,按“十二有”要求安置人员
61			—	—	群众正陆续到达临时集中安置点		指挥员:安置组迅速组织安置受灾群众。“现在看到的是,已完成临时集中安置点搭设,正在组织安置受灾群众。”(同期声)
62			—	—	跟拍扫码登记、领取物资、有序入住、医务人员正在开展医疗巡查、心理服务和防疫消杀等画面		解说男:现在看到的是在街道干部和志愿者引导下扫码登记。现在看到的是受灾群众正在领取物资。现在看到的是受灾群众有序入住。医务人员正在开展医疗巡查、心理服务。社区人员正在开展环境消杀。治安管理员正在进行安全巡查。
63					安置点全景		近年来,应急管理厅研究出台了《关于规范受灾群众集中安置点工作的通知》,明确规定临时安置点要做到有饭吃、有干净水喝、有衣穿、有临时安全住所等“十二有”要求,确保妥善安置受灾群众基本生活
64	科目八	内涝救援	—	—	PPT		解说女:现在开始演练科目八内涝救援。针对城市内涝险情,演练各救援队伍运用多种装备,采取多种方式,搜救转移被困群众,运用大型排涝装备紧急排涝
65			—	—	排涝区画面(全景)		指挥员:搜救分队进入灾区开展搜救,排涝分队展开作业,实施排涝(同期声)
66			—	—	排涝区起始动作画面		解说男:现在排涝分队按照指挥员的命令,架设水泵、铺设管道,准备作业
67			—	—	舟艇和水陆两栖车采取巡回搜索和抵近涉水的方式侦察水情(全景)		解说女:现在看到的是,救援分队采取舟艇和水陆两栖车采取巡回搜索和抵近涉水的方式侦察水情,安抚被困群众,开辟救援路线,组织被困群众向安置点转移。现在是部分救援队员正在内涝浅水区域,开辟引导路线,采取徒步蹚水的方式,协助被困群众安全转移

续表

演练进程	科目编号	科目名称	处置动作		视频背景与字幕		解说词/同期声
			指挥员/席位	分队行动	左屏	右屏	
68	科目八	内涝救援	—	两栖车转移群众	水陆两栖车转移群众画面		解说男：现在看到的是，救援人员在危险区域将老人、小孩等特殊群体通过水陆两栖车，转移到安全地域
69			—				（全地形两栖救援车采用了轮式驱动型底盘，既可陆地行驶，也可泛水浮渡，主要担负城市内涝抢险救援中群众转移和物资转运任务）
70			—	舟艇挂梯救援	舟艇救援特写画面		解说女：舟艇救援分队到达救援现场后，正沿着标记信号和群众呼救信号抵近救援，首先看到的是一组救援分队将救援挂梯与房屋进行连接固定，向被困人员抛投救生衣，组织和协助被困人员沿挂梯转移到救援舟艇上
71			—	破拆车辆	破拆车辆区域全景		搜救组：报告指挥员，我组在车辆淹没区发现一名被困群众。 现场指挥员：收到！进行破拆救援(同期声)
72			—		破拆救援画面		解说男：现场搜救发现，有车辆严重浸水，车门无法打开，人员受困，救援人员到达后，紧急利用无齿锯、液压扩张器等工具破拆受困车辆，解救受困群众
73			—	伴随担架下降	1. 救援人员伴随担架下降画面 2. 无人机全景		解说女：搜救发现有部分行动不便的受困群众，救援人员迅速利用绳索搭设下降系统，运用担架将群众转移至橡皮艇
74			—	排涝行动开始	队伍展开、架设水管、开始排水实时画面（全景＋特写）		解说女：现在大家看到的是应急排涝分队，运用一体化泵车、吊臂式排涝车、"龙吸水"等大型装备，正在紧急排涝，快速排除险情
75	科目九	堤防险情处置	—	—	全屏显示PPT		解说男：现在开始演练科目九堤防险情处置。主要演练突击力量和防汛专业力量，运用传统和新型抢险技术、制式和简易装备器材处置管涌、漏洞、脱坡、漫溢等常规险情
76			—	—	堤防险情场地全景		1号指挥船指挥部：×××堤防出现决口、脱坡等重大险情，各救援队伍迅速赶赴现场处置(同期声)

续表

演练进程	科目编号	科目名称	处置动作		视频背景与字幕		解说词/同期声
			指挥员/席位	分队行动	左屏	右屏	
77	科目九	堤防险情处置	—	武警支队指挥员战前动员、队伍展开	下达指令、战前动员指挥员特写、队伍集合展开画面		武警支队:武警指挥员动员、下达指令(同期声) 解说男:现在看到的是,武警支队、民兵突击队和防汛专业队伍正在打桩固定,运用装载机配合沙袋装填车快速装填封包,利用沙袋和装配式组合钢木抢筑子堤,处置漫溢险情
78			—	武警支队构筑沙袋子堤	沙袋装填车画面+武警抢险画面		解说女:沙袋装填采取人工和机械相结合的方式。新型沙袋装填车具备自动装填防汛编织袋能力,主要用于堤防及低洼地势区域防洪筑堤,每小时 3～5 人可以装填抢险沙袋 1000 袋,保障快速抢筑江河子堤
79			—	武警支队构筑沙袋子堤	沙袋子堤作业画面		解说男:构筑防水布沙袋组合子堤为传统处置漫溢险情方法,具有取材便捷、操作简单、作业快速等特点,适合于处置大范围、长距离堤防漫溢险情
80			—	构筑装配式组合钢木挡水子堤	钢木子堤作业画面		解说女:装配式组合钢木挡水子堤由“钢木连接板”、脚手架钢管、木建筑模板组装而成,具有制作简单、造价低廉、安装方便、防渗效果好、作业效率高等特点,适用于处置中小河流漫溢险情
81			—	其余队伍展开	处置堤坝险情全景		堤防抢险指挥员:抢险一队、二队、三队迅速赶赴×××堤防处置脱坡、管涌、漏洞险情(同期声)
82			—	应急救援中心、防汛抗旱抢险队联合处置脱坡险情	脱坡险情处置全景		解说男:现在看到的是市应急救援中心、市防汛抗旱抢险队联合处置脱坡险情。脱坡是指堤防背水坡散浸严重,堤顶或背水坡发生向堤脚弧形裂缝滑移引起的险情;现采取“临水截渗、背水开沟导渗、修筑土戗、压载固脚”的方法处置
83			—		脱坡处置画面		解说女:抢险专业队分成三组正在紧张抢险作业,第一组抢险队员正在迎水面铺防水彩条布截渗,第二组抢险队员正进行清基压载固脚,利用沙石袋对背水坡平台平铺加重,保持平台稳定性,增大滑坡体下滑阻力,同时排出平台和滑坡体内积水;第三组抢险队员在滑坡体上开挖 Y 形导渗沟,并在沟内填入砂石导渗料,辅助导出滑坡体内积水,增强滑坡体自身稳定性

续表

演练进程	科目编号	科目名称	处置动作		视频背景与字幕		解说词/同期声
			指挥员/席位	分队行动	左屏	右屏	
84	科目九	堤防险情处置	—	市防汛抗旱应急抢险队、市防汛抗旱应急中心处置管涌	管涌险情全景画面		解说男：现在看到的是市防汛抗旱应急抢险队、市防汛抗旱应急中心等专业力量，采用“反滤导渗、蓄水反压”的战法，运用沙袋反滤围井、装配式反滤围井、浮力式反滤围井处置管涌险情
85			—		沙袋反滤围井画面		解说女：沙袋反滤围井具有取材方便，应用范围广，适应性强等特点，是目前管涌抢护运用最广泛的抢护方式
86			—		装配式反滤围井画面		解说男：装配式反滤围井采用制式围板，具有高效快捷、组坝灵活、适应性强和可重复利用等特点，能够有效节省抢险时间
87			—		浮力式反滤围井画面		解说女：浮力式反滤围井采用高强度防水帆布制成，利用管涌渗水形成围井结构，起到反压导滤作用。构筑高效快捷，装配灵活，并可重复使用
88			—	市防汛机动抢险队正在处置漏洞险情	漏洞处置全景画面		解说男：现在看到的是市防汛机动抢险队正在处置漏洞险情。漏洞是汛期河道高水位运行时，堤防背水堤坡面出现横贯堤身的孔洞流水现象，处置不及时易发展成决口等重大险情。采取“截流导渗，迎水面抢堵、背水面抢护”的方法处置
89			—		作业整体画面		解说女：防汛专业抢险队采取“先盖堵，后回填”的应急处置方法，一组抢险队员正在利用大面积复合土工膜或篷布，沿迎水坡顶从上往下，顺坡铺盖洞口，紧接着抛压土袋、抛填黏土，实现前戗截流；一组抢险队员正在用砂石料回填背水坡流失土体，加固背水坡体，防止险情扩大
90	科目十	工程抢险	—	—	PPT 全屏		解说男：现在开始演练的是科目十工程抢险。主要演练空中、陆上、水面救援力量协同处置崩岸、决口、淤堵等险情。
91			—	—	决口、崩岸险情全景		1 号指挥船指挥员：救援基地迅速赶赴×××地封堵决口；水上工程救援队迅速到×××地处置崩岸险情、疏浚河道；爆破分队迅速赶赴现场执行破垸分洪任务（同期声）

续表

演练进程	科目编号	科目名称	处置动作		视频背景与字幕		解说词/同期声
			指挥员/席位	分队行动	左屏	右屏	
92	科目十	工程抢险	—	侦测灾情	灾情侦测动作		指挥员:收到。险情侦测组迅速展开侦察(同期声)
93			—				解说男:决口侦察主要运用流速仪、测量仪等设备,对决口宽度、深度、水流速度进行测量,为决口封堵提供数据支撑
94			—		侦测人员报告、指挥员发布指令画面		侦测人员:报告指挥员,溃口宽 20m,深 2m,流速 2.0m/s,高差约 1m,受水流冲刷,溃口有进一步扩大趋势。 现场指挥员:收到! 继续侦测! 现场指挥员:我决定采用“空地协同作战,机械化双向立堵”的方式实施溃口封堵作业,按照“抢筑裹头保护、空中定点抛投、石渣戗堤进占、块石突击合龙、黏土抛填闭气、加高加固复堤”的战法抢堵。各组展开行动(同期声)
95			—	2 号抢险工程船、两栖挖掘机、清淤船往沿岸运动	崩岸险情处置全景+打桩特写		解说男:水上工程救援队调用 2 号抢险工程船与植桩机已经赶赴×××湾现场开展崩岸险情处置,正在水面和岸坡上双向植入钢板桩,对堤坡进行加固
96			—	—	抛石画面		解说女:现在看到的是正在运用两栖挖掘机抛石镇基(两栖挖掘机具有机动性好、环境适应能力强等特点,能够水陆两栖稳定行走,可以停留于湿地、滩涂、沼泽等松软地面作业。)
97			—	多功能清障船开始作业	河道清淤疏浚(实时画面)无人机全景		指挥员:疏浚队迅速开展疏浚清淤(同期声)
98							解说男:现在看到的是两艘多功能清障船正在河道上进行紧急清淤疏浚,打通水域救援通道。多功能清障船集绞吸、挖掘、抓斗、打桩等功能于一体,适用于沿海滩涂、湖泊内河等浅水区作业,能够较好满足河道疏浚、吹填、打桩等施工作业任务需求
99			—	—	两架直升机全景		指挥员:直升机分队迅速配合地面分队封堵决口(同期声)
100			—	—	卡-32 作业画面		解说男:现在看到的卡-32 直升机按照指令到达决口上空抛投巨包袋,辅助裹头、降低流速。该种机型最大吊挂重量为 5t,在同类别直升机中具有吊挂能力强、机身短小、机动灵活等特点

续表

演练进程	科目编号	科目名称	处置动作：指挥员/席位	处置动作：分队行动	视频背景与字幕：左屏	视频背景与字幕：右屏	解说词/同期声
101	科目十	工程抢险	—	—	卡-32 作业画面		解说女：巨包袋采用特种柔性高强度可编织材料缝制，专门用于堤防决口合龙，能快速形成大质量沉水体，可用于堤坝溃口封堵、闭气、合龙、崩岸抢护，具有储存便捷、机动灵活等特点
102			—	—	米-171 直升机画面		解说男：紧接着是米-171 直升机抛投巨包袋，该种机型最大吊挂重量为 4t，可执行应急转运、吊桶灭火、吊挂空投物资、空投砂石袋、空投防汛沉箱、吊运大型救生吊篮等多项应急救援任务。卡-32 和米-171 直升机目前均为我国航空应急救援的主力机型
103			—	—	破垸分洪全景画面		指挥员：爆破组注意，准备爆破
104			—	—			解说女：现在看到的是×××湾水域长时间维持高水位运行，严重威胁 S 市城区安全，沙市水位即将超过保证水位，现场指挥部决定启用×××湾民垸分洪，减轻外江防洪压力，紧急调派救援基地执行破垸分洪任务
105			—	指挥员指挥	1. 指挥爆破画面 2. 破垸分洪（实时画面）无人机全景		现场爆破员：报告，准备完毕。 现场指挥员：起爆。 现场爆破员：5、4、3、2、1，起爆
106			—	—	决口全景作业画面		解说女：现在看到的是已成功分洪。救援基地救援分队正在用挖掘机装载石料，组织自卸车、推土机运输和铺料，进行双向戗堤进占，抢堵决口
107			—				解说男：各位领导，抢险分队正在紧张进行抢堵行动
108	科目十一	次生灾害处置	—	—	全屏 PPT		解说女：现在开始演练的是科目十一次生灾害处置。主要针对暴雨洪涝导致的次生灾害，演练矿山透水和化学品燃爆事故救援处置流程
109			—	×××救护队	矿山救援场地全景		解说男：现在的情况是，××市一处地下矿山发生透水事故，井下采矿工作面 8 人被困，××救护队接到指挥部指令，立即调动大型钻机、大型水泵车及救援器材赶赴现场，集合整队、下井准备

续表

演练进程	科目编号	科目名称	处置动作		视频背景与字幕		解说词/同期声
			指挥员/席位	分队行动	左屏	右屏	
110	科目十一	次生灾害处置	—	×××救护队	矿山救援场地全景		矿井指挥员：一小队迅速侦察、安装水泵、铺设水带。二小队启动大口径钻机，打通逃生通道（同期声）
111			—	—	跟拍救援小队行动画面		解说女：现在看到的是，救护队集合队伍进行战前检查。一小队佩戴正压氧气呼吸器，携带专业装备进入灾区，进行灾区勘察，通过敲帮问顶、气体检测，进入井下巷道，发现受困人员位置，由于突水量过大，决定采取先排水后钻井救援的措施，打通生命安全通道
112			—	—	跟拍救援小队行动画面		解说男：现在一小队正在井下巷道内安装水泵，铺设水带紧急排水，防止涌水上涨淹没矿井周边区域，造成被困人员二次伤害
113			—	—	二小队安装、启动钻机的画面		解说女：排水结束后，二小队在地面启动大口径的钻机，打通受困巷道，使受困人员从钻机的救援通道顺利升井
114			—	准备化工厂爆燃	化工厂爆燃全景画面		解说男：接下来要演练的是化工厂燃爆事故救援行动
115							解说男：现在看到的是×××化工有限公司电器进水短路，引发仓库内危化品爆炸着火，燃爆火源飞溅引燃附近甲苯储罐。公司立即组织人员自救、撤离，国家危险化学品应急救援石化队已赶至现场，正在组织处置
116			—	—	无人机侦测画面		解说女：现在我们看到的是救援队伍已进入事故区域，使用无人机挂载气体检测仪、红外热成像仪等设备，对事故现场进行勘察；在事故外围设置警戒线，携带漏电检测仪不间断检测和排查隐患；配合企业技术人员进入事故现场关闸断电
117			—	—	消防灭火机器人行进画面		解说男：救援一组操作消防灭火机器人从仓库南门进入，对仓库内危化品喷水冷却灭火（该机器人具有事故现场灭火、侦检、现场视频传输等功能，通过无线遥控最远距离可达 2km 覆盖范围）
118			—	—	高喷消防车画面		解说男：救援二组操作三台高喷消防车，在仓库东、西两面用车载炮从仓库顶部爆炸口方向出水，进行灭火降温覆盖

续表

演练进程	科目编号	科目名称	处置动作		视频背景与字幕		解说词/同期声
			指挥员/席位	分队行动	左屏	右屏	
119	科目十一	次生灾害处置	—	—	移动炮喷水特写画面		解说女：救援三组操作四门移动炮，从东、西两面喷水冷却仓库
120			—	—	消防车喷水灭火画面		解说男：救援四组紧急操作高喷消防车，对甲苯罐进行喷淋、降温和灭火处置，迅速控制事故蔓延
121			—	—	危化品转运车进场画面		危化指挥员：救援五组，立即组织转运仓库危化物料(同期声)
122			—	—	危化品转运画面		解说女：现在看到的是危化品转运环节，发现仓库内还存有部分危化物料，有二次爆炸风险，指挥员果断组织应急转移
123			—	—	远程供水全景画面		解说男：现在是远程供水系统从周边自然水域利用大流量泵、管线为现场灭火提供水源保障
124			—	—	灭火整体画面、无人机画面		指挥员：口令：现在开始总攻(同期声)
125							解说女：通过现场专家研判，现场总指挥果断下达灭火总攻命令。现在大家看到的是蓝天救援队出动大型消防多旋翼无人机到达事故现场上空，采取“地空配合、分段合围”的战术，对事故现场投掷干粉灭火弹，配合灭火总攻
126							解说男：通过紧急救援，事故火情已得到有效控制
127			—	—	决口合龙画面		解说女：现在我们将镜头转到决口封堵现场，决口已经顺利合龙
128			—	各队伍开始集结	演练背景+背景音乐集合整队		解说男：各位领导、各位嘉宾，本次演练科目汇报完毕。请各参演队伍迅速到主席台前集合
总结点评	—	—	—	—			解说女：下面请现场专家进行点评
总结点评	—	—	—	—	讲话场景		专家点评
总结讲话	—	—	—	—			解说女：下面请×××领导讲话
总结讲话	—	—	—	—	领导讲话场景		领导讲话
演练结束	—	—	—	—	PPT背景		解说男：当前防汛救灾进入关键期，各救援队伍要以演促练、以练强训、以训备战，全力做好防大汛、抗大洪、抢大险、救大灾各项准备工作，确保江河安澜、社会安宁、人民安康。本次演练到此结束，感谢各位领导和各参演单位的参与

参考文献

[1] 张铮,李政华. 中国特色应急管理制度体系构建:现实基础、存在问题与发展策略[J]. 管理世界,2022,38(1):138-144.

[2] 王勇. 关于国务院机构改革方案的说明[EB/OL]. (2018-03-14)[2025-01-05]. http://www.chinanews.com/gn/2018/03-14/8467128.shtml.

[3] 闪淳昌,等. 中国突发事件应急体系顶层设计[M]. 北京:科学出版社,2014.

[4] 范维澄,闪淳昌,等. 公共安全与应急管理[M]. 北京:科学出版社,2014.

[5] 闪淳昌,周玲,钟开斌. 对我国应急管理机制建设的总体思考[J]. 国家行政学院学报,2011(1):8-10.

[6] 周家铭,邢培育,汪丽莉,等. 安全生产应急预案桌面推演的设计与实施探讨[J]. 中国安全科学学报,2007,17(9): 39-44.

[7] 余建斌. 国家海洋局组织举行 2013 年海啸演习[EB/OL]. (2013-05-13)[2024-01-05]. http://politics.people.com.cn/n/2013/0513/c1001-21455857.html.

[8] 本刊编辑部. 北京举行城市轨道交通重大运营突发事件应急演练[J]. 中国应急管理,2014(12):59.

[9] 高新琳. 基于本体的应急仿真演练方案生成研究[D]. 武汉:华中科技大学,2016.

[10] 朱正威. 中国应急管理 70 年:从防灾减灾到韧性治理[J]. 国家治理,2019(36):18-23.

[11] 冯杰,罗迅. 张鉴燮,等. 基于协调联动的电力无脚本演练情景模型研究[J]. 中国安全生产科学技术,2016,12(5):164-169.

[12] 本刊编辑部. 广州市借助"双盲"演练增强应急实战能力[J]. 中国应急管理,2014,(3):65.

[13] 江西省应急办. 泛珠三角区域 9 省区开展防洪抗灾联合应急桌面演练[J]. 中国应急管理,2016(12):87.

[14] 邓庆彪. 创新演练形式,提升实战能力:"双盲"突袭式应急演练探索和实践[J]. 中国应急管理,2013(6):54-58.

[15] 邓元胜，王晓鹏，谢宇阳. 基于PDCA循环的应急准备和响应审核[J]. 质量与认证，2024(1)：76-78.

[16] 袁宏永，黄全义，苏国锋，等. 应急平台体系关键技术研究的理论与实践[M]. 北京：清华大学出版社，2012.

[17] 刘奕，翁文国，范维澄. 城市安全与应急管理[M]. 北京：中国城市出版社，2012.

[18] 袁宏永，苏国锋，陈建国，等. 突发事件及其链式效应理论研究与应用[M]. 北京：科学出版社，2014.

[19] 国务院应急管理办公室. 突发事件应急演练指南[EB/OL]. (2013-04-24)[2024-12-15]. https://www.eqsn.gov.cn/info/1038/18515.htm.

[20] 王哲，张文喜，张璐，等. 人工智能CWCC情景演练系统在中国海油井控培训中的应用[J]. 石化技术，2024，31(3)：241-243.

[21] 应急管理部科技和信息化司. 全国应急管理科技信息化工作会议在京召开[EB/OL]. (2022-09-30)[2025-01-05]. http://www.mem.gov.cn/xw/bndt/202209/t20220930_423421.shtml.

[22] 国家综合减灾"十一五"规划[J]. 中国减灾，2007(9)：23-27.

[23] 国务院办公厅关于印发国家综合减灾"十一五"规划的通知[EB/OL]. (2007-08-05)[2024-12-15]. https://www.gov.cn/gongbao/content/2007/content_764165.htm.

[24] 国务院办公厅关于印发安全生产"十二五"规划的通知[EB/OL]. (2011-10-01)[2024-12-15]. https://www.gov.cn/gongbao/content/2011/content_1977827.htm.

[25] 国务院办公厅关于印发国家突发事件应急体系建设"十三五"规划的通知[EB/OL]. (2017-01-12)[2024-12-15]. https://www.gov.cn/gongbao/content/2017/content_5216428.htm.

[26] 国务院印发《"十四五"国家应急体系规划》引导社会工作参与灾害应对处置和善后工作[J]. 大社会，2022(2)：62.

[27] 田华. 我国应急管理体系的建设历程与完善思路[J]. 云南行政学院学报，2017，19(5)：156-160.

[28] 佚名. 全国首次三地协同 锻造应急通信精兵"应急通信·2021"川甘青跨区联合演练圆满举办[EB/OL]. (2021-10-14)[2025-01-05]. https://scca.miit.gov.cn/xwdt/gzdt/art/2021/art_dfc04e7f1e7d4ca0b1deff5662291095.html.

[29] 央视报道！“一张图”，大智慧！持续助力抗震救灾！[EB/OL].(2022-06-05)[2024-01-05]. https://www.thepaper.cn/newsDetail_forward_18430966.

[30] 李昌林，胡炳清. 我国突发环境事件应急体系及完善建议[J]. 环境保护，2020，48(24):34-39.

[31] ZhengL, Wang F, Zheng X C, et al. Discovering the relationship of disasters from big scholar and social media news datasets[J]. International Journal of Digital Earth, 2019, 12(11):1341-1364.

[32] U. S. Department of Homeland Security. 2018 Philadelphia Regional Tabletop Exercise Photos [EB/OL]. (2024-12-30)[2024-01-05]. https://www.dhs.gov/2018-philadelphia-rttx-photos.

[33] 洪凯，陈绮桦. 美国应急演练体系的发展与启示[J]. 中国应急管理，2011(9):54-59.

[34] 联邦紧急事务管理局. 美国联邦紧急事务管理局官网[EB/OL]. [2024-12-15]. https://www.fema.gov/.

[35] 观察者网. 英政府被曝做应急演练，以防冬季全国停电一周[EB/OL].(2022-11-02)[2025-01-05]. https://www.toutiao.com/article/7161386090669670925/?upstream_biz=doubao&source=m_redirect.

[36] 赵菊. 英国政府应急管理体制及其启示[J]. 军事经济研究，2006(10):77-78.

[37] 翟良云. 英国的应急管理模式[J]. 劳动保护，2010(7):112-114.

[38] 张亚丽，潘奕婷. 伦敦举办欧洲史上最大规模灾害救援演习[J]. 中华灾害救援医学，2016(4):1-2.

[39] 张菊香. 切实处理好应急演练几个关系[J]. 湖南安全与防灾，2020(3):62-64.

[40] 李竞，冀铮. 突发事件警报通知系统关键要素规划技术研究[J]. 中国安全生产科学技术，2021，17(8):183-188.

[41] 闪淳昌，薛澜. 应急管理概论:理论与实践[M]. 北京:高等教育出版社，2012.

[42] 史培军. 灾害研究的理论与实践[J]. 南京大学学报:自然科学版，1991，(6):37-42.

[43] 联合国人道主义事务协调办公室. 国际地震应急演练指南[M]. 北京：应急管理出版社，2023.

[44] 申霞. 应急预案编制与演练[M]. 北京:应急管理出版社，2023.

[45] 全国信息安全标准化技术委员会. 信息安全技术 网络安全事件应急演练指南:GB/T 38645—2020[S]. 北京:中国标准出版社，2020.

[46] 全国公共安全基础标准化技术委员会.公共安全 演练指南:GB/T 38209—2019[S].北京:中国标准出版社,2019.

[47] 中共中央 国务院印发《国家突发事件总体应急预案》[EB/OL].(2025-02-25)[2025-02-26].https://www.gov.cn/zhengce/202502/content_7005637.htm.

[48] 王飞,郑晓翠,等.应急演练设计与推演[M].北京:清华大学出版社,2020.

[49] 广东省安全生产科学技术研究院.应急预案编制与实战演练[M].广州:暨南大学出版社,2022.

[50] 国务院办公厅关于印发《突发事件应急预案管理办法》的通知[EB/OL].(2024-02-07)[2025-01-05].http://www.gov.cn/zhengce/content/202402/content_6930816.htm.

[51] 中华人民共和国突发事件应对法[EB/OL].(2024-06-29)[2025-01-05].https://www.gov.cn/yaowen/liebiao/202406/content_6960130.htm.

[52] 中华人民共和国突发事件应对法(实用版)[M].北京:中国法出版社,2010.

[53] 赵正宏.应急救援预案编制与演练[M].北京:中国石化出版社,2019.

[54] 赵秋红,郗蒙浩.非常规突发事件应急管理体系的组织设计:理论、方法与应用[M].北京:科学出版社,2017.

[55] 夏保成,张小兵,王慧彦,等.突发事件应急演习与演习设计[M].北京:当代中国出版社,2011.

[56] 张小兵,张然,解玉宾.我国应急演练管理研究新进展[J].中国安全生产科学技术,2016,12(10):68-73.

[57] 李雪峰.提升应急演练实效的分析与建议[J].中国应急管理,2018(12):44-45.

[58] 安志国,黎颖,杨琨,等.城市大面积停电事件应急演练标准化方法与实践[M].北京:中国水利水电出版社,2023.

[59] 李雪峰,等.应急演练规划指南[M].北京:中国人民大学出版社,2018.

[60] 中华人民共和国应急管理部.生产安全事故应急演练基本规范:YJ/T 9007—2019[S].北京:中华人民共和国应急管理部,2019.

[61] 范升彦,腾飞霞.应急预案与演练[M].北京:应急管理出版社,2019.

[62] 祝益民,等.卫生应急预案与演练[M].北京:人民卫生出版社,2020.

[63] 李亦纲,赖俊彦,张媛,等.应急演练指南[M].北京:地震出版社,2019.

[64] 中共深圳市委政法委员会.事件信息分类编码规范:DB4403/T 490—2024[S].深圳:深圳市市场监督管理局,2024.

[65] 全国公共安全基础标准化技术委员会. 突发事件分类与编码:GB/T35561—2017[S]. 北京:中国标准出版社,2018.

[66] 方文林. 情景式应急演练策划与组织[M]. 北京: 中国石化出版社,2018.

[67] 应急管理部救援协调和预案管理局. 应急预案情景构建方法(征求意见稿)[EB/OL]. (2024-12-31)[2025-01-05]. https://www.mem.gov.cn/gk/zfxxgkpt/fdzdgknr/202412/t20241231_516810.shtml.

[68] 马腾博,程玉龙,王小东,等. 情景式化学应急研究性实战演练设计探索[J]. 科技资讯,2019,17(20):163-167.

[69] 陈安,亓菁晶. 突发事件应急演练脚本的编写研究[J]. 科技促进发展,2010,6(9):31-35.

[70] 曾庆宇. 应急宣传在突发事件中应发挥的作用[J]. 安全,2008(8):3-5.

[71] 王浩伟. 中建八局 NX 经理部项目安全管理研究[D]. 银川:宁夏大学,2020.

[72] 李述麟. 大型体育赛事突发事件应急预案编制的技术及应用研究[D]. 长沙:湖南大学,2010.

[73] 中华人民共和国农业部. 农业部关于印发《草原火灾级别划分规定》的通知[EB/OL]. (2010-04-20)[2025-01-05]. http://www.moa.gov.cn/nybgb/2010/dwq/201805/t20180531_6150763.htm.

[74] 赵凤君,王明玉,舒立福. 森林火灾中的树冠火研究[J]. 世界林业研究,2010,23(1):39-43.

[75] 国网山东省电力公司沂水县供电公司课题组. 县域电网防汛体系的构建与实施[J]. 中国电力企业管理,2019(14):60-63.

[76] 秦挺鑫,高玉坤. 基于 PDCA 的应急演练技术标准研究[J]. 标准科学,2016(9):11-13,27.

[77] 唐和平. 企业应急演练的组织与实施[J]. 现代职业安全,2020(12):20-23.

[78] 全国安全生产标准化技术委员会. 生产安全事故应急演练评估规范:YJ/T 9009—2015[S]. 北京:国家安全生产监督管理总局,2015.

[79] 北京市应急管理局. 生产安全事故应急演练实施与评估细则:DB11/T 1583—2018[S]. 北京:北京市市场监督管理局,2018.

[80] 江苏省应急管理厅. 突发事件应急演练评估规范:DB32/T 4590—2023[S]. 北京:中国标准出版社,2023.

[81] 应急管理部救援协调和预案管理局. 突发事件应急演练评估指南(征求意见稿)[EB/OL]. (2024-12-31)[2025-01-05]. https://www.mem.gov.cn/gk/

zfxxgkpt/fdzdgknr/202412/t20241231_516810.shtml.

[82] 邓云峰,郑双忠,刘功智,等.城市应急能力评估体系研究[J].中国安全生产科学技术,2005(6):33-36.

[83] 吴东平,裴玉起,栾国华,等.基于 AHP-Fuzzy 方法的成品油库应急演练评估[J].中国安全生产科学技术,2013,9(7):130-133.

[84] 李忠强,杨锐,杜立刚.应急能力评估标准及指标体系构建[J].中国标准化,2011(10):34-40.

[85] 李群,代德军.突发事件应急演练评估方法、技术及系统研究[J].中国安全生产科学技术,2016,12(7):49-54.